성공하는 기업을 만드는
핵심인재의 소통법

베타 커뮤니케이션

성공하는 기업을 만드는
핵심인재의 소통법

Beta Communication

베타 커뮤니케이션

유승렬 지음

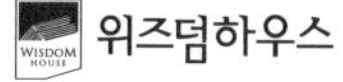
위즈덤하우스

정보화의 확산과 정보기술의 발달로 신경제가 펼쳐지고, 모든 산업 분야에서 기술과 더불어 지식이 중요한 생산 요소가 되었다. 더욱이 여러 종류의 기술과 여러 분야의 지식 융합이 기업의 경쟁력 발휘의 수단이 되면서 기업의 내부 환경과 외부 환경은 계속 변하고 있다. 이러한 변화 속에서, 새로운 흐름을 따라가지 못해서 흔들리는 우량기업들이 나타나는 한편, 혁신적인 경영과 변화추구로써 재도약하는 기업들도 있으며, 신기술, 신지식, 신경영을 통해 새로이 두각을 나타내는 기업들도 있다. 이러한 기업들의 부침을 보면서, 기업을 지속적으로 존속 발전시키고 개인으로서도 성공할 수 있는 혜안은 무엇일지에 대해 나는 많은 고민을 해왔다.

산업화 시대 속에서 성공한 기업들은 대부분 리더의 탁월한 통찰력과 강력한 리더십, 그리고 수직적인 커뮤니케이션에 의한 경영을 통해 성장해왔다. 물론 하의상달이나 수평적 커뮤니케이션이 없었던 것은 아니나 보조적인 수단에 그친 것이다. 이러한 모델을 알파모델 혹은 알파리더십이라 할 수 있는데, 리더가 모든 중요한 것들을 조직의 계층 구조를 통해 이끌어나가는 수직적 운영 방식이 그 기본이다. 회사 내의 커뮤니케이션도 주로 상사上司가 주도하는 방식이다. 하지만 현재와 같이 개인의 자아실현을 중시하고 창의성과 융합이 중요한 역할을 하는 시대에는 이러한 알파모델 혹은 알파리더십은 더 이상 유효한 조직 운영 방식이 될 수 없다. 산업사회가 알파 패러다임에 의해 성장했듯이 새로운 지식사회는 새로운 패러다임에 의해 성장할 것이기 때문이다.

새로운 시대의 패러다임은 기존의 '알파'와 대비되는 '베타'다. 알파모델이 하향식top-down 방침과 명령에 의한 계층적 조직 운영 위주의 방식이라면, 베타모델은 구성원 각각이 자아를 실현하면서도 서로 간에 협업을 이루어내는 재즈 밴드와 같은 수평적 조직 운영 위주이다. 회사 내의 커뮤니케이션에 있어서도 서로 상대방을 이해하고 배려하는 양방향 커뮤니케이션을 하게 된다. 뿐만 아니라 베타조직에서는 개개인의 재능과 창의성을 결합하여 공동체의 목표를 달성하는 것을 핵심 가치로 삼는다.

이러한 흐름을 반영하듯 커뮤니케이션, 특히 수평적 커뮤니케이션을 개선하고자 고민하는 기업이 점점 늘고 있다. 어느 기업이나 구성원들 간에 커뮤니케이션해야 할 것들이 상당히 늘어나고 그 비중이 높아졌으나 정작 당사자들이 중요한 것을 놓치거나 뒤늦게 깨닫는 경우가 적지 않음을 뜻한다. 구성원들이 '어떻게 커뮤니케이션할 것인가'에 대해서는 어느 정도 생각하나 '무엇을 커뮤니케이션해야 할 것인가'에 대해서는 그만큼 생각이 못 미친다는 것이다. 또 상사와 부하 간에는 싫든 좋든 어느 정도 커뮤니케이션이 일어나나 동료들 간에, 관련 부서들 간에 수평적인 베타 커뮤니케이션이 이뤄지기에는 아직 부족한 것이 현실이다. 이런 까닭에 제대로 된 베타 커뮤니케이션을 위해서는 개개인의 노력도 필요하고 회사 차원의 교육 훈련도 필요할 것이다.

그러나 '회사 내의 커뮤니케이션'을 실제 현장에서 가르치거나 배우기는 쉽지 않다. 일부 대기업을 빼고는 회사 내부 교육과정에 커뮤니케이션이 포함되어 있지 않으며, 경영을 가르치는 대부분의 교육기관에서도 '회사 내의 커뮤니케이션'을 별도의 과목으로 다루고 있지는 않다. 게다가 '회사 내의 커뮤니케이션'에 관해 교과서가 될 만한 책을 국내에서는 찾기 어려우며, 회사의 상사나 선배에게 묻고 싶어도 무엇을 묻고 무엇을 배워야 할지 짚어내기가 매우 어렵다.

이것이 내가 베타 커뮤니케이션에 대해서 책을 집필하게 된 주된 이유다.

회사생활을 하면서 교육 받은 것 중에서 첫손에 꼽을 만큼 가장 인상적인 메시지는 "직장인은 누구나 경영자다"라는 것이었다. 이 말을 들을 당시에 나는 직장생활 한 지 10년이 채 안 된 과장이었는데, 당시 배운 바로는 과장은 물론 신입사원까지도 한 사람 한 사람이 모두 경영자라는 것이었다. 그때부터 나도 한 사람의 경영자라는 자아의식을 갖고 업무에 임하게 되었다(이것은 'what to be'에 해당된다). 그리고 비록 높은 위치는 아니었지만 경영이란 무엇인가, 회사를 잘 경영하려면 무엇을 잘 알고what to know, 무엇을 잘해야 하는가what to do를 항상 찾으려 했고, 동료들이나 관련 부서들과 함께 고민하고 토론하면서 일을 하게 되었다. 나도 모르는 사이에 베타 모델을 고민하고 베타 커뮤니케이션을 실험하게 된 것이다.

모든 일에 있어서 '어떻게 할까how to do?'에 앞서서 '무엇을 할까what to do?'가 중요하듯 회사 내의 커뮤니케이션에 있어서도 '무엇을 커뮤니케이션할 것인가'가 더욱 중요하다. 그리고 수직적 커뮤니케이션도 중요하지만 수평적 커뮤니케이션도 그 이상으로 중요하다. 말을 잘하는 커뮤니케이션에 앞서서 잘 듣는 커뮤니케이션이 필요하다. 나의 관점을 전하는 커뮤니케이션이 중요할 때도 있지만 상대방의 관점을 이해하는 커뮤니게이션이 디 중요할 때가 많다. 가치의 우열을 논해야 할 경우도 있겠지만 가치를 창출하고 결합하는 커뮤니케이션이 더욱 중요하다. 한 사람의 경영자로서 커뮤니케이션을 잘하고, 좋은 성과를 내고, 회사에서 성공하려면 이러한 커뮤니케이션을 잘 이해하고 그 방법론을 잘 알아야 한다. 이 책에서 제시하는 베타 커뮤니케이션을 익힌다면 회사 내 커뮤니케이션을 잘할 수 있는 방법을 명확하게 이해할 수 있고 또 곧바로 활용할 수 있게 될 것이다.

오랜 기간 코칭을 하면서 '경영자'에 관해 깨달은 또 하나의 중요한 원리가 있다. 사람은 누구나 무한한 잠재력을 갖고 있으며, 이러한 잠재력을 실현시키려면 꾸준한 자기계발과 변화 추구, 그리고 신뢰하는 사람과의 상호작용이 필수라는 사실이다. 회사 내의 베타 커뮤니케이션이야말로 이러한 원리에 그대로 부합된다. 자기계발, 변화 추구, 상호작용 등의 과정은 그 자체로 커뮤니케이션을 통해 이뤄지기 때문에 베타 커뮤니케이션을 이해하고 실천한다면 자기 자신의 잠재력 개발은 물론 조직 전체가 발전하는 상승효과를 경험하게 될 것이다.

나는 되도록 많은 경영자들이 이 책을 읽기를 바란다. 여기서 경영자라 함은 물론 앞서 말했듯이 회사의 모든 구성원들을 말한다. 많은 경영자들이 이 책을 읽고, 토론하고, 현실에 적용해보기 바란다. 베타 커뮤니케이션을 익힘으로써 어느 누구보다도 회사에 큰 기여를 하기 바란다. 그리고 회사 내에서 누구보다도 빨리 발전하고 성장하기를 바란다.

이 책을 통해서 독자들에게 바라는 것은 '회사에서 성공하려면 무엇보다 커뮤니케이션을 잘하는 것이 중요하다는 것'을 잘 인식하는 것이다. 그리고 '커뮤니케이션을 잘한다는 것이 무엇인지를 정확하게 아는 것'이다. 또한 '커뮤니케이션을 잘하는 전략과 방법을 알고 그것을 자신의 것으로 체화體化하고 실천하는 것'이다.

책을 읽으면서 자신에게 특별히 해당되는 것을 찾아 익히면서 자신의 커뮤니케이션을 발전시키는 방법론으로 활용하길 바란다. 그리고 평소에 자신이 커뮤니케이션하는 것을 점검하는 체크리스트로 활용하며 자신을 변화시킬 것을 찾아서 바로 실천에 옮기기를 바란다. 한꺼번에 많은 것을 바꾸려 하기보다는 조금씩이라도 바로 실천함으로써 자신의 커뮤니케이션을 향상해나가기 바란다.

끝으로 대기업의 최고경영자 자리까지 오른 경험과 지식을 바탕으로 이 책의 초기 원고를 검토해주시고 좋은 의견을 주신 박영덕, 안희준, 유승삼, 유준렬, 이현덕, 이호석, 정성립 님께 감사드린다. 그리고 중국 문헌을 인용한 것에 대해서 특별히 검토해주신 김치형, 조철호 님께 감사

드리며 이 책을 책답게 만들어준 우지현 편집자에게도 감사의 말을 전하고 싶다.

마지막으로, 내가 회사생활을 하는 동안에 나를 믿고 묵묵히 지원해준 나의 아내에게 이 책을 바친다.

- 2013년 가을, **유승렬**

1

개인과 회사의 성공을 위한 베타 커뮤니케이션

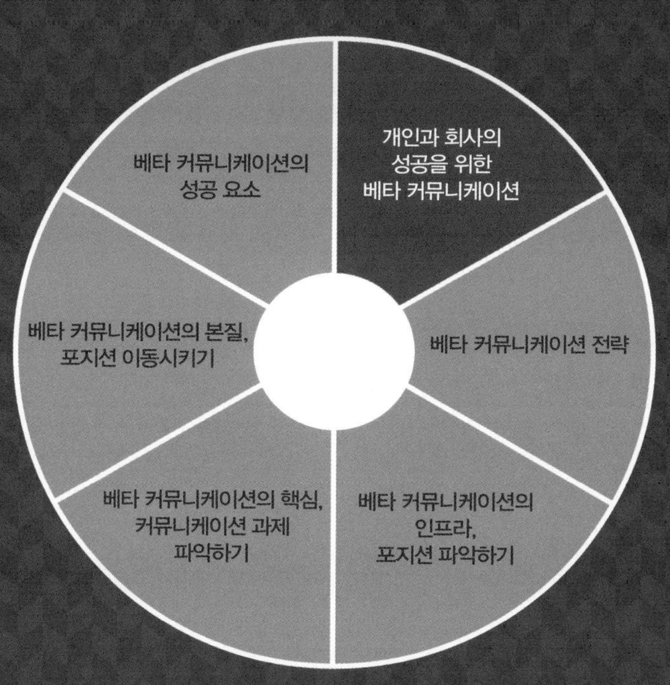

핵심인재의 요건, 커뮤니케이션

다른 사람들과 커뮤니케이션을 어떻게 하는가, 그리고 나 자신과 커뮤니케이션을 어떻게 하는가, 그것이 삶의 질을 궁극적으로 좌우한다.

— 앤서니 로빈스[1]

세계 1, 2위의 부자이며 성공한 기업가인 빌게이츠와 워런 버핏이 2009년 11월 12일 콜롬비아 경영대학원에서 대학원 졸업반의 학생들에게 강의를 하고 있다. 막 강의를 마친 그들은 학생들로부터 질문을 받는다. 한 학생이 워런 버핏에게 질문을 한다. "사회에 나가보시니 학교에서 가르쳐주지 않은 것이 있다면 어떤 것이 있었습니까?" 워런 버핏의 답변은 이렇다.

"여러분이 사회에 나가서 익혀야 할 것은 커뮤니케이션이다. 나도 졸업 후에 데일 카네기 센터에서 배운 것이 그것이니까. 만약 내가 여기 있는 여러분에게 투자를 한다면 어느 누구에게라도 백만 불 이상의 가치를 부여할 것이다. 그러나 여러분이 커뮤니케이션을 더 잘하는 방법을 익힌다면, 여러분의 가치는 더 올라간다. 졸업 후에라도 나처럼 커뮤니케이션 교육 과정을 거쳐서 내게 온다면 나는 여러분에게 50%의 가치를 더 부여하겠다."[2]

그의 말은 즉, 커뮤니케이션 교육 과정 하나를 더 이수하면 연봉을 50% 더 받을 수 있다는 의미다. 실제로 이 시대의 많은 회사들이 커뮤니케이션을 중요한 역량으로 요구하고 있다. 1998년 12월 29일, 월스트리트 저널은 '기업이 가장 먼저 원하는 신입사원의 요건은 커뮤니케이션 능력'이라는 조사 결과를 발표한 바 있다.[3] 우리나라 유수의 기업들도 채용 기준으로써 커뮤니케이션 능력을 중요하게 판단하고 있다.

2008년 포브스 코리아가 대한민국에서 성공한 100개의 회사 CEO를 대상으로 조사한 내용에 의하면 신입사원의 채용 기준은 ①열정, ②성실성, ③커뮤니케이션 능력, ④사회성, ⑤창의성, ⑥영어 등 외국어 능력, ⑦전공 지식 등으로 전공 지식이나 외국어 능력보다 커뮤니케이션 능력을 중요하게 보고 있다. 또한 경력사원의 채용 기준도 ①성실성, ②열정, ③커뮤니케이션 능력, ④전문성, ⑤리더십, ⑥전 직장에서의 평가, ⑦경영지식 등으로 전문성에 앞서서 커뮤니케이션 능력을 중요하게 여기고 있다.

그렇다면 많은 회사에서 이렇게 커뮤니케이션을 중요하게 여기는 이유는 무엇일까? 그 이유는 회사가 업무를 제대로 수행해나가려면 회사에 근무하는 사람들(앞으로 '구성원'이라고 칭함) 간에 커뮤니케이션이 절대적으로 필요하기 때문이다. 그리고 회사의 구성원들이 커뮤니케이션을 잘하느냐 못하느냐에 따라서 경영의 성과와 회사의 발전이 좌우되기 때문이다.

02

베타 커뮤니케이션이 필요한 이유

———————— 학습하는 능력과 학습한 것을 신속히 실천에 옮기는 능력이 기업
의 궁극적인 경쟁우위다.

– 잭 웰치

회사가 구성원들 간의 커뮤니케이션을 필요로 하는 이유는 무엇일까?
크게는 세 가지 이유가 있다.

첫째, 회사가 일을 해나가는 방식 때문이다. 회사가 일을 하는 방식은
회사가 수행해야 할 많은 일들을 여러 부서의 여러 사람들이 분담하여
수행하고, 각자가 수행한 일의 성과물을 다른 구성원들의 일과 연결시
키거나, 결합해나가는 방식이다. 이렇게 여러 사람이 일을 분담하고 그

성과물들을 주고받고 결합하는 과정이 여러 개의 톱니바퀴가 물려 돌아가듯 서로 조화롭게 진행되려면 상하 간에, 동료 간에, 부서 간에 부단히 커뮤니케이션이 이루어져야 한다.

둘째, 회사는 모든 구성원들이 한 방향으로 나아가야 하기 때문이다. 여러 사람들이 분담한 업무를 각자 수행할 때 방향성이 서로 일치되어야만 힘이 모이고 효과를 볼 수 있다. 다시 말해서 모든 구성원들이 하나의 전략과 실천 계획을 공통의 기준으로 삼아서 한 몸처럼 일을 해야 한다. 이것이 가능하려면 구성원들 간에 커뮤니케이션이 절대적으로 필요하다.

셋째, 회사는 구성원들이 항상 열정적으로, 높은 역량을 발휘하여 최선을 다해 일을 수행하도록 해야 한다. 그렇게 하려면 상사는 부하 개개인의 일에 대한 의욕 수준을 파악하고 동기부여를 해줘야 한다. 그리고 구성원들의 역량을 향상시키기 위해 꾸준히 교육 훈련도 해야 한다. 부하는 어려움에 처했을 때 상사나 동료와 의논하거나 문제를 제기해야 한다. 이러한 모든 과정들이 커뮤니케이션을 통해 이루어진다.

그렇다면 회사가 커뮤니케이션을 필요로 하는 이유를 좀 더 자세히 살펴보자.

'일 나누기와 모으기'를 잘하기 위한 커뮤니케이션

앞서 말했듯이 회사는 여러 사람이 일을 나누어서 수행하고 그 성과물을 다른 사람의 일과 연결시키거나 결합하는 방식으로 일을 하고 있다. 회사의 업무 수행 방식을 더 잘 이해하기 위해 간단한 예를 들어보겠다. 18세기까지 구두의 제조는 가죽 처리에서 가위질과 바느질까지 한 사람이 전 과정을 담당했다. 그러나 생산량이 많아지고 구두 종류가 늘어나면서 혼자서 모든 과정을 수행하는 방법으로는 작업량을 채우는 것이 더 이상 불가능해졌다.

이런 때 손과 발이 많이 달린, 또는 일의 속도가 무한히 빠른 초능력을 지닌 한 사람이 이 모든 일을 다할 수 있다면 좋겠지만, 실제로 그런 사람은 없다. 그래서 여러 사람이 일을 나누어 수행하게 된다. 그리고 각자 자신의 일을 전문화시켜 나간다.

가령 구두를 제조하는 일의 경우 가죽 처리, 밑창 제작, 발등과 옆 부분 제작, 접착 및 완성의 네 부분으로 분담하고 각 분야에 전문성과 기술을 높이고 능률을 높인다. 그리고 네 부분의 성과물들을 서로 연결하고 결합함으로써 마치 초능력을 지닌 한 사람이 구두를 만드는 것과 같이 일사불란하고 빠르게 일한다. 그런데 만약 각자 분담한 일의 수량이 서로 맞지 않는다면, 또는 서로 다른 치수의 기준을 갖고 일을 한다면, 또는 일정 계획을 서로 다르게 알고 있다면 어떤 결과가 나타날까? 이것은 마치 격투기 선수가 신경 계통이 작동되지 않아서 손, 발, 상체, 하체 등이 따로 노는 것과 같은 모습이다.

오늘날의 회사는 회사가 해야 할 일들을 구성원들 간에 체계적으로 나누기 위해서 조직을 만들고 부서별로 업무를 분장하고 있다. 조직상의 업무 분장에 따른 커뮤니케이션의 필요성을 수직적 업무 분담과 수평적 업무 분담으로 나누어서 살펴보자. 수직적인 업무 분담의 대표적인 예는, 상사는 비전을 수립하고, 전략 방향을 결정하고, 중요한 의사결정을 하며, 부하는 상사가 결정한 사항을 수행하기 위해서 실천 계획을 수립하고, 일상적인 의사결정을 하며, 업무를 수행하는 것이다. 이렇게 업무를 수직적으로 분담하여 수행하려면 상하 간에 커뮤니케이션이 반드시 필요하다.

상사는 사업의 비전과 전략을 부하에게 알려주고 이해시키는 커뮤니케이션을 해야 한다. 또한 상사는 각각의 부하들이 무슨 일을 맡을 것인지에 대해서 커뮤니케이션해야 한다. 한편, 부하는 자신이 작성한 실천 계획이 상사의 뜻에 맞는지 확인하기 위해서 상사와 커뮤니케이션해야 한다.

부하는 업무 수행 과정이나 중간 결과에 대해서 보고하고 방침을 받기 위해서, 상사는 부하를 리드lead, 시원help, 점검하기 위해서 서로 커뮤니케이션해야 한다. 수직적 업무 분담의 다른 예로써, 신규 고객을 유치할 때 고객 회사의 경영진은 상사가 만나고 실무자는 부하가 만나는 경우가 많다. 이때 고객을 이해시키거나 설득함에 있어서 상하 간에 호흡을 맞추기 위해서는 고객과 미팅하기 전에, 그리고 미팅 직후에 상사와 부하 간에 계속 커뮤니케이션을 행해야 한다.

수평적인 업무 분담이란 부서 간에 또는 부서 내의 동료 간에 수평적으로 일을 나누어서 하는 것으로, 예를 들면 사업 수행에 필요한 일을 마케팅, 생산, 연구개발, 인력, 재무 등 기능적으로 분담하거나 상품별, 고객별, 또는 지역별로 분담하는 것이다. 프랜차이즈 사업의 경우를 예로 들면, 프랜차이즈 가맹점 모집과 계약은 개발팀이, 가맹점에 대한 상품 공급과 경영지원은 운영팀이, 프랜차이즈 상품에 대한 시장조사, 분석, 상품 구성과 변경의 기획 등은 마케팅팀이, 가맹점에 공급할 제품의 생산은 공장이 각각 담당하는 것이다.

이렇게 일을 분담하여 수행함에 있어서 판매량, 생산량, 물류, 품질, 원가, 일정 등을 서로 맞춰나가려면 부서 간에 수평적인 커뮤니케이션이 지속적으로 일어나야 한다. 7인조 재즈 밴드가 서로 다른 음악을 연주를 할 수는 없는 법이다. 장단을 공유하고 강약을 맞추고 감정을 맞추기 위해서 모든 연주자는 연주하는 내내 동료 연주자의 연주에 귀를 기울이면서 서로 커뮤니케이션해야 한다.

수평적 업무 분담의 다른 경우로 하나의 프로젝트를 여러 팀이 분담하여 수행하는 경우가 있다. 예를 들어서, 프랜차이즈 사업자가 새로운 상품을 론칭하는 이벤트를 대대적으로 한다면 전체 기획 및 광고 선전물은 마케팅팀이, 방송이나 언론기관 업무는 총무팀이, 장소 섭외 및 음향 장치 준비는 개발팀이, 선물용 샘플 준비는 공장이, 참석자 반응 조사는 운영팀이, 비용 조달은 재무팀이 각각 분담하여 일을 하는 것이다. 이 경우에, 업무 분담을 명확히 하고, 분담한 일의 품질, 비용, 일정을 맞춰나가고, 분담한 일의 성과물들을 효과적으로 연결하거나 결합하기 위해서는 구성원들 간에 지속적인 커뮤니케이션이 필요하다.

회사의 '일 나누기와 모으기'를 다른 각도에서 보자. 회사는 구성원들의 경영활동에 의해서 크게 세 가지의 흐름을 만들어낸다. 첫째는 제품과 서비스의 흐름, 둘째는 돈의 흐름, 셋째는 가치창출 활동의 흐름이다. 세 번째 흐름인 가치창출 활동의 흐름은 데이터, 정보의 흐름, 지식, 기술의 흐름, 아이디어, 사고, 의사결정의 흐름 등을 말한다. 이 세 번째 흐름이 앞의 두 가지의 흐름을 관장하며, 이 세 번째의 흐름을 작동시키는 것이 바로 커뮤니케이션이다.

예전에는 회사의 구성원이 새로운 일을 맡으면, 선임자나 상사로부터 이전에 하던 방식을 배워서 그대로 반복하는 방법으로 수행하는 경우가 많았다. 다시 말해서 일하는 방법이나 기술을 선임이나 상사로부터 그대로 습득하여 실행하는 것이다. 이 경우에는 새로운 정보의 수집과 분석, 새로운 기술이나 지식의 습득, 새로운 마인드의 형성, 새로운 의사결정 등이 특별히 필요하지 않다. 하던 대로 계속하면 되기 때문이다.

그러나 정보화시대가 도래한 이후로는 시장 환경이 바뀌고 기술이 바뀌고 경쟁자와 경쟁상품이 바뀌고 고객이 바뀌므로 회사도 상품을 바꾸고 원료를 바꾸고 생산 방식도 바꾸게 된다. 또한 일회적으로 한 번 바뀌고 마는 것이 아니라 크고 작은 변화가 계속 발생한다.

이렇게 회사는 계속 변화할 수밖에 없기 때문에 회사의 세 번째 흐름인 가치창출 활동은 점차 복잡한 양상을 띠게 된다. 새로운 데이터와 정보를 수집해 의미 있는 정보를 도출하고(1단계), 새로운 기술과 지식을 습득하고 새로운 마인드를 형성하며(2단계), 구성원들 간의 토의를 통해 아이디어를 내거나 예측, 사고思考를 통해 의사결정을 내리며(3단계), 결정한 것을 행동에 옮기는 일을 하게 된다(4단계). 이러한 가치창출 활동의 4단계는 두부 모 자르듯 항상 명확하게 구분되기보다는 서로 긴밀하게 연결되어, 계속 순환하면서 전진해나간다.

가치창출 활동의 4단계 과정을 한 사람이 다 맡아서 하는 경우는 거의 없다. 앞에 프랜차이즈 사업의 예에서, 고객 니즈의 변화에 따라서 프랜차이즈의 새로운 상품을 개발하거나 기존의 상품을 개량하는 과정을 보면, 고객 동향, 고객 니즈에 관한 정보는 운영팀에서 주로 수집하고, 경쟁사, 시장 환경 등에 관한 정보는 개발팀과 마케팅팀에서 수집한다

(정보수집, 1단계). 마케팅팀은 이런 정보를 결합하여 개선해야 할 점을 제기하고 방향을 제시한다(정보를 결합하여 유용한 정보를 도출, 인텔리전스 만들기, 1단계).

마케팅팀이나 운영팀은 신상품의 개발이나 기존 상품의 개량에 관하여 제안하고(지식, 아이디어 도출, 예측, 2~3단계), 연구개발팀이나 공장에서는 상품 개량을 위해 외부의 기술에 대한 정보를 수집하고, 선별한다(기술정보 수집, 예측, 2~3단계). 마케팅팀이나 운영팀의 상품 개량 제안에 대해서 연구개발팀, 공장 등, 관련 부서가 서로 협의하고 토론하며(예측, 사고, 의견 교환, 판단, 3단계), 사업본부장은 최종적인 의사결정을 하고, 각 관련 부서에 업무를 지시한다(판단, 의사결정, 지시, 3~4단계).

마지막으로 본부장의 지시에 따라 연구개발팀은 상품 개량 업무를 수행하며, 공장은 설비를 조정하는 업무를 수행한다(수행, 4단계). 본부장과 관련 부서들은 지시 받은 업무의 진행 과정과 중간 결과를 지속적으로 모니터링하고 수시로 협의한다(수행, 지원, 점검, 4단계).

이렇게 회사들은 가치창출 4단계의 여러 업무들을 여러 부서의 사람들이 수직적·수평적으로 나누어서 수행하고 있다. 따라서 여러 구성원들의 일을 서로 연결하고 결합하여 가치를 창출해내려면 각 단계에서, 그리고 단계와 단계 간에 수직적·수평적 커뮤니케이션이 원활하게 이루어져야 한다. 커뮤니케이션이 원활하고 신속하면 가치창출의 진행이 빨라질 수 있고, 커뮤니케이션이 잘 되지 않으면 진행이 더뎌지거나 중단되며 아예 업무에서 이탈하기도 한다.

이제까지 일을 나누고 모으기 위한 커뮤니케이션의 필요성을 조직상의 업무 분장의 관점과 가치창출 4단계의 관점에서 살펴보았다. 이 두 관점은 동일한 것을 서로 다른 각도에서 보는 것이지 서로 다른 두 가지를 말하는 것은 아니다.

전략과 전술을 공유하고, 업무 추진 방향을 일치시키기 위한 커뮤니케이션

대부분의 회사들은 정기적으로 사업 전체의 전략을 수립하고 그 전략에 따라 부서별로 계획을 세워서 업무를 수행해나간다. 이때, 각 구성원들은 자신이 속한 부서의 계획뿐만 아니라 사업 전체의 전략을 잘 알아야 한다. 그래야만 사업 전략의 관점에서 자신의 업무 추진 방향을 잘 잡을 수 있으며, 여러 업무들의 중요도와 우선순위 등을 잘 설정하고, 상황 변화에 잘 대응할 수 있다. 그렇게 하기 위해서는 상사와 부하 간의 수직적인 커뮤니케이션을 잘해야 한다.

예를 들면 프랜차이즈 사업본부의 전략이 작년도에는 신규 가맹점 증대에 중점을 두었으나, 금년도에는 기존 가맹점에 대한 서비스를 제고提高하고 기존 가맹점의 지역 영업을 지원하면서 본사의 매출 수익도 올리고 가맹점 경영의 성공사례들을 만들고자 하는 것으로 바뀌었다고 생각해보자. 이 경우, 마케팅팀장, 개발팀장, 운영팀장, 연구개발팀장은 이러한 전략을 본부장으로부터 잘 전달받아야 하며, 동시에 팀원들에게 잘 전달해야 한다. 그래야만 모든 팀이 기존의 가맹점에 대한 지원에 시간과 노력을 기울일 것이며 전체의 힘이 집중될 것이다. 만약 일부 팀장이나 팀원들이 지난해 경험만 생각하고, 신규 가맹점 유치를 위한 설명회나 캠페인 등에 과도한 비중을 둔다면 업무의 방향성이 서로 맞지 않고, 시간과 자원의 낭비가 생긴다.

또한, 여러 부서가 협력해야 하는 일을 할 때 서로 방향성을 맞추려면 각 부서가 자기 부서의 실천 계획과 업무 진행 상황을 업무상 관련이 있는 다른 부서에 알려주고 서로 공유해야 하며, 사업 전체의 전략 전술의 관점에서 각 부서의 업무를 서로 맞춰나가야 한다. 많은 회사에서 부서장들이 매주 또는 매달 정기적으로 모여서 업무회의를 하는 이유는 이러한 데 있는 것이다.

구성원들이 자신의 업무에 열정적으로 임하며 높은 역량을 발휘하도록 만드는 커뮤니케이션

회사가 좋은 성과를 내려면 조직 구성과 업무 분장이 잘 되어야 하고 전략 수립도 잘 이뤄져야 하지만, 무엇보다도 구성원들이 열정적으로 일하며 높은 역량을 발휘해야 한다. 일에 대한 열정이 일의 성과에 미치는 영향은 너무나도 크다. 어려운 일에 도전하도록 해주며, 일에 몰입하게 만들고, 일의 속도를 내게 해준다. 그러나 열정은 사람마다 차이가 있고, 때에 따라 달라지기도 한다. 열정은 의욕, 의지, 일에 대한 보람, 회사에 대한 사랑, 상사, 동료, 부하들과의 인간관계, 마음의 자세 등에 좌우되는데, 이러한 것들은 사람마다 다르고, 또 시기에 따라서 달라지기도 한다. 무엇보다 열정은 다른 사람에게도 전염되어 팀 전체에 영향을 미친다.

따라서 상사는 부하들이 항상 열정과 의욕을 갖고 일을 하도록 커뮤니케이션해야 한다. 부하들이 일에 대해서 건전한 동기를 갖도록 일깨워야 하며 부하 개개인이 일을 대하는 자세와 일을 행하는 모습을 항상 살피고, 필요에 따라 부하와 면담을 해야 한다. 직원의 열정이 식었을 때 이를 다시 끌어올리려면 상사는 부하와 공식적인 커뮤니케이션뿐만 아니라 비공식 커뮤니케이션도 해야 하며, 상황에 따라서 여러 부하들과 한자리에서 또는 일대일로 커뮤니케이션을 해야 한다.

구성원의 역량은 상하 간에 또는 동료들 간에 활발한 커뮤니케이션을 통해서 신장된다. 경험 속에서 교훈을 찾고 그것을 자신의 것으로 만들기 위해서는 혼자 노력하는 것보다 상사나 선배가 토론 상대가 되어주고 이끌어주는 것이 훨씬 효과적이다.

구성원들에 대한 교육 훈련을 효과적으로 하기 위해서도 커뮤니케이션이 필요하다. 각각의 구성원들이 현재 또는 가까운 미래에 갖춰야 할 역량들이 무엇인지 파악하고 부족한 것을 교육시킬 방법을 찾으려면 상하간의 커뮤니케이션이 필요하다. 그리고 OJT, 멘토링, 코칭 등의 방법으로 교육할 때도 교육자와 피교육자 간에 커뮤니케이션이 잘 되어야 한다.

회사에서 커뮤니케이션이 잘못되면 어떤 일이 벌어질까?

만약 회사에서 커뮤니케이션이 잘 안 된다면 어떤 일이 벌어질까? 자신이 맡은 업무에 문제가 생겼을 때 관련 부서와 커뮤니케이션하지 않거나 뒤늦게 커뮤니케이션하게 되면 회사는 신속히 대응하지 못하게 되고 손실이 발생한다. 예를 들어서 앞의 프랜차이즈 사업에서 신상품 출시 이벤트를 하기 위해 섭외해놓은 장소가 갑자기 사용할 수 없게 되었다고 생각해보자. 다른 장소로 바꿔야 하는데 개발팀의 담당 팀원이 다른 관련 부서에 통보하는 것을 잊고 있다면 마케팅팀, 총무팀 등은 그 사실을 모른 채 계속 그 장소에 맞추어 작업을 계속할 것이므로 시간이 허비되고 비용이 이중으로 발생한다.

만약 여러 부서의 여러 사람이 수시로 접하는 시장 정보나 고객 관련 정보를 회사 내에 지속적으로 전달하고, 모으고, 공유하지 않는다면 회사는 고객 니즈가 변화하는 흐름을 인식하지 못하고 대응의 기회를 놓쳐서 시장에서 실패하게 된다. 또한 의사결정 과정에서 관련 부서들과 제대로 협의를 하지 않는다면, 시행착오를 범하거나 비용이 증가될 수 있다.

앞의 프랜차이즈 사업의 예에서, 고객 니즈의 변화에 따라서 상품을 개량함에 있어서 마케팅팀이 공장이나 물류팀과 의논도 하지 않고 자신들만의 생각으로 상품 개량 방안을 결재 받아서 연구개발팀에 넘긴다면, 상품 개발이 완료되어 시제품을 생산하는 과정에서 생산이나 물류에 심각한 문제가 있다는 것을 발견할 수 있다. 이럴 경우 일을 중복해서 하게 되고, 추가적인 비용도 발생한다.

회사 업무 중 80%는 다른 사람의 말을 듣거나, 내 말을 다른 사람이 듣는 것이라는 조사 결과가 있다.[4] 커뮤니케이션의 비중이 이렇게 높은 만큼 커뮤니케이션이 잘못되었을 경우의 피해도 상당히 크다. 커뮤니케이션이 잘 되지 않으면 부서 간이나 팀원들 간에 일의 분담이 서로 중복

되거나 누락될 수 있다. 정보의 부족이나 편재, 심지어는 틀린 정보로 인하여 의사결정이 잘못되고, 업무가 지체되기도 한다.

부서 간에 또는 상하 간에 서로 상충되는 지시나 서로 모순되는 보고 등에 의해서 업무 수행에 혼선이 생기고, 자원이 낭비되며, 구성원들 간에 다툼이 일어난다. 문제가 발생된 것을 신속히 보고하지 않거나 통보해주지 않아서 제때 대응하지 못하고 손실이 발생한다. 부서 간에 전략, 전술, 계획 등의 방향성이 서로 맞지 않으면 업무에 충돌이 일어나고 성과에 차질이 생긴다. 만약 어느 한 부서가 전체 전략과 동떨어진 전략을 구사하게 되면 부분적으로는 뛰어난 성과가 있을지라도 시장에서 벌어지는 전쟁에서는 질 수도 있다. 상사가 부하들의 의욕 수준에 관심이 없고, 부하들의 사기가 떨어진 것을 모르거나, 알면서도 내버려두면 뒤늦게 성과가 저조한 것을 발견하게 될 것이다. 부하가 심리적으로 불안한 상태인 것을 상사가 모르고 있거나 등한히 한다면 그 부하는 큰 실수를 하거나 사고를 일으킬 수 있다. 이렇게 되면 회사도 손실이고 상사나 부하 모두에게 나쁜 결과가 된다.

커뮤니케이션의 잘못은 구성원들 간의 심리적인 갈등까지로 이어진다. 이러한 일이 중첩되면 즐겁고 행복한 일터가 되지 못하고 의욕과 사기가 떨어진다. 커뮤니케이션의 잘못이 누적되면 결과적으로 회사의 경쟁력이 떨어지고, 고객을 잃게 되며, 시장에서 패배로 이어지는 것이다. 피터 드러커는 "기업에서 발생하는 문제의 60%는 커뮤니케이션의 잘못에서 비롯된다."[5]고 말했다.

미국의 한 조사 결과가 피터 드러커의 말을 뒷받침해주고 있다. 해리스 인터랙티브 사社가 핵심 산업, 핵심 업무 분야에서 정규직으로 일하고 있는 2만 3,000명의 미국인들을 대상으로 조사한 결과에 의하면, 회사원들의 37%만이 자기가 속한 조직이 무엇을, 왜 달성하려고 하는지 분명하게 안다고 말했다. 그리고 5명 가운데 1명만이 자신의 업무가 팀과 조직의 목표와 일치한다고 답했으며 팀과 조직의 목표에 대해 열의를 갖고 있었다.[6] 이러한 현상은 누구의 잘못인가? 누구에게도 근본적인 잘못은 없다. 대부분의 경우 커뮤니케이션의 잘못에 기인하는 것이다.

체스터 바너드는 1938년에 일찌감치 커뮤니케이션이 조직을 구성하는 필수적인 요소라고 설파했다. 체스터 바너드는 30년간 직접 경영활동을 수행했고, 뉴저지 벨 전화회사New Jersey Bell Telephone Company의 CEO를 역임한 바 있는 유명한 경영학자다. 그는 자신의 저서 『경영자의 역할The Functions of the Executive』에서 조직의 3요소를 커뮤니케이션, 근무 의욕, 공통의 목적이라는 세 가지로 제시했다. 그리고 경영자의 역할 역시 커뮤니케이션 시스템의 제공, 구성원의 노력을 확보하는 것, 목적을 설정하는 것의 세 가지로 설정했다. 조직에서는 커뮤니케이션이 가장 필수적인 요소이며, 경영진은 커뮤니케이션이 원활하도록 해야 할 책임이 있다는 것이다.

사회의 발달에 따라 더욱 중요해지고 있는 커뮤니케이션

과학이 발달하고 사회의 여러 분야가 발전함에 따라 커뮤니케이션의 중요성은 훨씬 더 높아졌다. 오늘날 시장에 경쟁적인 제품이나 서비스를 내놓기 위해서는 통섭의 방식이 필요하다. 분야가 서로 다른 사람들이 아이디어를 모으고 힘을 합치고 커뮤니케이션을 해야 하는 상황인 것이다.

애플이나 삼성전자의 단말기, 구글이나 페이스북의 인터넷 서비스, 하이브리드 자동차 등에는 너무나도 많은 전문 분야가 결합되어 있다. 물론 통섭의 개념은 이전부터 존재해왔다. 1970년대에 산악자전거 하나를 만들기 위해 1,000여 명에 달하는 여러 분야의 사람들이 지형에 적합한 변속기어, 고온에서 작동하는 브레이크, 새로운 형태의 손잡이, 충격에 견디는 차체 등에 대해서 서로 아이디어와 기술을 주고받았다.[7] 프란스 요한슨이 말하는 메디치 효과 역시 통섭을 의미한다. 메디치 효과는 다양한 영역, 분야, 문화 등이 서로 만나는 교차점에서 여러 생각과 직관이 결합되면서 혁신적인 아이디어가 급격히 증가하는 현상이다. 이렇게 여러 분야의 결합을 통해 시장 경쟁에서 성공하려면 무엇보다도 커뮤니케이션을 잘해야 한다.

고객의 만족과 고객 위주의 경영이 중요해지면서 회사 내의 커뮤니케이션은 더욱 강조되고 있다. 고객의 요구, 기대, 니즈에 관한 정보는 여러 곳의 고객 접점에서, 또는 여러 경로를 통해 산발적으로 불규칙적으로 수집된다. 이러한 정보는 신속하게 관련 부서의 담당 라인에 전달되고 결합되어야 하며 많은 구성원들이 실시간으로 공유해야 한다. 회사 내의 커뮤니케이션이 원활하지 못하면 고객 정보의 전달과 결합과 공유가 이루어지지 못하고 고객을 만족시키는 경영을 할 수 없게 된다.

회사가 창의성을 발휘하는 데에도 커뮤니케이션은 매우 중요하다. 회사에서 창의성은 개인으로 발휘되는 것이 아니다. 창의성은 여러 사람들의 아이디어 제시, 여러 아이디어의 연쇄작용, 그리고 집합적 노력에 의해서 발현된다. 구본무 회장의 "창의와 자율"에 관한 최근의 발언을 보면, "변화무쌍한 고객의 생각을 읽어내기 위해 모든 구성원이 고객 가치에 몰입하고, 자유롭게 상상하고, 다양하게 살아나야 변화를 주도할 수 있다"고 말한다. 구본무 회장의 말을 곱씹어보면 이 시대는 한두 사람의 아이디어만으로는 고객의 마음을 감동시키는 창의성이 나오기 힘들다. 모든 구성원이 자유롭게 상상하고, 여러 사람의 아이디어가 다양하게 나오고 그것들이 서로 결합됨으로써 개개인의 창의성이 집합적 창의와 사고로 이어져야 한다는 것이다.

이러한 집합적 사고를 만들어내려면 구성원들 간의 커뮤니케이션이 경영의 핵심 요소가 된다. 세계적인 디자인 회사 IDEO, 고어텍스로 유명한 고어앤드어소시에이츠, 3M, 구글 등 창의성으로 이름을 떨치는 회사들은 구성원들이 정보와 아이디어를 공유하고 그것으로부터 또 다른 아이디어를 이끌어내는 것을 중시하는 경영 방식을 채택하고 있다.[8]

이러한 여러 가지 이유들로 인해서 회사의 최고경영자는 커뮤니케이션을 조직의 핵심 역량으로 판단하고 있다. 그리고 많은 기업들이 구성원들을 평가할 때 커뮤니케이션을 중요한 경영 역량의 하나로 평가하고, 교육 훈련 과목으로 커뮤니케이션을 포함시키고 있다. LG CNS는 임직원들에게 '사람을 알면 쉬워지는 커뮤니케이션'이란 교육 과정을 오래 전부터 운영 중이다. LG CNS는 첫 강좌가 열린 2006년에 비해 정원이 두 배 이상 늘어났고, 1년에 3회였던 강좌 수도 2012년에는 8회로 늘어났다고 밝혔다.[9]

03

베타 커뮤니케이션은
개인의 성공에 중요하다

세상을 바꾸기 전에 나부터 바꾼다.

– 제임스 데스페인

"우리 회사는 왜 내 능력을 안 알아줄까?" "우리 상사는 나를 중요하게 여기지 않는 것 같아." "저 친구(동료)는 자기 입장만 생각하고 자기주장만 내세워서 의논을 하기 어려워." "저 친구(부하)는 왜 내 말을 그렇게도 못 알아들을까?" "왜 시키는 대로 하지 않고 다른 짓을 할까?"

회사에서는 이런 생각이 드는 경우가 많다. 이런 일이 생기는 것은 상대방의 탓일까, 아니면 나의 탓일까? 성격 탓인가, 아니면 능력 부족 때문인가? 누구의 탓이든 이러한 문제는 커뮤니케이션의 잘못에서 비롯

된다. 그리고 내가 커뮤니케이션을 잘함으로써 극복할 수 있는 문제들이다.

스티븐 코비는 "나의 삶의 10%는 나에게 일어나는 사건들로 형성되고, 나머지 90%는 내가 그 사건들에 대해서 어떻게 반응하느냐에 따라서 결정된다"고 말한다. 스티븐 코비의 90:10 룰을 커뮤니케이션에 적용하면, 나와 상대방 간의 커뮤니케이션이 잘 되도록 만드는 것은 나에게 90%가 달려 있다고 말할 수 있다. 이렇게 말할 수 있는 이유는 이 책의 후반부에서 다시 정리할 것이다.

커뮤니케이션을 잘하는 것은 나 자신을 위해서 매우 중요하다. 그 이유를 하나씩 살펴보도록 하겠다.

첫째, 회사의 구성원은 누구나 자신의 업무와 관련해 다른 구성원들과 커뮤니케이션해야 할 책임이 있다. 업무 자체를 수행해야 하는 책임뿐만 아니라 업무와 관련된 커뮤니케이션을 해야 할 책임이 있는 것이다. 업무의 진행 상황을 정기적, 비정기적으로 보고하고, 문제가 발생할 경우 즉시 보고해야 하며 관련 부서에도 신속히 알려야 한다. 업무의 성격에 따라서는 업무를 진행시키기 전에 다른 부서와 미리 협의해야 하며, 업무 수행 과정 중에 또는 업무 수행의 결과로써 생기는 정보, 기술, 지식, 성과물 등을 회사 내에 필요한 부서나 동료에게 신속하게 전해주어야 한다. 이러한 커뮤니케이션 책임을 제대로 하지 못하면 회사 일을 제대로 하는 것이라고 보기 어렵다.

둘째, 내가 맡은 일에서 좋은 성과를 내려면 커뮤니케이션을 잘해야 한다. 상사와 커뮤니케이션을 잘해야 나의 임무를 정확히 파악할 수 있고 일의 방향을 잘 잡을 수 있다. 동료들과 커뮤니케이션을 잘해야 필요한 자료나 협조를 받을 수 있고, 부하들과 커뮤니케이션을 잘해야 일을 열심히 하도록 만들 수 있다. 나의 커뮤니케이션 수준이 '업무 현황을 보고하고 정보를 주고받는 정도'에서 '지식과 아이디어를 공유하는 단계'를 지나 '전략, 전술을 토의하고 구성원들의 열정을 불러일으키는 단계'까지 나아간다면 나의 경영 성과는 매우 높아질 것이다.

셋째, 커뮤니케이션을 잘하면 회사에서 높은 평가를 받는다. 회사로서는 커뮤니케이션을 잘하는 사람은 회사의 큰 자산이라 할 수 있다. 그런 사람을 인정해주고 대우해주고 승진시킨다. 기업은 구성원들을 기업의 자원이라고 생각하는데, 커뮤니케이션을 잘하는 구성원은 상대적으로 가치가 높은 자원인 것이다.

이런 사람들은 사신의 정보와 시식과 성과물들을 소식 내의 다른 사람들이 활용하도록 만들고, 동시에 자신도 다른 사람들의 것을 적극 활용한다. 반대로 커뮤니케이션을 못하는 사람은 그 회사의 부채가 된다. 자신이 수행해야 할 커뮤니케이션 과제를 놓치거나, 커뮤니케이션을 틀리게 함으로써 회사에 손실을 초래한다. 그리고 그 사람과 커뮤니케이션하기 위해서 다른 사람들이 더 많은 시간과 노력을 기울여야 하므로 추가적인 비용과 시간이 들어간다.

넷째, 나의 전문 역량이나 경영 역량을 신장시키는 데 커뮤니케이션이 매우 중요한 역할을 한다. 다른 사람으로부터 정보와 지식을 얻으려면 그 사람과 커뮤니케이션을 잘해야 한다. 상사, 동료(때로는 부하)로부터 경험과 노하우와 지혜를 얻으려면 그 사람과 커뮤니케이션을 잘해야 한다.

다섯째, 커뮤니케이션을 잘해야 훌륭한 리더가 될 수 있다. 부하들은 커뮤니케이션을 잘하는 상사를 원한다. 자신들과 말이 통하고, 일도 효율적으로 시키며, 자신들의 역량이 늘어날 기회를 얻게 되기 때문이다. 미국에서 5만 4,000명을 대상으로 리더의 가장 중요한 덕목을 조사한 결과, 성실한 리더, 탁월한 커뮤니케이터, 사람 중심의 리더, 풍부한 비전을 지닌 리더의 순서로 나타났다.[10]

여섯째, 커뮤니케이션을 잘하면 상사, 동료, 부하들과의 인간관계가 좋아지고 깊어지며, 회사 내에서 나를 지지하고 지원해주는 사람이 늘어난다. 커뮤니케이션은 사람들을 연결시키는 주된 도구이면서 서로를 붙들어 매는 접착제 역할을 한다. 세계적인 동기부여 전문가이자 설득 연구소 소장인 커트 모텐슨은 "모든 성공은 인간관계에서 시작하며 인간관계는 커뮤니케이션으로 시작한다"[11]고 말하고 있다.

한편으로 커뮤니케이션은 나의 권한이기도 하다. 예를 들면, 나의 업무를 수행하기 위해 필요한 정보나 지식이 동료에게 있거나 다른 부서에 있다면 나에게 제공해줄 것을 요구할 수 있다. 일을 잘하려면 내가 맡은 일뿐만 아니라 부서 전체의 일을 어느 정도 알아야 하는데, 잘 모르고 있다면 상사나 선임에게 질문할 수 있다. 상사의 올바른 의사결정을 위해서 의견을 내고, 훌륭한 전략을 짜도록 아이디어를 낼 수 있다. 커뮤니케이션에 대한 권한 행사를 소홀히 하지 마라. 일의 성과가 떨어지고 발전이 그만큼 느려진다.

현대경영에서는 모든 구성원을 한 사람의 경영자로 본다. 그런데, 각각의 구성원이 얼마나 큰 경영 역량을 발휘할 것인가는 '각자의 보유 역량의 크기 × 역량의 발휘 수준'이라고 볼 수 있다. 커뮤니케이션은 경영 역량 자체를 구성하는 요소일 뿐만 아니라, 경영 역량을 발휘하는 수단이며, 경영 역량을 키우는 중요한 방법이기도 하다.

커트 모텐슨은 17년간 부와 성공을 이룬 사람들을 대상으로 그들만이 가진 공통분모는 무엇인지 연구한 바 있는데, 세계 최고 갑부들의 가장 두드러진 공통점은 커뮤니케이션에 매우 능하다는 것이었다. 지구상에서 가장 강력한 힘과 부를 거머쥐고 있는 사람들은 모두 커뮤니케이션에 도가 튼 사람들이라는 것이다.[12]

커뮤니케이션에 대해서 첫 번째로 생각할 점:
커뮤니케이션은 나의 성장과 발전에 매우 중요하다

04

회사에서 커뮤니케이션을 잘한다는 것의 의미

커뮤니케이션의 가장 큰 어려움은 커뮤니케이션이 잘 되었다고 착각하는 것이다.[13]

— 조지 버나드 쇼

커뮤니케이션할 당시에는 잘 되었다고 생각했으나 나중에 보면 착오와 오해가 생기고, 뒤늦게 커뮤니케이션을 다시 해야 하며, 때로는 분쟁까지 일어나는 경우가 있다. 커뮤니케이션 역량을 향상시키는 데 있어서 가장 큰 어려움은 대부분의 사람들이 자신이 커뮤니케이션을 별다른 문제없이 잘하고 있다고 생각하는 것이다. 그러나 실제로 커뮤니케이션 역량은 사람마다 큰 차이가 있다. 그래서 많은 회사들이 구성원들의 커뮤니케이션 역량을 정기적으로 평가하고 있으며 커뮤니케이션을 잘하는 사람을 선택하고, 승진시키고 있다.

그렇다면 회사에서 커뮤니케이션을 잘한다는 것은 무엇을 말하는가? 회사 내의 커뮤니케이션의 경우 다음의 세 가지를 잘하면 커뮤니케이션을 잘한다고 말할 수 있다. 첫째, 내가 맡은 업무와 관련해 '회사의 커뮤니케이션 필요성'을 충족시키는 것, 즉 내가 커뮤니케이션해야 할 것을 놓치지 않고 회사의 필요에 맞게 수행하는 것이다. 둘째, 커뮤니케이션 상대방이 인정하는 커뮤니케이션을 하는 것이다. 셋째, 나의 지속적인 성장과 발전에 기여하는 커뮤니케이션을 하는 것이다. 이와 같은 조건들 중 첫 번째는 현재의 업무 수행에 필요한 조건에 해당된다. 그리고 그 다음의 두 가지는 나와 회사의 발전을 위한 조건에 해당된다.

〈 커뮤니케이션 육면체 〉

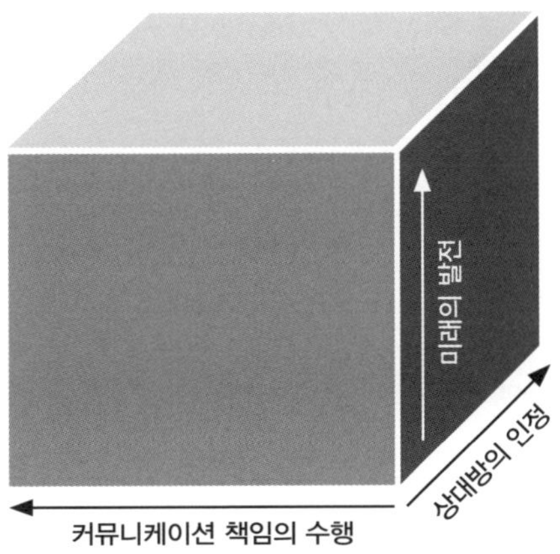

회사의 구성원은 자신의 커뮤니케이션 육면체를 키울수록 회사 내에서 더 좋은 성과를 내고, 성장하고, 발전할 것이다. 그렇다면 이 세 가지를 하나씩 자세히 살펴보자.

내가 커뮤니케이션해야 할 것을 놓치지 않고 하는 것

구성원의 역할과 책임은 자신에게 주어진 업무를 수행하고 성과를 내는 것이다. 그러나 그것으로 모든 역할이 끝나는 것은 아니다. 자신이 맡고 있는 업무와 관련해서 수직적·수평적으로 커뮤니케이션을 해야 하는 것도 그 구성원의 역할과 책임인 것이다. 내가 맡고 있는 업무에 관한 한, 회사가 커뮤니케이션을 필요로 하는 이유를 충족시켜야 할 책임이 나에게 있다.

예를 들어 내가 프랜차이즈 사업본부의 운영팀장이고 나의 업무가 가맹점의 경영을 리드하고, 지원하고, 점검하는 것이라면, 나는 상사에게 보고하고 지시받는 수직적 커뮤니케이션을 해야 할 뿐만 아니라 여러 관련 부서들과 수평적 커뮤니케이션을 해야 할 책임이 있다. 가령 가맹점 정기점검 중에 판매 가격에 관한 문제를 발견했다면 마케팅팀에게 점검 결과를 전달할 책임이 있다. 가맹점의 물류를 지원해야 하는 일이 생겼다면 본부장에게 건의하기 전에 물류팀과 협의할 책임이 있다. 가맹점으로부터 제품에 대한 불만이나 상품에 대한 새로운 아이디어를 들었다면, 마케팅팀과 연구개발팀에 전달할 책임이 있다. 가맹점주가 계약 내용이나 계약 과정에 대해서 불만을 제기했다면 개발팀에게 전달할 책임이 있다.

커뮤니케이션에 관한 자신의 역할과 책임을 다하려면 커뮤니케이션 과제를 항상 적극적으로 찾아야 한다. 생각나는 과제에 대해서만 커뮤니케이션하는 방식이 아니라, 회사가 커뮤니케이션을 필요로 하는 이유를 앞에 놓고 나의 커뮤니케이션 과제를 적극적으로 찾아내어 수행하는 방식이 되어야 한다. 자신의 커뮤니케이션 과제를 찾는 방법에 대해서는 4장에 자세히 설명해놓았다.

만약 내가 커뮤니케이션 해줘야 할 것outbound을 놓치면 나의 업무의 성과물이 다른 사람의 일로 연결되고 결합되는 것이 어렵게 된다. 그리고 업무 수행을 통해 얻어진 정보, 기술, 지식 등이 동료나 다른 부서에 바로 전달되고 공유되지 못한다. 그렇게 되면 그것을 필요로 했던 다른 사람의 업무에 차질을 빚게 된다. 다른 사람으로부터 뒤늦게 커뮤니케이션에 관한 지시나 요구를 받게 되면, 시기적으로 한 템포 늦은 것이고, 준비가 잘 되지 않아 커뮤니케이션이 충분히 이루어지지 못할 염려가 있다. 문제가 불거진 다음에 커뮤니케이션하는 것이므로 손실이 이미 발생한 다음이다. 구성원들 간에 분쟁이 일어날 수도 있고 다른 구성원의 비난을 받을 수도 있다.

만약 내가 받아야 할inbound 커뮤니케이션 과제를 놓치면 나의 업무 수행에 차질이 빚어진다. 나의 임무를 잘못 파악하거나, 내게 필요한 정보나 지식을 확보하지 못해서 어려움을 겪게 된다. 다른 구성원들의 의견을 미리 반영하지 못해 시행착오를 겪는 일도 생긴다. 커뮤니케이션 해야 할 것을 놓쳐서 회사에 좋은 기회가 있었음에도 아예 모르고 지나가는 경우도 있다. 결국 내가 커뮤니케이션해야 할 것을 놓치면 회사의 성과에 차질이 빚어진다.

그렇다고 내가 커뮤니케이션해야 할 과제를 다른 사람들이 미리 알고 나에게 요구하기를 바랄 수는 없다. 왜냐하면 다른 사람들은 내가 무슨 일을 어떻게 하고 있는지 잘 모르고 내가 무슨 데이터나 정보를 갖고 있는지 모르기 때문이다. 따라서 내가 커뮤니케이션해야 할 것은 항상 스스로 잘 찾아야 하며, 제때 수행해야 나의 책임을 다할 수 있다.

정리하자면 나의 역할과 책임에는 회사 내의 다른 구성원들과 커뮤니케이션해야 하는 것이 포함된다.

상대방이 인정해야 커뮤니케이션을 잘하는 것이다

커뮤니케이션을 아무리 잘했다고 해도 결과적으로 상대방이 나를 훌륭한 구성원으로 인정하지 않으면 커뮤니케이션을 잘한 것이라 할 수 없다. 상대방이 상사든 동료든 부하든 상대방의 인정을 받아야 그 사람과 지속적으로 커뮤니케이션을 잘할 수 있다

당장의 목적을 달성했더라도 상대방의 인정을 받지 못하면 이후에 그 사람과 커뮤니케이션하는 데 어려움이 생긴다. 그리고 회사 내의 다른 사람들에게도 전파되어 나의 커뮤니케이션에 나쁜 영향을 주게 된다. 내가 커뮤니케이션을 잘했을 때 상대방이 인정하는 모습의 예를 들어보자.

상사가 부하인 나를 인정하는 모습은 "저 친구는 나의 아이디어에 대해서 솔직하게 자신의 의견을 말한다. 그리고 자신의 생각이 짧았음을

알게 되면 바로 인정한다. 어려운 일은 저 친구와 의논하고 싶다" 또는 "저 친구는 내가 중요하다고 생각하는 사안에 대해서 나의 생각을 수시로 물어보며 진행 상황을 나에게 잘 보고한다. 저 친구에게 더 중요한 일을 맡기고 싶다"의 경우를 들 수 있다.

부하직원이 상사인 나를 인정하는 모습은 "우리 팀장은 부하의 말을 귀담아 듣는다. 부하의 의견을 받아들이지 못할 때도 많지만 부하를 존중한다고 생각한다. 그리고 부하의 부족한 점을 진솔하게, 그리고 정확히 피드백 해준다. 저런 상사라면 믿고 진정으로 열심히 일하겠다"라는 경우를 들 수 있다.

또한 다른 부서장이 동료인 나를 인정하는 모습은, "저 팀장은 내 말을 항상 진지하게 듣고 나의 관점을 잘 이해한다. 나의 요구가 받아들어지지 않을 때도 있지만 그 이유를 성의껏 설명해준다. 저 팀장과는 어떤 일이든 터놓고 의논할 수 있다"라는 예를 들 수 있다.

커뮤니케이션에서 상대방의 인정이 중요한 이유는 무엇일까? 첫째, 상대방이 나를 인정하면 그 사람은 나와 커뮤니케이션할 때 마음을 열게 된다. 사람들은 자신이 인정하는 사람에게 마음을 열게 마련이다. 상사든, 동료든, 부하든 나를 인정하는 경우에는 나의 말을 더 귀담아 듣는다. 그리고 나에게 더 성의껏 말한다. 더 적극적으로 커뮤니케이션하는 것이다. 결과적으로 서로 상대방을 잘 이해하게 된다.

둘째, 상대방이 나를 커뮤니케이션 파트너로 인정하면 상대방과 나의 관계가 좋아진다. 다른 사람에게는 못할 말도 하게 되고 서로 마음이 통하고 신뢰가 쌓인다. 좋은 커뮤니케이션이 좋은 인간관계로 발전하는 것이다. 셋째, 다른 사람들에 대한 파급효과가 있다. 내가 좋은 커뮤니케이터로 알려지고 나를 잘 모르는 사람들도 나에게 호감을 갖게 된다. 그래서 많은 사람들과 커뮤니케이션하는 데에도 도움이 된다.

커뮤니케이션할 때 상대방의 인정을 받으려면 두 가지를 잘해야 한다. 첫째, 상대방이 바라는 커뮤니케이션, 상대방에게 도움이 되는 커뮤니케이션을 해야 한다. 다시 말해서 상대방의 요구, 기대, 니즈에 부응하는 커뮤니케이션을 해야 한다. 커뮤니케이션 주제의 범위, 초점, 커뮤니케이션 방식, 채널, 시간 등에 있어서 상대방의 입장을 헤아린다. 그리고 커뮤니케이션할 때는 내가 주로 말하기보다는 상대방이 자신의 생각이나 의견을 충분히 말하도록 한다.

상대방의 말을 잘 듣고, 상대방의 관점을 인지하고 인정해야 한다. 여기서 상대방의 관점을 인정한다는 것은, 나의 관점을 바꾸는 것을 뜻하는 것이 아니라 상대방도 자신의 관점을 가질 수 있다는 점과 상대방의 관점에서는 동일한 사안을 나와 다르게 볼 수도 있다는 점을 인정하는 것이다.

둘째, 상대방이 커뮤니케이션 내용을 잘 이해하고 적극적으로 참여하는 커뮤니케이션을 해야 한다. 상대방이 이해해야 양방향 커뮤니케이션이 활성화되고 상대방이 적극적으로 참여해야 상대방 입장에서 만족스러운 커뮤니케이션이 된다. 상대방이 이해하는 커뮤니케이션을 하려면 상대방의 언어로 커뮤니케이션할 줄 알아야 한다. 상대방에게 익숙한 언어, 상대방의 지식에 맞는 언어, 상대방의 문화에 맞는 언어를 쓸 줄 알아야 한다는 점이다.

140만 트위터 팔로워가 쫓아다니는 작가 이외수는 말한다. "같은 말이라도 젊은이들에게 '너희들 심정을 이해한다. 그런데 참아라'라고 말하면 얼마나 짜증나겠나. 차라리 걔네 식으로 '존나게 버텨' 이게 훨씬 낫다."[14]

이렇듯이 회사에서도 마케팅팀이 연구개발팀과 커뮤니케이션을 할 때는 기술이나 연구개발에 관한 용어나 문화를 어느 정도 알아야 한다. 다른 부서에서 바로 이동한 팀원에게 업무 지시를 내릴 때는 그의 업무 지식에 맞추어 커뮤니케이션해야 한다. 여기에 더하여 상대방이 적극적으로 참여하는 커뮤니케이션을 하려면 상대방이 관심과 의욕을 갖도록 끌어당기는 커뮤니케이션을 해야 한다. 이렇게 하려면 상대방의 목표, 기대, 지식, 역량, 관심거리, 현재의 상황 등 상대방의 여러 면면을 알아야 한다.

내가 말하고 싶은 메시지를 내가 일방적으로 밀하는 '밀기push'보다는 상대방에게 좋은 질문을 해서 상대방이 그 메시지를 말하도록 하는 '당기기pull'를 해야 한다. 정리하면, 상대방의 인정을 받는 커뮤니케이션을 하려면 상대방이 원하고 상대방에게 필요한 커뮤니케이션을 해야 하며, 상대방이 커뮤니케이션 내용을 이해하고 적극 참여하도록 해야 한다. 이렇게 하려면 상대방에 대해서 여러 가지를 알아야 한다. 즉 상대방의 포지션을 파악해야 한다.

사람은 누구나 자신이 알고 있는 것을 말하고 싶은 욕구가 있고 커뮤니케이션을 통해서 사회적 실재감을 느끼고자 하는 욕구가 있다. 이로 인해 때때로 상대방의 말을 자르게 되고, 상대방을 불편하게 만들며, 불만을 사게 된다. 그렇다고 이러한 욕구를 무작정 누르기보다는, 지혜롭게 생각해서 상대방의 인정을 받으면서 나의 만족을 얻는 방법을 찾아야 한다. 정보를 전해주고 싶은 욕구에 대해서 생각할 것은, 상대방이 이미 알고 있거나 관심이 없는 정보보다는 상대방이 모르고 있고, 상대방이 알고 싶어 하거나 상대방에게 도움이 되는 정보를 잘 선별한다면 상대방은 물론 나 자신에게도 큰 만족을 줄 수 있다.

사회적 실재감을 얻는 것에 대해서 생각할 점은 내가 말할 때 상대방이 귀를 기울인다면 그때 비로소 진정한 실재감이 생기는 것이고, 그렇지 않은 경우는 나의 착각일 뿐이라는 것이다. 상대방 입장에서는 자신에게 말할 기회를 주고 자신의 말을 인정해주고 응대해주는 사람이 더 가치 있는 사람이며 그 사람의 머릿속에 나의 존재감이 더 올라간다. 이렇게 생각하고 커뮤니케이션한다면, 나의 사회적 실재감을 충족시키면서도 상대방에게 인정받는 커뮤니케이션을 할 수 있게 된다.

커뮤니케이션에서 상대방의 인정을 받기 위해서는 많은 노력이 필요하다. 이 노력은 그 사람과 커뮤니케이션할 때 얻는 효과와 좋은 인간관계로써 충분히 보상받을 것이다.

나의 지속적인 성장과 발전에 기여하는 커뮤니케이션

커뮤니케이션을 통해서 나의 지속적인 성장과 발전을 이룰 때, 비로소 커뮤니케이션을 잘한다고 말할 수 있다. 커뮤니케이션을 통해서 성장하고 발전하는 가장 바람직한 모습은 나의 내면으로는 지식과 역량을 쌓고, 다른 사람들과의 관계에서는 신뢰를 쌓는 것이다.

먼저 커뮤니케이션을 통해서 지식과 역량을 쌓으려면, 첫째, 커뮤니케이션 기회를 많이 만들어서 그 기회를 통해 나의 정보, 지식 등을 확충한다. 상사나 선배에게 질문도 많이 하고, 관련 부서에 자료도 요청하고, 워크숍이나 사내 세미나에도 열심히 참여한다.

둘째, 커뮤니케이션을 행할 때 커뮤니케이션의 본래 목적을 추구하는 것에 더하여 자신의 성장과 발전을 기한다. 대부분의 회사 구성원들의 경우에 커뮤니케이션이 회사 업무의 80% 전후를 차지하고 있다고 밝힌 바 있다. 이 시간을 통해서 자신의 성장과 발전을 기할 수 있다면 누구보다도 유능한 사람이 될 수 있을 것이다.

커뮤니케이션 과정에서 정보나 지식을 얻을 수 있을 때는 그것들을 흘려보내지 말고 의식적으로 잡아채 나의 것으로 만들어야 한다. 그리고 커뮤니케이션 상대방의 사고방식이나 마인드에서 배울만한 점을 적극적으로 찾아서 내 것으로 만들어야 한다. 무엇보다도 중요한 것은 이러한 것들을 그때그때 기록하고 수시로 정리하면서 나의 것으로 체득하는 것이다.

다음으로, 커뮤니케이션을 통해서 다른 사람들의 신뢰를 쌓으려면 항상 정직한 커뮤니케이션, 성실한 커뮤니케이션, 상대방을 존중하는 커뮤니케이션을 해야 한다. 그리고 커뮤니케이션의 근본 목적을 이기적인 목적에 두는 것이 아니라 상위 조직의 목표와 전략을 달성하는 것과 상대방과 원윈하는 데 둬야 한다.

05

말은 잘 못해도
베타 커뮤니케이션은 잘할 수 있다

숲에서 큰 나무가 우지끈 쓰러졌는데 주위에 아무도 들은 사람이 없다면, 그 소리는 과연 난 것인가?[15]

– 유대교 랍비의 질문

말을 잘하는 것과 커뮤니케이션을 잘하는 것은 다르다. 직장인들에게 "어떤 형태로 커뮤니케이션하는 리더를 선호하느냐"라고 물었을 때 '달변은 아니더라도 인격적으로 존중하는 말을 하는 리더'라는 답변이 66%로 압도적이었다.[16]

말을 잘하는 것과 커뮤니케이션을 잘하는 것은 전혀 다른 개념이다. 말을 잘 못하더라도 커뮤니케이션은 얼마든지 잘할 수 있다. 커뮤니케이션의 속성을 여러 측면으로 살펴보면 커뮤니케이션이 무엇인지를 이해하게 되고, 커뮤니케이션을 잘하려면 무엇을 잘해야 하는지 어느 정도 파악할 수 있을 것이다.

첫째, 커뮤니케이션은 혼자 말하는 독백이 아니라 나와 상대방 사이에 일어나는 상호작용이다. 커뮤니케이션은 청중을 모아놓고 연주하는 피아노 독주와는 다르다. 내가 말을 하고 상대방은 듣기만 하는 순간에도 상대방은 커뮤니케이션 활동을 하고 있다. 내 말을 인식하고 이해하며, 해석하거나 판단하고 표정 등으로 반응한다. 한편으로 의문을 제기하기도 하며, 질문도 할 수 있다.

커뮤니케이션은 항상 상대방과 함께 상호작용하는 것이다. 숲속에서 나무가 부러지는 소리가 났더라도 아무도 못 들었다면 소리가 났냐고 말할 수 없듯이 내가 아무리 말을 잘해도 상대방이 나의 뜻을 내가 의도한 대로 이해하지 못했다면 커뮤니케이션했다고 볼 수 없다. 상대방이 아무리 말을 잘해도 내가 상대방이 전하고자 하는 바를 알아듣지 못했다면 커뮤니케이션이 된 것이 아니다.

둘째, 내가 하는 말을 듣는 상대방은 말만 가지고 메시지를 해석하는 아니라 말투, 목소리의 크기, 말의 속도, 얼굴 표정, 손놀림, 몸짓, 자세 등과 같은 비언어를 함께 묶어서 해석한다. 즉, 이러한 비언어도 커뮤니케이션인 것이다. UCLA의 알버트 메라비언 교수가 여러 차례에 걸쳐 연구한 바에 따르면, 면대면 커뮤니케이션은 말, 어조, 보디랭귀지의 세 가지에 의해 이루어진다고 한다. 특히 감성emotion이나 태도attitude의 경우 메시지가 전달되는 비중을 보면 말 자체는 7%뿐이고 어조 38%, 눈으로 보는 것 55%로 구성된다고 한다.

말을 하는 사람의 이미지, 비언어 메시지, 보디랭귀지는 항상 듣는 사람과 상호작용하고 있으며 메시지의 중요한 부분이 되는 것이다. 예를 들어 자신감 있는 목소리나 머뭇거리는 태도를 인식하지 못하는 사람은 없을 것이다. 몸짓, 자세, 태도 등은 언어 없이 독립적으로도 많은 의미를 전달한다. 나의 행동이나 자세에 상대방이 의미를 부여하면 그것은 나의 의도와 관계없이 커뮤니케이션이 되는 것이다. GE의 잭 웰치는 "커뮤니케이션은 태도이며 환경이다"라고까지 말한다.[17]

셋째, 메시지(언어와 비언어)는 커뮤니케이션 행위를 구성하는 요소의 하나일 뿐이다. 한 사람이 다른 한 사람에게 말을 하고 있는 가장 간단한 커뮤니케이션의 상황을 보더라도 아래 그림과 같이 보내는 사람, 메시지, 받는 사람, 커뮤니케이션 채널, 환경, 당사자 각각의 내부 잡음, 듣는 사람의 반응 등 여러 가지 요소로 구성되어 있음을 살필 수 있다.

〈한쪽에서 말하고, 한쪽에서 듣는 커뮤니케이션의 구성요소〉[18]

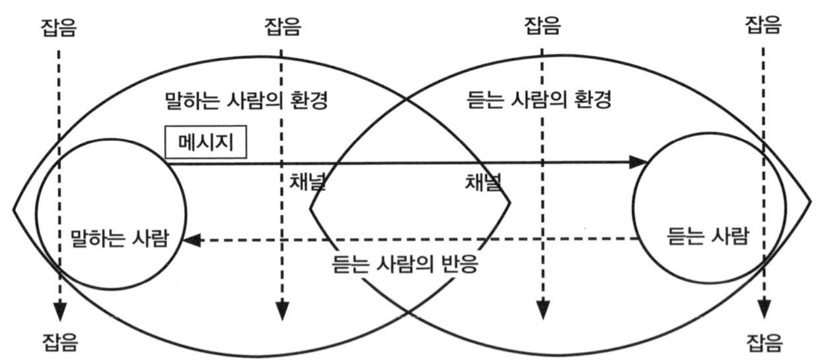

넷째, 어떤 사람이 말을 할 때(메시지를 전달할 때)에 그 해석은 여러 요인에 의해서 달라진다. 말하는 사람이 누구냐에 따라 달라지고, 메시지 전후의 맥락에 따라 달라지며, 듣는 사람의 입장에 따라 달라진다. 또한 말하는 방법, 채널, 타이밍에 따라 달라지고, 주변 상황에 따라 달라진다. 앞서 살펴본 커뮤니케이션의 구성요소 하나하나에 모두 영향을 받는 것이다.

예를 들어 영업 담당 임원이 인사 담당 임원에게 "우리 회사의 인사평가 제도를 전면적으로 검토해야 한다"고 말했다 치자. 이때 그 해석이 각각의 요소에 따라 달라지는 것을 보면, 만약 그 영업 담당 임원이 평소에 말이 앞서고 추진력이 떨어지는 사람이라면 으레 하는 말이거니 하고 생각할 수 있다.

만약 자신의 부하의 평가에 이의를 제기하면서 인사 담당 임원과 말다툼 중에 그런 말을 했다면, 그것은 진정으로 인사평가 제도의 수정을 제안했다기보다는 자신의 불만을 표시한 것으로 해석되기 쉽다. 그러나 평소에 인사평가 제도에 이것저것 의견을 말하던 중에 그런 말을 했다면 진지한 제안이라고 볼 수도 있다.

인사 담당 임원이 이 말을 들을 때 몸과 마음이 느긋하면 이야기도 잘 듣게 되고 질문을 하거나 관심 있게 받아들일 것이다. 그러나 다른 일로 시간에 쫓기거나 초초한 상태라면 상대방 말이 귀에 잘 들어오지 않거나 짜증이 날 수도 있다.

또한 이 이야기를 인사 담당 임원과 얼굴을 마주하고 진지하게 말하면 인사 담당 임원은 귀담아 들을 가능성이 높아진다. 그러나 전화로 가볍게 지나가듯이 말하면 그 말에 특별히 비중을 두지 않을 수도 있다.

영업 담당 임원이 인사 담당 임원과 단둘이 있는 자리에서 이러한 이야기를 했다면 인사담당 임원은 자신의 일에 대한 제안으로 받아들일 수 있다. 그러나 고위 임원이나 사장이 함께 있는 자리에서 그런 말을 했다면 인사 담당 임원은 자신에 대한 공격으로 해석할 수도 있다. 결국, 메시지의 해석은 듣는 사람에게 달려 있는 것이다.

상대방이 말한 것 중에서 무엇을 듣고 무엇을 흘려보낼 것인가는 듣는 사람이 선택하며, 들은 것의 해석은 위에 말한 여러 가지 상황에 따라서 듣는 사람이 결정한다. 이렇게 말의 해석이 달라질 수 있는 이유는 단어나 말 자체가 여러 가지 의미를 나타낼 수 있기 때문이다. 일상생활에서 잘 쓰는 말로써 "됐네" "괜찮아" "알았어" 등의 말은 여러 가지로 해석될 수 있다. 회사에서 흔히 사용하는 '협조'라는 용어도 마찬가지다.

중요한 사안에 대해서 의사결정권자의 결재를 받을 때 관련 부서의 '협조 서명'을 받는 경우가 많다. 여기서 '협조'의 뜻은 과연 무엇인가? 그 사안을 진행한다는 것에 대해서 미리 알고 있으라는 것인가? 그 사안에 대해서 관련 부서의 관점에서 검토하고 동의해달라는 뜻인가? 아니면, 자원이나 인력을 배정하여 협업해달라는 것인가? 그것도 아니라면 이 모든 것을 합친 것인가? 이러한 '협조'에 대한 의미를 협조 서명을 요구하는 부서와 협조 서명을 해주는 부서가 동일하게 해석하고 있는가?

또 다른 예를 들면, 신규 사업 추진 건에 대해서 회장에게 보고 회의를 했는데, 보고 내용을 다 들은 회장이 몇 가지 질문을 하더니 간단히 "알았다"라고 말하고 자리를 떴을 경우에 다음과 같은 일이 생길 수 있다.

이 신규 사업을 하고 싶은 사업본부장은 회장이 사업을 승인했다고 해석하고 즉시 착수하겠다고 말한다. 이 신규 사업을 반대하는 재무 담당 임원은 회장이 신규 사업의 내용을 파악했다는 것이지 승인하지는 않았다고 해석한다. 보고를 직접 담당한 신규 사업 담당 이사는 회장의 질문에 답변이 미진한 것이 있었으니 다시 보완하여 보고하는 것이 좋겠다고 생각한다. 그런가 하면 배석한 사장은 갈피를 못 잡고 있다. 이러한 일은 대기업에서도 실제로 적지 않게 발생하고 있는 일이다.

다섯째, 커뮤니케이션 행위는 말하기뿐만 아니라 듣기, 읽기, 쓰기가 모두 해당된다. 흔히 커뮤니케이션을 다룰 때 스피치, 프레젠테이션, 설득 등 말로써 다른 사람을 이해시키는 것을 주안점으로 생각한다. 하지만, 회사 구성원들에게 가장 비중이 높은 커뮤니케이션 활동은 듣기나. 그 다음이 말하기, 읽기, 쓰기의 순서가 된다. 회사에서 일을 잘하고 인정을 받으려면 내가 말하는 것보다 상대방의 말을 잘 듣는 것이 훨씬 더 중요하다.

회사 내에서 업무 협의를 할 때 상대방의 말을 잘 들어야 상대방의 의도나 우려를 정확하게 이해할 수 있고 최선의 방안을 찾을 수 있다. 상사가 지시를 내리거나 방침을 전달할 때 잘 듣고 그 내용과 취지를 잘 이해해야 시행착오를 범하지 않는다.

일대일 면담이나 미팅에서 상대방의 말을 잘 들어야 내가 그 사람에게 무슨 말을 해야 할지 올바르게 판단할 수 있다. 회의, 프레젠테이션, 워크숍 등에 참여했을 때는 다른 사람의 발언을 잘 들어야 나의 정보, 지식이 늘어난다. 상대방을 설득하는 데 있어서도 뛰어난 말솜씨보다는 상대방의 말을 경청하는 자세가 더 중요하다. 그래야 상대방을 설득할 수 있는 포인트를 제대로 찾을 수 있다. 내가 받아들이는 커뮤니케이션inbound으로써 읽기도 매우 중요하다. 내 앞으로 전달된 자료, 문건 등은 당연히 꼼꼼히 읽고 이해해야 하며, 필요한 부분을 메모하고 다시 찾아볼 수 있도록 보관해야 한다. 나에게 전달된 것이 아니더라도 필요한 자료, 문건을 적극적으로 찾아서 읽어야 내게 부여된 일을 제대로 할 수 있다.

총명聰明이라는 단어는 누구나 다 알 것이다. 이 말의 뜻은『논어』의 「계씨편季氏篇」 10장에 나와 있다. 시사명視思明 즉, 사물을 볼 때는 '분명히' 볼 것을 생각하고, 청사총聽思聰 즉, 들을 때는 '귀 밝게' 들을 것을 생각한다는 것이다. 다시 말해서 총명하다는 말은 그 사람이 눈으로 보고(사람이나 사물을 관찰) 귀로 듣는(경청) 커뮤니케이션을 잘한다는 뜻이다. 회사에서 필요한 정보를 획득하고, 전략을 이해하고, 임무를 확인하고, 업무 진행 상황을 파악하는 것, 이 모두가 내가 받아들이는inbound 커뮤니케이션인 듣기와 읽기(보기)를 통해 이루어지는 것이다.

여섯째, 말하기, 쓰기, 듣기, 읽기 등 하나하나의 행위는 전체 커뮤니케이션 과정을 구성하는 한 부분이다. 회사에서 커뮤니케이션은 일과성이 아니고 일련의 과정이다. 이 커뮤니케이션 과정은 커뮤니케이션 과제를 파악하고, 방향을 생각하고, 도구를 구성하고(메시지의 구성, 채널, 장소, 시간 등의 설정), 커뮤니케이션을 수행하고, 성과를 점검하고 보완하는 과정으로 구성된다. 그리고 이러한 일련의 과정이 여러 과제에 대해서 여러 차례에 걸쳐 계속 진행되어나간다.

지금까지 커뮤니케이션의 속성에 대해 설명했고, 커뮤니케이션 행위의 구성요소가 무엇이고 커뮤니케이션의 범위는 어디서부터 어디까지

에 해당되는지 살펴보았다. 이제 회사 내에서 커뮤니케이션을 잘하는
방법에 대해 알아보자.

2

베타 커뮤니케이션 전략

01

커뮤니케이션에 전략이 필요한 이유

是故勝兵先勝而後求戰 敗兵先戰而後求勝(시고승병선승이후구전 패병선전이후구승)

이기는 군대는 먼저 이겨놓고서 그 후에 전투를 하려고 하며, 지는 군대는 먼저 전투부터 벌여놓고서 그 후에 이기려고 한다.

－『손자병법』, 「군형편軍形篇」

회사 내의 커뮤니케이션은 일상생활의 대화와는 달라서 성공적으로 잘 해내려면 전략이 필요하다. 그 이유는 여러 가지가 있다. 첫째, 회사의 일은 매우 복잡하다. 조직이 복잡하고 부서별 업무 분장이나 일의 프로세스 등이 복잡하다. 그리고 계속 변화한다. 앞의 제1장에서 설명한 커뮤니케이션의 필요성을 상기해보라. 변화하는 경영환경 아래에서 자신이 커뮤니케이션해야 할 것을 놓치지 않고 제때 해낸다는 것은 매우 어려운 과제다. 별도의 방법론을 갖고 있지 않으면 커뮤니케이션에 관한 역할과 책임을 다하는 것이 매우 어렵다.

둘째, 커뮤니케이션의 목적이 다양하다. 정보 제공 또는 확보, 지식의 전달 또는 습득, 설명 또는 설명 듣기, 보고 또는 보고 받기, 토의, 설득, 협상 등 각각의 목적에 따라서 그것에 적합하게 커뮤니케이션을 수행해야 좋은 효과가 나온다.

셋째, 커뮤니케이션은 회사 내의 여러 부서와 여러 사람을 상대로 하는 일이다. 더욱이 커뮤니케이션 상대방들이 각각 서로 다른 임무와 목적을 갖고 있고 상이한 분야의 역량과 전문성을 갖고 있는 경우가 많다. 그리고 상대방의 상황이나 요구, 기대와 니즈를 일일이 파악하는 것도 어렵다. 따라서 아무 준비 없이 커뮤니케이션을 하게 되면 목적을 달성하기 어렵고 상대방의 인정을 받기도 어렵다.

넷째, 커뮤니케이션은 경영활동 중에서 상호작용이 가장 큰 부분이다. 어느 한쪽만 잘못해도 결과는 나빠진다. 내가 잘 못하면서 상대방이 내게 잘해주기를 기대하기는 어렵다. 반대로 내가 잘해도 상대방이 잘못하면 역시 결과는 좋지 않을 것이다.

다섯째, 커뮤니케이션에는 많은 장애 요인들이 있다. 나이와 성별의 차이는 물론 하나의 회사 내에서도 부서의 특성에 따라서 문화 차이가 존재한다. 사람마다 전문 분야의 차이, 지식과 정보의 차이, 관심 분야에 차이가 존재하여 커뮤니케이션을 어렵게 만든다.

여섯째, 상황은 계속 바뀌고 있다. 구성원들의 업무는 계속 변하고,

조직이 바뀌며 사람도 바뀐다. 따라서 계속 변화하는 상황을 다룰 수 있는 무기가 필요하다. 이렇게 복잡한 회사 상황 속에서 커뮤니케이션의 목적을 달성하려면 일상생활에서 행하는 커뮤니케이션보다는 좀 더 체계적인 방식의 커뮤니케이션이 필요하다.

만약 커뮤니케이션에 전략이 없다면 여러 가지 문제가 발생할 가능성이 높아진다. 예를 들어 커뮤니케이션해야 할 것을 놓치면 나의 일이나 다른 사람의 일이 잘못될 수 있다. 즉흥적으로 커뮤니케이션하게 되면 전개되는 상황에 잘 대처하지 못해서 원하는 결과를 얻지 못할 가능성이 높아진다. 상대방의 입장을 고려하지 않고 나의 생각만으로 커뮤니케이션을 하면 일방통행으로 실패할 가능성이 높고 상대방의 인정을 받기도 어렵다.

커뮤니케이션의 타이밍이나 채널을 잘못 선택하면 효과가 반감되거나 오히려 역효과가 날 수도 있다. 이러한 오류가 몇 번 누적되면 신뢰가 손상되고 평가가 나빠진다. 커뮤니케이션 전략은 위와 같은 일을 방지하고, 나의 생각을 정리할 수 있게 해주며 당황하는 일 없이 의도한 대로 커뮤니케이션할 수 있게 해준다.

설명이나 설득 등 커뮤니케이션 행위의 성과는 그 커뮤니케이션 행위 자체가 일어나는 시점에서는 이미 상당 부분 정해져 있다고 볼 수 있다. 앞서 말했듯이 메시지의 해석은 말하는 사람의 신뢰도나 이미지에 따라 달라지고, 듣는 사람이 갖고 있는 정보나 지식 또는 견해나 입장에 따라 달라지고, 커뮤니케이션 채널, 시간적 요소, 주변 상황에 따라 달라진다. 뿐만 아니라 커뮤니케이션 성과는 양 당사자가 상대방에 대한 정보, 지식, 사고방식, 일하는 스타일, 요구, 니즈, 기대 등에 대해서 서로 얼마나 잘 알고 있는가에 따라 달라진다. 그런데 이러한 모든 것들은 커뮤니케이션 행위가 일어나는 시점에서는 이미 정해져버린 것이다. 따라서 커뮤니케이션에서 좋은 성과를 얻으려면 미리 전략을 세워서 여러 가지 요소들을 찾아내고, 준비하고, 구성해야 한다.

어느 대기업의 연구팀이 신제품 개발을 위한 실험 결과를 연구소장과 사업부에게 보고하는 미팅을 준비하게 됐다. 지금까지 개발하고 실험한 결과를 관련 부서 간에 공유하고 향후의 진행 방향을 정하고 사업부서의 지원을 받기 위한 보고였다. 연구팀 리더는 연구 결과에 대한 다양한 실험 데이터와 이에 대한 해석, 그리고 추가 연구 과제 등을 작성해 발표했다.

보고는 박수로 끝났다. 그런데 연구팀은 유사한 실험을 다시 해서 한 번 더 보고할 수밖에 없는 상황이 되었다. 보고가 잘 되었는데도 일을 다시 해야 하는 이유는 무엇일까? 그것은 커뮤니케이션 전략이 부족했기 때문이다. 연구팀 리더는 연구소장의 인정을 받으려고 다양한 실험 데이터를 넣고 연구팀의 실력과 성과를 보여주는 데 주안점을 두었다. 그렇지만 그것은 보고의 상대방을 잘 설정하지 못한 것이었고, 사업부서의 역할과 입장을 잘 이해하지 못한 것이었다.

향후의 제품 개발 진행을 위해서는 사업부의 이해와 지원이 필요한데, 사업부는 연구팀의 보고 내용을 전혀 이해할 수 없었다. 사업부로서는 연구팀이 열심히 연구하고 실험한 것으로 생각되어 박수는 쳤지만, 개발을 완성시키기 위한 추가적인 연구개발 투자와 설비 투자에 대한 의사결정은 할 수 없었던 것이다. 이로 인해 연구팀은 일을 다시 해야만 했다.

아리스토텔레스는 설득의 세 가지 요소로써 에토스ethos, 파토스pathos, 로고스logos를 들고 있다. 에토스란 말하는 사람의 개인적 특성으로써 신뢰, 윤리, 전문성 등을 말하는데, 내가 말하는 경우라면 나의 포지션에 해당된다. 파토스란 듣는 사람의 존재감으로, 듣는 사람의 감성, 관심, 니즈, 요구, 희망 등 듣는 사람의 상태, 즉 상대방의 포지션에 해당된다.

마지막으로 로고스란 논리적 방법, 사실과 사고, 증명하거나 실증하는 방법으로 커뮤니케이션 과제의 주제나 메시지 구성에 해당된다. 여기서 설득의 세 가지 요소는 설득을 하는 시점에서는 이미 정해져 있는 것이다. 따라서 설득을 잘하려면 이 세 가지를 사전事前에 준비하고 구축해야 한다. 즉 전략이 필요하다는 것이다.

02

베타 커뮤니케이션 전략의 핵심 내용

———————— 만족한 고객이 가장 좋은 전략이다.

– 마이클 르뵈프[19]

전략과 전술이라는 말은 고대 그리스어에서 파생된 것이며 전쟁으로부터 기인한다. 전쟁에서 전략이란 무엇인가? 클라우제비츠의 『전쟁론』을 보자. 이 책에 의하면 전략은 전쟁의 목적을 달성하기 위한 교전들의 운영에 대한 가르침이고, 전술은 교전에서 군대의 운용에 대한 가르침이다.[20] 다시 말해서 전략은 전쟁 전체의 목적을 달성하는 것을 목표로 하는 것이며, 전체적으로 얼마나, 언제, 어디서 전투를 벌일 것인가를 다루는 것이다.

또 다른 전략서인 『손자병법』을 보자. 그 첫 편인 「시계편始計篇」은 전쟁의 전략 수립의 전반적인 원칙에 관한 것으로서 손자는 자신의 병법의 출발을 '나와 상대방을 아는 것'에서 시작하고 있다. 손자는 "도道, 천天, 지地, 장將, 법法의 다섯 가지를 쌍방에 대해서 잘 알아야 승리를 예측할 수 있다"고 말한다. 여기서 도道란 전쟁을 하는 이유와 목표에 대해서 지도자와 국민들이 모두 한마음이 되는 것이다. 손자는 이어서 위의 다섯 가지를 상대방과 나에 대해 비교, 검토하는 기준으로써 일곱 가지를 이야기한다. ①군주의 정치력, ②지휘관의 능력, ③기후나 지형의 유불리, ④전략 수행 능력, ⑤무기의 우수성, ⑥훈련의 정도, ⑦상벌의 공정함 등이 그것이다.

손자는 전쟁에서 이기려면 나와 상대방에 대해서 이러한 것들을 알아야 한다고 말했다. 손자병법의 시계편이 우리에게 주는 시사점은 전쟁을 하는 이유와 목표를 잘 제시해야 한다는 것과, 전략에서는 나와 상대방의 포지션을 파악하는 것이 중요하다는 것이다.

전쟁에서 말하는 전략을 정리해보면, 첫째, 전투를 다루는 전술만으로는 전쟁에서 이기기 어렵고 전쟁 전체를 움직이는 전략이 있어야 한다. 둘째, 전략을 세울 때는 전쟁을 해야 하는 이유와 목적을 잘 설정해야 한다. 셋째, 전체적으로 전투들을 얼마나, 언제, 어디서, 벌일 것인가를 다뤄야 한다. 넷째, 나와 상대방의 포지션 파악이 반드시 필요하다.

이를 회사 내의 커뮤니케이션에 순서대로 대입해보면, 첫째, 커뮤니케이션을 잘하려면 '커뮤니케이션 스킬'만으로는 안 되고 '전략'이 필요하다. 둘째, 전략을 수립할 때는 커뮤니케이션을 잘해야 하는 목적과 이유를 잘 알아야 하고, 커뮤니케이션을 잘한다는 것이 무엇인지를 알아야 한다. 셋째, 커뮤니케이션을 얼마나(즉 무엇에 대해서, 누구와), 언제, 어디서 해야 하는지를 파악해야 한다. 즉 커뮤니케이션해야 할 과제들을 파악해야 한다. 넷째, 나의 포지션과 상대방의 포지션을 잘 파악해야 한다.

'잘못된 전략을 전술로 만회할 수는 없다'는 말이 있듯이, 만약 커뮤니케이션 과제를 놓치거나 포지션 파악이 잘못되면, 스피치, 프레젠테이션 등의 커뮤니케이션 스킬이 아무리 뛰어나도 그것을 만회하는 것은 매우 어렵다.

커뮤니케이션 전략, 이렇게 수립하라

무엇을 해야 하는지what to do를 안다면 지혜로운 것이며, 어떻게 해야 하는지how to do를 안다면 기술이 있는 것이다. 그리고 그것을 행한다면 덕이 있는 것이다.

— 데이비드 스타 조르단[21]

커뮤니케이션 전략을 수립하려면 먼저 내가 맡아서 수행하고 있는 일을 확실히 파악해야 한다. 내가 커뮤니케이션해야 할 과제는 기본적으로 나의 업무로부터 나오는 것이기 때문이다. 나의 업무를 실천적으로 파악하기 위해서 내가 수행하고 있는 일을 작은 단위나 단계로 쪼개 본다. 그렇게 하려면 우선 나의 업무를 분야별, 종류별로 구분하고, 그 다음에

각 분야의 업무를 중간 단위의 성과물, 소단위의 성과물로 쪼갠다.

예를 들어 워크숍을 준비하는 일이라면, 장소의 확보, 프로그램 확정, 토의 안건 확정, 자료 준비, 강사 또는 발제자 확정, 참석자 통보 및 확인 등의 소단위로 구분하는 것이다. 또는 시간이 오래 걸리는 일인 경우에는 시간 단위로 쪼갠다(이렇게 쪼개어 놓은 일을 '단위업무'라고 칭한다). 그리고 이 모든 단위업무들에 대해서 커뮤니케이션 전략을 짜는 것이다.

이제 커뮤니케이션 전략을 아래와 같은 순서로 작성해보자.

커뮤니케이션 전략 수립

1) 나의 각각의 단위업무와 관련해 내가 커뮤니케이션해야 할 과제의 리스트를 잠정적으로 만들어본다(커뮤니케이션 과제의 잠정적 파악).

2) 포지션을 파악한다.

① 단위업무의 포지션 파악

② 상대방의 포지션 파악

③ 나의 포지션 파악

3) 위의 포지션 파악에 의거해 커뮤니케이션 과제를 다시 한 번 파악한다.

4) 각각의 커뮤니케이션 과제에 대해 커뮤니케이션 도구를 구성한다.

5) 자신과 커뮤니케이션을 행한다.

6) 상대방과 커뮤니케이션을 수행해 포지션을 이동시킨다.

① 상대방 마음속 나의 포지션을 이동시킨다.

② 단위업무의 포지션을 이동시킨다.

③ 나의 포지션을 이동시킨다.

④ 상대방의 포지션을 이동시킨다.

7) 커뮤니케이션 활동의 결과를 점검하고 개선점을 찾아 전략을 개선해나
간다.

미 해병대에서는 전략을 '올바른 수순에 따라서 사고하는 것'이라고
정의한다.[22] 위의 전략의 순서는 '사고의 수순'이라고 할 수 있다. 커뮤니
케이션 전략을 수립하는 실제 작업의 순서는 커뮤니케이션 과제에 따라
서 또는 주어진 상황에 따라서 때때로 뒤바뀔 수 있다. 앞의 작업에 소
홀한 것이 발견되어 과정이 다시 되돌아갈 수도 있다. 중요한 것은 커뮤
니케이션을 대할 때 사고하는 수순이다.

앞서 말한 대로 커뮤니케이션은 말하기뿐만 아니라 듣기, 읽기, 쓰기
가 다 포함되는 것이므로 커뮤니케이션 전략도 양방향 커뮤니케이션 과
제를 다 포함해서 수립해야 한다. 내가 내보내는outbound 커뮤니케이션
으로 상대방에게 설명하거나 보고하는 것, 상대방을 설득하는 것, 업무
를 지시하는 것뿐만 아니라 내가 받아들이는inbound 커뮤니케이션으로
지시나 방침을 듣는 것, 정보나 지식을 받는 것, 경영 성과나 개선점에
대해서 피드백 받는 것 등이 모두 전략 수립의 대상이 된다.

이제 전략 수립 단계를 항목별로 살펴보자. 먼저 전략의 전체적인 모
습을 그려보기 위해서 간단히 일별한 후에 다음 장부터 하나씩 상세히
구체적으로 다룰 것이다.

내가 커뮤니케이션할 과제의 잠정적 리스트를 만든다

나의 업무에서 비롯되는 커뮤니케이션 과제의 리스트를 만든다. 각각의 단위업무에 대해서 제1장에서 언급한 '베타 커뮤니케이션의 필요성'을 반영하여 작성한다. 커뮤니케이션 책임을 빠짐없이 수행하기 위해서는 커뮤니케이션 과제를 먼저 파악해야 한다. 커뮤니케이션 과제를 파악할 때는 '무엇에 대하여' '누구와' '무엇을 목적으로'의 세 가지를 주안점으로 파악한다. 이 리스트에는 구두로 커뮤니케이션하는 것뿐만 아니라 문서로 주고받는 것을 포함시킨다. 이 잠정 리스트는 다음 단계인 포지션 파악이 완료되는 대로 다시 한 번 작성한다.

포지션을 파악한다

전쟁에서 전황을 파악할 때 각각의 전투 상황을 파악하고, 적군 및 아군의 상황을 파악하듯이, 커뮤니케이션에 있어서도 단위업무의 포지션을 파악하고, 상대방의 포지션을 파악하고, 그리고 나 자신의 포지션을 파악한다. 여기서 포지션의 파악 범위는 공시적共時的으로는 전체 속의 위치, 주변과의 관계, 환경 여건 등을 포함하며, 통시적通時的으로는 착수부터 완료까지의 흐름 속에 현재의 위치, 또는 변화해가는 과정 중에 현재의 위치를 포함한다. 개체적個體的으로는 타他와 비교되는 속성을 포함한다.

다음 장에서 단위업무의 포지션, 상대방의 포지션, 그리고 나 자신의 포지션을 파악할 텐데, 그때 이 포지션 파악의 범위를 항상 생각해야 한다. 단위업무의 포지션, 상대방의 포지션, 나의 포지션 파악은 커뮤니케이션해야 할 과제를 놓치지 않고 잘 찾기 위해서, 그리고 그 커뮤니케이션 과제들을 잘 수행하기 위해서 매우 중요하다.

커뮤니케이션 과제 리스트를 다시 파악한다

단위업무의 포지션, 상대방의 포지션, 나의 포지션을 파악한 것을 바탕으로 내가 커뮤니케이션해야 할 것들, 즉 커뮤니케이션 과제들을 다시 파악한다. 포지션을 잘 파악했다면 그것으로부터 앞 단계에서 생각하지 못했던 커뮤니케이션 과제들을 대부분 파악할 수 있을 것이다. 그리고 각각의 커뮤니케이션 과제의 시급성, 중요도, 우선순위 등을 설정한다. 앞서 말했듯이 커뮤니케이션 과제를 파악할 때는 '무엇에 대하여' '누구와' '무엇을 목적으로'의 세 가지를 주안점으로 파악한다.

커뮤니케이션 도구를 선택하고 구성한다

'무엇에 대하여'×'누구와'×'무엇을 목적으로'를 기준으로 삼아서 '메시지의 콘텐츠를 구성하고'×'채널을 선택하고'×'장소를 정하고'× '타이밍'과 '소요 시간'을 정한다.

상대방과 커뮤니케이션하기에 앞서서 자신과 커뮤니케이션한다

전략을 점검하고 시나리오를 생각한다. 자신감을 가질 수 있도록 준비하고 연습한다.

커뮤니케이션을 통해 포지션을 이동시킨다

커뮤니케이션을 통해 상대방 마음속 나의 포지션을 이동시키거나 단위업무의 포지션을 이동시키거나 나의 포지션, 혹은 상대방의 포지션을 이동시킨다. 이는 커뮤니케이션의 목적에 해당되는 것이다. 포지션을 원하는 만큼 이동시키기 위해서는 여러 차례의 커뮤니케이션을 해야 하는 경우가 생긴다. 매번의 커뮤니케이션 활동 직후에 성과를 점검하고 다음 포지션 이동 계획을 세운다.

커뮤니케이션 전략 수행 결과를 점검하고 개선점을 찾는다

커뮤니케이션 전략을 수행했다면 반드시 결과를 점검하고 추후 개선해야 할 점을 찾는다. 포지션 파악의 방법을 바꿔야 할 경우도 있고, 커뮤니케이션 과제 파악의 방법을 바꿔야 할 경우도 발생한다. 또한 커뮤니케이션 도구의 구성에 대한 기준을 바꿔야 하는 경우도 있다.

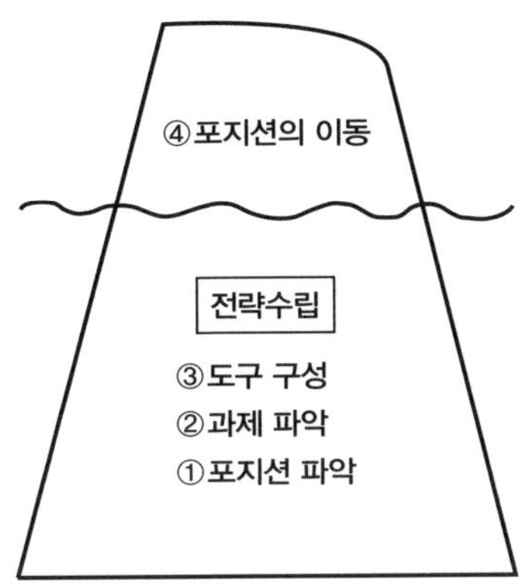

맨 아래 항목에서부터 위로 올라간다

대부분의 사람들은 빙산의 수면 윗부분에 80~95%의 시간과 지원을 사용한다. 그러나 커뮤니케이션을 효과적이고 효율적으로 하려면 자원의 70~80%가 수면 밑의 세 가지에 할애되어야 한다.[23]

커뮤니케이션은 항상 상호작용하는 것이므로 커뮤니케이션 전략을 수립할 때는 상대방의 반응을 고려하는 동태적인 생각을 해야 한다. 한 가지의 생각만으로 커뮤니케이션에 임하게 되면 의도에서 벗어났을 때 대응하기 어렵다. 그리고 전략을 수립했더라도, 단위업무의 포지션, 상대방의 포지션, 나의 포지션이 변하면 나의 전략도 변해야 한다는 점을 명심하자.

> **커뮤니케이션에 대해 세 번째로 생각할 점:**
>
> 커뮤니케이션 전략을 짜자.
> 처음에는 미숙하고 시간이 걸리겠지만 점점 향상될 것이다.

3

베타 커뮤니케이션의 인프라, 포지션 파악하기

단위업무의 포지션

성공하려면 자신의 일에 마음을 쏟아야 하며, 동시에 자신의 일이 마음속에 담겨 있어야 한다.

－토마스 제이 왓슨[24]

단위업무라 함은 앞에서 설명했듯이 자신의 업무를 성과물이나 시간을 기준으로 소단위로 나누어놓은 것을 말한다. 이 단위업무로부터 많은 커뮤니케이션 과제가 나온다. 따라서 내가 수행해야 할 커뮤니케이션 과제를 놓치지 않고 잡아내기 위해서는 단위업무의 포지션을 잘 파악해야 한다. 단위업무 포지션을 파악할 때는 세 가지의 각도에서 파악해야 한다. 첫째, 단위업무가 속해 있는 업무 전체의 구조도構造圖나 업무 흐름도flow-chart 속에서 해당 단위업무의 위치를 파악하는 것이다. 둘째, 단위업무의 목표(원하는 성과물)에 대비해서 현재의 진도나 상황을 파악하는 것이다. 셋째, 단위업무의 속성을 파악하는 것이다.

단위업무 포지션을 보다 정확히 파악하기 위해 세 가지 각도에 대해 좀 더 자세히 알아보자.

전체 업무 속에서 단위업무의 위치를 파악한다

단위업무가 속해 있는 전체 업무의 구조도나 업무 흐름도 속에서 그 단위업무의 포지션을 파악할 때는 다음의 세 가지의 관점에서 파악하면 된다. ①회사의 조직상의 업무 분장이나 업무 프로세스상에 이 단위업무가 위치한 포지션, ②가치창출 4단계상에 이 단위업무의 포지션, ③ 상위 조직의 목표, 전략, 전술상에 이 단위업무의 포지션의 세 가지 관점이다. 이렇게 세 가지의 관점에서 보는 것은 상당히 중복이 되는 일이지만 커뮤니케이션 과제를 착오 없이 파악할 수 있는 이점이 있다. 이것을 하나씩 자세히 살펴보자.

가장 먼저 회사의 조직상의 업무 분장이나 업무 프로세스상에 이 단위업무의 포지션을 파악할 때는 업무 분장을 수직적 업무 분장과 수평적 업무 분장으로 나누어본다. 수직적 업무 분장으로는, 위로는 '이 단위업무는 누구의 승인을 받아야 하는가' '누구에게까지 보고해야 하는가'를 파악한다. 아래로는 '이 단위업무를 위해서 누구에게 지시하고, 누구로부터 보고 받고, 누구의 업무를 점검해야 하는가', 그리고 '이 단위업무에 대하여 나, 부하, 상위자, 또는 차 상위자가 갖고 있는 역할은 무엇이고 권한과 책임은 무엇인가' 등을 파악한다. 공식적인 것과 실질적인 것을 다 파악해야 한다.

수평적 업무 분장에 의해 파악할 때는, 이 단위업무의 전방 업무(사내 공급자), 후방 업무(사내 고객), 결합되는 업무가 무엇인지를 파악한다. 자료나 정보를 주고받아야 하는 업무들은 무엇이고, 지원을 해주거나 받아야 할 업무는 무엇인지를 파악한다. 이 단위업무에 영향을 주거나 영향을 받는 업무는 무엇이며 일정, 품질, 비용, 업무 조건 등에 어떤 영향을 주고받는지를 파악한다. 나의 단위업무가 회사가 별도로 정한 업무 프로세스상의 한 단계라면 그 업무 프로세스 속에서 파악한다. 단위업무의 포지션을 파악할 때 유의할 점은 나의 단위업무에서 출발하는 방식으로만 파악해서는 관련 업무를 놓치기 쉽다는 것이다. 회사의 조직상의 부서별 업무 분장과 부서 내 동료 간의 업무 분장, 업무 프로세스 등을 먼저 파악하고 거기에 나의 단위업무를 대입하여 관련 업무를 찾는 방법을 동시에 써야 한다.

즉 나의 단위업무를 중심에 놓고 동심원의 바깥쪽을 향해 찾아나가는 방식과 동심원의 바깥쪽에서 중심을 향해 찾아나가는 방식을 동시에 쓰는 것이다. 이렇게 하려면 회사의 조직표, 업무 분장, 업무 매뉴얼, 전결규정 등을 잘 알아야 한다.

가치창출 4단계상에서 파악할 때는, 나의 단위업무가 가치창출 4단계 중 어디에 위치해 있는지, 그리고 가치창출 4단계상에서 나의 단위업무의 전방 업무, 후방 업무, 결합되는 업무 등은 무엇인지를 파악한다. 그리고 가치창출 4단계상에서 이 단위업무에 영향을 주거나 영향을 받는 업무는 무엇이고, 일정, 품질, 비용, 업무 조건 등에 어떤 영향을 주고 받는지 등을 파악한다.

상위 조직의 목표, 전략, 전술상에서 파악할 때는, 나의 단위업무가 상위 조직의 전략 전술의 전체 구조 중에서 어디에 위치하고, 어떤 전략 줄기에 의해서 도출되었는지를 파악한다. 그리고 나의 단위업무는 상위 조직의 전략 전개에 어떤 역할을 하는지, 그 역할이 잘 되거나 잘 안 되었을 때 어디에 어떤 영향을 주는지, 나의 단위업무는 상위 조직의 전략 전개나 동료의 전략상의 역할로부터 어떤 영향을 받는지 등을 파악한다.

이렇게 단위업무의 위치를 파악한 것으로부터 수직적인, 그리고 수평적인 커뮤니케이션 과제가 도출된다.

단위업무의 목표(원하는 성과물)에 대비한 현재의 위치를 파악한다

단위업무의 목표에 대비한 현재의 위치를 파악하려면 우선 목표, 즉 원하는 성과물이 무엇인지를 확인해야 한다. 일정, 품질, 비용 등의 목표와 계획을 확인한다. 그 다음 각각의 목표나 계획에 대해서 현재의 진행 상황을 점검하고 앞으로의 예측을 다시 하거나 수정 계획을 수립한다. 목표 달성을 위해 필요한 정보, 지식, 자원이 무엇인지, 관련 부서로부터 무슨 지원을 받아야 하는지 등을 알아내고 그것들 중에 현 시점에서 이미 확보한 것이 무엇인지 확인한다.

그리고 일정, 품질, 비용 등의 목표에 영향을 주는 요소들이 무엇인지 파악한다. 이 단위업무의 현재의 진도 상황에 따라서 그리고 앞으로의 계획에 따라서 다른 업무들의 품질, 비용, 일정 등에 어떤 영향을 주는지 파악한다. 이렇게 파악한 것으로부터 수직적인, 그리고 수평적인 커뮤니케이션 과제가 도출된다.

단위업무의 속성을 파악한다

단위업무의 핵심적인 성공 요소를 추려내고 장애 요인과 위험 요소를 찾아낸다. 만약 성공 요소가 개념적이거나 추상적일 경우에는 그 성공 요소에 도달하기 위한 아래 단계의 성공 요소를 찾아야 한다. 구체적인 활동에 해당되는 성공 요소가 나올 때까지 찾는 것이다. 장애 요인은 그 업무를 성공시키기 위해서 돌파해야 할 대상이다. 위험 요소를 파악할 때는 드러난 위험뿐만 아니라 잠재되어 있는 위험 요소까지 잘 파악해야 한다. 성공 요소를 잘 다루고 장애 요인을 제거하고 위험 요소를 관리하려면 수직적이고 수평적인 커뮤니케이션이 필요할 것이다.

단위업무의 포지션을 파악하기 위해서는 조직상의 업무 분장에 관한 문건이나 규정, 사업의 전략과 전술, 기간별 계획에 관한 문건, 그리고 단위업무와 직접 관련된 품의서, 보고서 등의 문건을 잘 읽어야 하며, 모르는 부분을 상사나 선배에게 질문해서 이해해야 한다. 평소의 업무 수행 과정에서 포지션 파악이라는 의도를 갖고 업무에 임하면 적은 시간 내에 훨씬 효과적으로 포지션을 파악할 수 있다. 단위업무의 포지션을 잘 파악하면 나의 커뮤니케이션 과제를 놓치지 않고 잘 파악할 수 있다.

02

상대방의 포지션

子曰 不患人之不己知 患不知人也(자왈 불환인지불기지 환부지인야)

남이 자신을 알아주지 못함을 걱정하지 말고 내가 남을 알아주지

않음을 걱정해야 한다.

－『논어』「학이편」16장

데일 카네기는 "연설을 한다면 상대방에 대해서 연구하라. 그들의 요구와 그들의 희망에 대해서 연구하라. 이것이 전투의 반이다"라고 말한 바있다.[25] 이 말은 연설뿐만 아니라 회사 내의 모든 커뮤니케이션에 그대로 적용된다.

상대방의 포지션 파악이 중요한 이유

커뮤니케이션을 잘하려면 상대방의 포지션을 파악하는 것이 무엇보다도 중요하다. 우선, 상대방과 커뮤니케이션해야 과제를 놓치지 않고 잘 파악하려면 상대방에게 무엇을 주어야 하는지, 상대방으로부터 무엇을 받아야 하는지, 상대방과 무엇에 대해서 의논해야 하는지를 잘 파악해야 한다. 이러한 것을 파악하려면 상대방의 업무가 무엇이며, 상대방이 무엇을 갖고 있고, 무엇을 필요로 하며, 상대방이 어떠한 상황에 처해 있는지 알아야 할 것이다. 즉 상대방의 포지션을 파악해야 하는 것이다.

그리고 상대방에게 말을 하거나 글을 보낼 때 메시지 해석의 정확도를 올리려면 상대방의 입장이나 맥락을 잘 알아야 한다. 누군가에게 말을 하는 경우, 그 메시지의 해석은 말한 사람의 의도와는 관계없이 상대방에 의해 결정된다.

예를 들어, 프랜차이즈 회사의 물류팀장이 "최근의 교통체증으로 물류 여건이 급격히 악화되었다"고 재무팀장에게 말했다면, 그는 물류팀장이 엄살을 떤다고 생각하므로 물류팀장의 말을 듣고도 물류 비용이 크게 오르지는 않을 것이라고 생각할 가능성이 높다(재무팀장은 원가가 얼마나 올라갈 것인가가 우선적인 관심사다). 물류팀장이 이 말을 운영팀장에게 했다면, 그는 물류팀장이 가맹점 배달이 자주 지연되는 것에 대해서 변명하는 것이라고 생각할 가능성이 높다(운영팀장은 가맹점들의 불만 때문에 코너에 몰려 있고 물류팀장과 한바탕 논쟁을 치러야 할 입장이다).

만약 이 말을 마케팅팀장에게 했다면, 그는 물류팀장이 자신의 문제 해결 능력을 자랑하기 위해서 미리 한 자락 깔아놓는 것이라고 생각하기 쉽다(마케팅팀장은 사내에서 물류팀장에 대한 경쟁의식이 강했다). 이 말을 사업본부장에게 했다면, 그는 물류팀장이 곧 그 영향과 대책을 자세히 보고할 것으로 생각할 것이다(사업본부장은 사업 전체의 손익, 자금에 신경을 쓰고 있다).

이렇게 사람마다 말을 듣는 포인트가 다르고 해석이 다르기 때문에 말을 할 때는 상대방의 포지션을 잘 알고 그것을 감안해서 말해야만 의사전달의 정확성을 높일 수 있다. 상대방의 입장을 헤아리지 못한 채로 메시지의 구성을 잘못하여 커뮤니케이션에 실패하는 예를 몇 가지 들어보자. 가장 먼저는 내가 말하는 것을 상대도 알고 있다고 잘못 생각하고 말하는 경우다. 예를 들면 처음 찾아가는 식당에 전화를 걸어 위치를 물어보면, 흔히 "거기서 쭉 올라오세요" 또는 "계속 올라오시면 됩니다" 등의 모호한 말을 듣게 된다. 설명하는 사람의 머릿속에는 인근 지리가 환하게 자리 잡고 있으므로 그 정도로 말해도 듣는 사람이 분명히 알 것으로 착각하는 것이다.

무언가를 이미 알고 있는 사람은 그것을 알지 못한다는 것이 어떤 것인지를 상상하는 것 자체가 매우 어렵다. 그래서 커뮤니케이션을 할 때 모르는 사람의 심경이나 입장을 잘 헤아리지 못한다. 이러한 것을 '지식의 저주'[26]라고 부른다. 반대로 상대방이 이미 알고 있는 내용을 장황하게 말하는 경우도 제법 많다. 듣는 사람으로서는 답답한 일이고, 피차간에 아까운 시간을 낭비하는 일이다. 게다가, 말하는 사람의 이미지는 나빠질 것이다.

상대방을 설득하고자 한다면, 또는 상대방과 협상을 해야 한다면 먼저 상대방의 포지션을 파악해야 한다. 상대방을 잘 알수록 설득이나 협상의 핵심 포인트를 잘 짚을 수 있다. 상대방에게 나를 이해시키고 싶다면 먼저 상대방을 이해하라. 내가 말하고 싶은 것을 말하기에 앞서서 상대방을 먼저 이해하라. 스티븐 코비는 『성공하는 사람들의 7가지 습관 The 7 Habits of Highly Effective People』 중에서 다섯 번째 습관으로 "먼저 상대방을 이해한 다음에 나를 이해시켜라"고 말하고 있다.

또 다른 경우로 상대방으로부터 무엇을 얻고자 한다면 먼저 상대방의 포지션을 파악해야 한다. 상대방이 나에게 주고 싶은 마음을 갖게 만들려면 상대방을 먼저 이해해야 한다는 의미다. 상대방에게 자료를 요청하거나 지식이나 기술에 관한 도움을 요청할 때 상대방의 상황을 고려하지 않고 요청함으로써 상대방에게 부담만 주고, 성과는 얻지 못하는 경우가 있다. 언제 어떤 방식으로 요청해야 상대방이 편하게 받아들일지 알 수 있다면 상대방의 협력을 더 잘 받을 수 있을 것이다.

상대방의 말을 듣고 그가 말하고자 하는 메시지를 정확히 이해하려면 역시 상대방의 포지션을 파악해야 한다. 상대방의 메시지를 상대방의 의도대로 이해하려면 상대방의 맥락context에 따라서 해석해야 한다, 만약 내 방식대로만 해석한다면 상대방의 의도와 다르게 해석할 가능성이 커진다. 이 때문에 "커뮤니케이션은 확률이다"라고 말하는 커뮤니케이션 전문가들도 있다.[27]

상대방의 맥락을 도외시하여 어처구니없는 실패를 한 유명한 사례가 있다. 1998년 12월 11일에 미국 나사가 쏘아 올린 화성 기후탐사선이 열 달의 우주여행 끝에 드디어 화성의 대기를 조사하게 되었는데, 1999년 9월 23일 갑자기 사라졌다. 화성 대기권에서 공중분해된 것이다. 그간에 투자한 돈과 시간을 다 날려버리고, 귀중한 자료를 얻으려던 꿈은

한순간에 연기가 되었다.

이유는 의외로 단순했다. 우주탐사선에 탑재시킨 운항 프로그램을 작성한 팀(록히드 마틴)은 미터법인 newtons(N)을 단위로 썼고, 지상에서 이 탐사선을 조정하던 팀(나사의 내비게이션 팀)은 영미식인 pound-force(lbf)를 단위로 썼다. 이 차이로 궤도가 60마일 이탈하여 공중폭발의 위험이 높은 지표 권역으로 진입한 것이다.[28] 상대방이 채택하고 있는 단위에 대해서는 생각하지 않고, 즉 상대방의 포지션과 맥락은 무시하고 내 마음대로 해석한 것에 대한 처참한 결과였던 셈이다.

상대방을 먼저 이해하라

상대방과 커뮤니케이션을 행하기에 앞서서 먼저 상대방을 이해하라. 이것이 지름길이다. 결코 돌아가는 길이 아니다. 두세 번 갈 필요 없이 한 번에 가는 길이다.

상대방의 맥락, 언어, 스타일 등을 잘 파악하고 그것에 맞춰 커뮤니케이션하면 상대방이 편안함을 느끼며, 나에게 마음을 더 열게 되고, 더 많은 것을 나에게 말하게 된다. 이렇게 되면 상대방이 나를 인정하는 가운데 커뮤니케이션을 하게 된다.

혹시 이런 생각이 드는가? 상대방은 나에 대해 파악하려는 노력을 하지 않는데, 나만 상대방을 알려고 노력하고 있다는 생각 말이다. 커뮤니케이션이 일어날 때는 능동적으로 이끌어가는 측이 있고 수동적으로 이끌려오는 측이 있다. 상대방과의 커뮤니케이션을 주도하고 내가 원하는 결과를 만들어내려면, 무엇보다 먼저 상대방을 잘 아는 것이 중요하다.

스티븐 코비의 90:10의 룰을 생각하라. 상대방을 잘 파악한다는 것은 상대방의 비위를 맞춰주는 것도 아니고, 무조건 동의하는 것도 아니며, 무조건 따르는 것은 더더욱 아니다. 그리고 상대방의 포지션을 파악하는 것은 흔히 눈치가 빠르다고 하는 것과도 다르다. 눈치가 빠른 사람은 겉으로 나타나는 현상만을 파악하고 대처한다. 깊이가 없고 우왕좌왕하기 쉽다. 반면에 상대방의 포지션을 파악하는 사람은 상대방에 대해서 평소에 깊고 폭넓게 이해한다. 표면적으로 나타나는 상황에 흔들리지 않고 상대방의 전체적인 포지션을 바탕으로 커뮤니케이션한다.

상대방에 대해서 무엇을 파악해야 하는가

이제 상대방에 대해서 무엇을 파악해야 하는지 살펴보자. 파악해야 할 항목들이 적지 않으므로 편의상 세 가지로 구분하겠다. 첫째로는 나의 단위업무에 대한 상대방의 포지션 요소들이다. 둘째로는, 커뮤니케이션을 행하고자 하는 시점 또는 행하는 시점에 커뮤니케이션에 영향을 주는 상대방의 포지션 요소들이다. 셋째는 평소에 전반적으로 파악해야 할 상대방의 포지션 요소들로 구분한다. 그리고 이 세 번째 항목 중에 상사, 동료, 또는 부하가 나와 커뮤니케이션할 때 원하는 것들(요구, 기대, 니즈)을 별도의 항목으로 구분해서 살펴보겠다.

가장 먼저 나의 단위업무에 대해서 상대방의 포지션을 파악해야 할 요소들은 다음의 네 가지로 구분해볼 수 있다. 이 네 가지는 회사에서 커뮤니케이션을 필요로 하는 이유와 맥을 같이 한다.

첫째, 조직상의 업무 분장에 따른 상대방의 포지션 요소들로서, 나의 단위업무에 대한 상대방의 공식적인 권한과 책임, 역할, 상대방이 추구하는 목적, 상대방의 전체 업무 중에 이 단위업무가 차지하는 비중, 중요도, 우선순위 등이다. 둘째, 가치창출 4단계상의 포지션으로서, 상대방이 이 단위업무에 대해 갖고 있는 데이터, 정보, 지식, 이 단위업무에 대한 상대방의 생각, 판단 기준, 사고방식, 의사결정 기준 등이다. 셋째, 전략 전술상에서 이 단위업무에 대한 상대방의 위치와 역할을 파악한다. 넷째, 이 단위업무에 대한 상대방의 개인적인 관심사항, 기대, 우려, 의지, 열정, 동기 또는 이해관계 등을 파악한다.

커뮤니케이션을 행하고자 하는 시점 또는 행하는 시점에 커뮤니케이션에 영향을 주는 상대방의 포지션 요소들로는 그 시점에 상대방이 갖고 있는 중요 현안 과제, 관심사항, 고민거리가 있다. 그 시점의 상대방의 감정 상태(분노, 슬픔, 즐거움, 행복함, 사랑, 미안함, 부끄러움, 혐오 등), 그 시점의 상대방 내면의 여건, 예를 들면, 두통, 피로, 스트레스, 불안, 초조 등의 감정, 그리고 그 시점의 상대방의 일에 대한 의욕 상태 등을 파악한다.

상대방의 내면의 변화를 잘 인지하고 이해해야 커뮤니케이션이 왜곡되는 것을 방지할 수 있다. 상대방의 감정 상태나 내면의 변화를 잘 인지하려면 상대방의 말을 잘 경청하고 언어와 비언어를 잘 관찰해야 한다. 상대방의 상황은 커뮤니케이션을 하는 중에도 변화할 수 있다. 상대방의 내면의 여건을 좋은 방향으로 이끌 수 있다면 커뮤니케이션에 큰 도움이 될 것이다.

평소에 전반적으로 파악해야 할 상대방의 포지션 요소들로는 상대방의 강점과 약점, 경영 역량 수준, 상대방이 일하는 스타일로서 의사결정 스타일, 리더십 스타일, 커뮤니케이션 스타일, 시간 활용 스타일 등을 파악한다. 참고로 사람들은 인지하고 배우고 익히는 방법이 서로 다르다.

사람들의 배우고 익히는 스타일을 크게 세 가지로 구분할 수 있는데, 30~40%의 사람들은 눈으로 보는 것에 의해 가장 잘 배우고, 20~30%의 사람들은 귀로 듣는 것에 의해, 30~50%의 사람들은 자신이 직접 참여하고 움직이면서 가장 잘 배운다고 한다.[29] 드와이트 아이젠하워는 군 시절, 기자회견을 할 때 기자들의 어떤 질문에도 대답을 명쾌하게 잘하는 것으로 유명했다. 그러나 대통령 시절에는 기자들의 질문을 제대로 이해하지 못했고 질문의 핵심에 벗어난 말을 늘어놓아 언론의 호응을 받지 못했다.

그 이유는 군 시절의 보좌관들은 기자들의 질문을 최소한 30분 전에 서면으로 받아서 미리 읽어보도록 해줬으나, 대통령 시절의 비서관들은 그렇게 하지 않았기 때문이었다. 아이젠하워 본인이나 그의 비서관들은 그가 듣기보다 읽기를 활용할 때 훨씬 우수하다는 점을 인식하지 못했던 것 같다. 반면에 그의 전임인 루즈벨트 대통령이나 트루먼 대통령은 듣기에 능했고 기자회견을 자유로운 형식으로 잘 진행했다.[30]

내보내는outbound 커뮤니케이션 스타일에도 사람마다 차이가 있다. 우선, 고高 맥락형과 저低 맥락형으로 구분할 수 있다. 고 맥락형은 전후의 맥락, 상대방과의 평소의 맥락, 조직 문화의 맥락에 많이 의존하여 커뮤니케이션한다. 축약된 커뮤니케이션을 많이 하므로 맥락을 모르는 사람들은 이해하기 어렵다. "알았어!" 또는 "됐네!"라고 한 마디 던지고 마는 것이 고 맥락형의 대표적인 사례다.

반면에 저 맥락형은 맥락과 특별히 연결시키지 않고 말한다. 상대적으로 정확하고 요건을 갖춘 커뮤니케이션을 한다. 저 맥락형의 커뮤니케이션은 맥락을 모르는 사람들도 이해할 가능성이 높다. 한국, 중국에는 고 맥락형이 많고, 서양에는 저 맥락형이 많다.

다음으로 직설형과 우회형으로 구분할 수 있다. 직설형은 뜸들이지 않고 바로 말한다. 둘러대지 않고 직선적으로 말한다. 반면에 우회형은 서두르지 않는다. 우회적으로 말한다. 또는 개방형과 경계형으로 나누어볼 수도 있다. 개방형은 주제, 관점, 격식 등에 구애받지 않는다. 반면에 경계형은 주제나 격식에서 벗어나는 것을 싫어한다. 새로운 관점을 조심스럽게 다룬다. 이외에 시간 활용의 스타일도 사람마다 다르고 각기 선호하는 것이나 고유의 습관 면에서도 각자 차이가 있다.

평소에 파악해야 할 상대방의 포지션 요소로서 상대방이 소속되어 있는 조직의 문화나 커뮤니케이션 규칙도 파악해야 한다. 한 회사의 문화는 전체적인 기업문화 속에서 다양한 문화적 영역들의 집합체라고 말할 수 있다. 생산직, IT 직군, 연구소, 재무 등의 문화는 하나의 회사 내에서도 서로 다른 면을 갖고 있다.

예를 들면 연구개발팀과 운영팀은 주로 사용하는 언어가 서로 다르며 행동양식도 다를 수 있다. 조직 고유의 문화는 그 조직에 속한 구성원과 커뮤니케이션할 때 환경 여건에 해당된다. 이것을 잘 모르면 상대방의 내면으로 들어가기가 어렵다. 따라서 상대방이 소속된 조직이나 직책 군의 가치체계, 의례와 의식, 커뮤니케이션의 양식과 규칙 등을 알아야 하는 것이다.

신경과학자들은 재무, 법무, 마케팅 등 전문직에 종사하는 사람들이 사고할 때 머릿속에서 일어나는 신경 연결이 전문 분야별로 서로 다르다는 것을 밝혀냈다.[31] 이 말은 전문 분야가 서로 다른 사람들 간에 커뮤니케이션하는 것은 뇌의 생각하는 구조가 서로 다른 사람들 간에 커뮤니케이션하는 것과 같다는 것을 의미한다.

사람을 파악하고 이해할 때 알아야 할 사항들

사람을 이해하고자 할 때는 '논리레벨logical level'에 비추어 이해하는 것이 좋다. '논리레벨'은 로버트 딜츠와 토드 엡스타인이 처음 개발한 것으로서 '개인지도personality map'라고도 불린다. 사람은 각자 고유의 논리레벨을 갖고 있다.[32] 상대방의 포지션을 파악할 때 이 논리레벨에 맞추어 파악하면 상대방을 정확하고 깊이 있게, 그리고 구조적으로 이해하게 되며, 커뮤니케이션의 질을 높여준다(다음 페이지 그림 참조).

사람들은 논리레벨의 모든 계층 간에 일관성을 갖고자 지속적으로 노력한다. 그리고 계층의 위치에 관계없이 각 계층이 서로 영향을 주고받는다. 디즈니랜드에서는 직원들을 '배우'라고 부른다. 디즈니랜드의 청소부는 항상 자신이 '배우'라고 생각하고 있으므로 논리레벨에서 자신의 자아는 '배우'다. 따라서 그의 가치, 역량, 기술, 언어, 행동 등은 '배우'로서 일관성을 갖는다. 그의 언어와 행동이 '배우'와 전혀 다르면서 머릿속으로 생각하는 '자아'만 배우일 수는 없다.

상대방의 논리레벨을 어느 정도 알면 그 사람이 말할 때 그의 메시지를 훨씬 잘 이해할 수 있다. 그리고 그 사람에게 메시지를 전할 때나 의

논할 때 어디에 포인트를 두어야 하는지 잘 찾아낼 수 있다. 뿐만 아니라 커뮤니케이션이 어려움에 부닥칠 때 상대방이나 나에게 무슨 문제가 있는지, 어디에서 답을 찾아야 하는지를 가늠할 수 있다. 상대방의 포지션 요소들을 이 논리레벨에 대입해서 상대방의 '개인지도'를 만들어보기 바란다. 그리고 상대방의 포지션을 파악할 때 미리 논리레벨을 염두에 두면 더 효과적으로 파악할 수 있다.

　사람을 이해하는 데는 감성을 이해하는 것도 중요하다. 감성은 사랑, 즐거움, 부끄러움, 슬픔, 분노, 두려움 등이 그 범주에 속한다. 감성의 주변에 있는 요소로 '기분'이라는 것도 있고 '기질'이라는 것도 있다. 감성은 그 반응이 빠르게 나타난다. 감성적 상황에서 최초의 충동은 머리가 아니라 가슴에서 나오기 때문이다. 감성은 사고와 행동에 영향을 준다. 낭만적인 감정을 느낄 때의 사고방식이나 행동양식은 격분하거나 낙담했을 때의 사고방식이나 행동양식과 다르다.[33]

합리가 지배한다고 생각되는 회사에서도 개개인의 감성은 중요하다. 감성은 지성과 긴밀히 연결되어 있고 서로 영향을 주고받는다. 따라서 상대방의 감성을 이해한 가운데서 커뮤니케이션을 해야 진정한 커뮤니케이션이라고 할 수 있다.

데일 카네기는 "세상은 감정에 의해 움직인다. 머리와 가슴 사이에 아주 긴밀한 의사소통이 이루어져야 한다"고 말하고 있다.[34] 전 세계에 '감성혁명'을 일으킨 심리학자 다니엘 골만은 "감성을 이해하는 것이 성공적인 삶을 영위하는 데 높은 지능지수보다도 훨씬 중요하다"고 주장한다.[35] 커뮤니케이션을 하는 시점에 상대방의 감정 상태를 인지하고, 감성에 변화가 생기면 그것을 바로 깨닫고 커뮤니케이션에 좋은 쪽으로 이끌기 위해서는 감성지능이 필요하나. 의사, 간호사, 영업사원, 강사처럼 업무상으로 감성지능이 필수적인 직업도 있으며 대부분의 직업에서 감성지능이 높을수록 성공 확률이 높다고 말할 수 있다.

커뮤니케이션 상대방의 포지션을 파악하는 방법

상대방의 포지션을 파악하려면 상대방의 말을 잘 경청해야 한다. 공자는 "예를 모르면 설 수 없고, 말을 모르면 사람을 알 수 없다(不知禮 無以立也 不知言 無以知人也 부지예 무이입야 부지언 무이지인야, 『논어』 「요왈堯曰편」 3장)"고 했다. 이 말의 뜻은, 세상과 상대방에 대해서 진실해야 나의 입지가 서고, 그 사람의 말을 잘 경청해야 그의 사람됨을 알 수 있다는 뜻이다. 공자의 사상을 발전시킨 맹자는 지언知言과 호연지기浩然之氣를 자신의 장점으로 내세우면서, 지언이라 함은 그 사람의 말을 들음으로써 그 사람의 여러 면면을 파악하는 것이라고 풀고 있다.[36] 그리고 상대방을 이해하려면 질문도 해야 한다. 상대방이 무슨 생각을 하는지, 어떻게 느끼는지, 무엇을 하는지, 무엇을 하고자 하는지를 질문한다. 상대방의 생각이나 행동의 흐름을 읽는다. 안테나를 세우고 상대방이 말하는 것뿐만 아니라 말하지 않는 것의 흐름을 읽는다.

상대방의 속마음까지 깊이 있게 파악해야 한다면 상대방의 말을 듣는 것에 더하여 상대방의 생각과 감정에 공감해야 한다. 예를 들어, "나라도 그런 생각이 들겠다!" 또는 "당연히 그렇지!"라고 말해주어야 한다. 사람들은 대부분 다른 사람들이 자신에게 공감해주는 것에 늘 목말라 있다. 자신이 남들을 이해하는 것만큼 다른 사람들이 자신을 이해해주지 않는다고 생각하는 것이다. 그래서 공감은 마음의 문을 열게 해준다. 공감해주는 사람을 자신의 마음속으로 초대하는 것이다. 자신의 마음속에 있는 말을 그 사람에게 더 하고 싶어지는 것이다.

때때로 상대방에 대해서 제3자로부터 듣게 되는 경우가 있다. 이때는 사실이나 사건을 말하는 것과 의견이나 평가를 말하는 것을 구분해서 들을 줄 알아야 한다. 의견이나 평가가 있다면 그렇게 평가한 이유나 근거를 질문해볼 필요가 있다. 이때 한두 사람의 말만으로는 편견이 있을 수 있으므로 조심해야 한다. 상대방을 파악하는 데는 읽기도 중요하다. 상대방이 속한 조직, 상대방의 임무, 상대방이 활용하는 정보, 지식 등에 대해서 읽어볼 수 있는 자료나 문건을 찾아서 읽어야 한다.

사람들의 말을 들을 때나 자료를 대할 때 상대방의 포지션을 파악한다는 생각을 갖고 임하면 그 사람을 훨씬 더 잘 알 수 있다. 미시간 주립

대학의 심리학 교수인 루트 번스타인은 "관찰은 생각의 한 형태이고 생각은 관찰의 한 형태다"라고 말하고 있다.[37] 다시 말해서 무슨 생각을 갖고 대하느냐에 따라서 무엇을 보고, 듣고, 무엇을 기억하느냐에 영향을 미친다는 것이다.

상대방의 포지션을 파악할 때는 몇 가지 유의할 것이 있다. 첫째, 가까운 사람이라고 해서 그 사람을 잘 안다고 속단하지 마라. 식량이 매우 귀하던 시대에 공자의 제자 안회가 부엌에 혼자 들어가 먼저 밥솥에 밥을 꺼내먹는 것을 공자가 우연히 보고 그를 의심했던 사건이 있다. 사실은 밥솥의 뚜껑을 열어보는 순간 천장으로부터 흙이 떨어져서 스승이 먹지 못하게 된 부분을 자신이 먹어버린 것이었다.

이러한 신상을 나중에 알게 된 공사가 다른 세자들에게 이렇게 말했다. "예전에 나는 나의 눈을 믿었다. 그러나 나의 눈도 완전히 믿을 것이 못 되는구나. 예전에 나는 나의 머리를 믿었다. 그러나 나의 머리도 역시 완전히 믿을 것이 못 되는구나. 너희들은 알아 두거라. 한 사람을 이해한다는 것은 진정으로 어려운 일이라는 것을⋯⋯." 이 일화에서 우리가 배울 수 있는 교훈은 상대방을 안다는 것은 매우 어려운 과제이며 과신은 금물이라는 것이다. 상대방을 이미 잘 알고 있다고 속단하지 말고 기회가 있을 때마다 상대방에 대해서 지속적으로 파악해야 한다.

둘째, 상대방을 볼 때 선입견이나 편견에 좌우되지 말아야 하며, 상대방에게 받은 첫인상에 너무 매달리지 않아야 한다. 상대방의 두드러진 특징으로 인해 다른 면을 놓치지 말아야 한다. 상대방을 올바르게 보지 못하면 그 사람과의 커뮤니케이션 전략에 차질을 빚을 가능성이 높다.

셋째, 사람들은 각각 다 다르다는 것을 인정해야 한다. 같은 직급, 같은 직군, 같은 지역의 사람들이라도 모두 같다고 말할 수 없다. 사람들은 회사에 근무하는 과정에서 각자 배우고 익힌 것에 따라서 자신의 맥락을 형성하게 된다. 회사생활을 통해 형성된 각자의 지식과 경험이 동태적으로 체화되고 축적되어 각자 고유의 맥락을 형성하는 것이다.

따라서 구성원 개개인의 맥락을 집단과 동일시하면 오해가 생긴다. 이는 범주화의 오류, 일반화의 오류라고 불리는 것들이다. UCLA와 하버드의 비즈니스 스쿨의 교수를 역임한 마이클 맥카스키는 "의사소통에 문제가 생기는 이유는 상대방의 개인적인 특징을 인식하지 못하기 때문이다"라고 말하고 있다.[38]

마지막으로 유의할 점은 상대방의 포지션은 계속 변하고 있다는 것이다. 때문에 지속적인 커뮤니케이션을 통해 계속 확인하는 것이 중요하다.

03

나의 포지션

知己知彼, 百戰不殆. 不知彼而知己, 一勝一負, 不知彼不知己, 每戰必殆 (지기지피, 백전불태, 부지피이지기, 일승일부, 부지피부지기, 매전필태) 내가 적을 알고 나를 알면 백 번 싸워도 위태롭지 아니하며, 내가 적에 대해서는 알지 못하지만 나에 대해서는 안다면, 이기기도 하고 지기도 할 것이다. 만약 내가 적도 모르고 나도 모른다면, 모든 전투에서 필히 위태로울 것이다.

－『손자병법』,「모공편謀功篇」

회사 사람들은 자신의 일을 수행함에 있어서 자신에게 무슨 경영지식이 필요하고 어떤 경영 역량이 부족한지 잘 알고 있을까? 당신은 어떠한가? 만약, 어느 사람이 자신이 무엇을 모르는지조차 모르고 있다면 어떤 모습을 보일까?

그런 이들은 자신이 알고 있는 것에 대해서 의문을 제기하지 않는다. 또는 자신이 무엇을 더 알아야 하고 배워야 하는지 모른다. 또는, 자신이 기존에 찾아놓은 답이 최선의 답이거나 유일한 답이라고 생각한다. 회사에서 이러한 사람은 커뮤니케이션이 잘 안 되고, 머지않아서 업무의 질이 떨어지며, 성과에 한계를 보이게 된다. 내가 그러한 사람은 아닌가? 어떻게 아니라고 확신할 수 있을까?

자신이 자신을 판단하는 것은 매우 어렵다. 자신에게 부족한 지식과 역량이 무엇인지를 파악하는 것 또한 매우 어렵다. 왜냐하면 그것을 알아내고자 하는 사람이 자기 자신이며, 자신이 현재 갖고 있는 지식만으로 판단하려 하기 때문이다.

나에 대해서 무엇을 파악할 것인가

커뮤니케이션에서 나의 포지션을 파악하는 것은 전쟁에서 나를 알아야 하는 것만큼 중요하다. 나에 대해서 무엇을 파악할 것인가?

첫째, 단위업무에 대한 나의 포지션을 파악해야 한다. '나는 나의 각각의 단위업무의 위치를 정확히 파악하고 있는가' '나는 각각의 단위업무의 목표와 진행 상황을 잘 파악하고 있는가' '단위업무의 성공 요소, 장애 요인, 위험 요소는 무엇인지 파악하고 있는가'와 같은 것들을 점검하고 확인한다. 이러한 것들을 잘 알아야 커뮤니케이션 과제를 놓치지 않고 잘 파악할 수 있다.

둘째, 회사의 조직상에 현재 위치에서 내가 알아야 할 것들이 무엇이고 그중에 모르고 있는 것들이 무엇인지 파악해야 한다. 회사의 구성원으로서 내가 알아야 할 것들 중에 중요한 것들을 나열해보면, 조직상 나의 위치는 어디인지, 직책은 무엇이고 임무는 무엇인지, 내가 속한 부서의 임무는 무엇이고, 그중에 내가 맡은 부분이 어느 부분인지, 그리고 부서 내의 동료들의 업무가 무엇인지도 어느 정도 알아야 한다. 나와 직접, 간접적으로 관련이 있는 부서가 어디이며 그 부서의 업무가 무엇인지 개략적으로 알아야 한다. 내가 속한 사업본부의 목표와 전략, 전술은 무엇이고, 내가 속한 부서의 목표와 전략, 전술은 무엇인지, 금년도에(또는 반기나 분기에) 내가 달성해야 할 성과가 무엇인지 알아야 한다. 또한 내가 담당하고 있거나 관련되어 있는 업무의 프로세스를 알아야 한다. 회사의 규정에 어떤 것들이 있고 그중에 나의 일에 해당되는 것이 어떤 것들이고 그 내용이 무엇인지 알아야 한다. 내가 알아야 할 것이 무엇이고, 그중에 모르고 있는 것이 무엇인지 파악해야 커뮤니케이션 과제를 찾아낼 수 있다.

셋째, 커뮤니케이션 상대방이 나를 어떤 사람으로 인식하고 있는가를 파악해야 한다(이것을 '상대방의 마음속 나의 포지션'이라고 칭하자). 상대방이 나를 어떻게 생각하고 있느냐에 따라서 상대방이 나와 커뮤니케이션에 임하는 자세가 달라질 것이다. 내가 상대방에 접근하는 방식이나 커뮤니케이션하는 방법도 그것에 맞춰 달라져야 한다. 예를 들어서, 만약 상대방이 나를 깊이 신뢰하고 있으면 핵심을 바로 의논할 수 있을 것이고, 나를 잘 모르는 상태라면 먼저 나를 신뢰하도록 만드는 방법이 필요할 것이다. 상대방의 마음속에 나의 포지션을 파악하는 것은 커뮤니케이션 과제들을 성공적으로 수행하기 위해서 반드시 필요하다. 그리고 상대방의 인정을 받는 커뮤니케이션을 하는 데에도 필요하다. 이 항목은 별도로 다룰 것이다.

넷째, 커뮤니케이션을 행하는 시점에 나의 상황을 인지하고 의식해야 한다. 예를 들면, 나의 중요 현안과제, 긴급사항, 관심사항, 고민거리가 무엇이 있는지, 그리고 나의 신체적, 감정적 상태는 어떠한지 등을 점검하는 것이다. 상대방과 커뮤니케이션할 때 이러한 것들이 나의 머리에 잠음으로 작동하면 그 커뮤니케이션은 성공하기 어렵다. 나의 상태를 인지할 수 있어야 커뮤니케이션 상황에 맞게 나 자신을 적절히 통제할 수 있고 커뮤니케이션을 성공적으로 수행할 수 있게 된다.

다섯째, 나의 강점, 약점을 알아야 한다. 그래야 내가 무엇을 누구에게 해주고 무엇을 누구에게 부탁할지 알 수 있다. 평소에 나의 일하는 스타일도 알아야 한다. 나의 커뮤니케이션 스타일, 리더십 스타일 등을 알아야 좋은 커뮤니케이션 방법을 찾을 수 있고, 꼭 개선해야 할 것들을 찾을 수 있다.

여섯째, 나의 발전을 위한 것으로서 나의 가시적인 미래의 바람직한 모습to-be-model과 현재의 모습as-is을 비교해본다. 현재 내지 가시적인 미래에 나의 임무를 성공적으로 수행하기 위해서 갖춰야 할 지식과 역량(전문 역량과 경영 역량)을 설정하는 한편, 현재의 수준을 파악하여 내가 향상시켜야 할 지식과 역량이 무엇인지 파악한다. 그리고 그것에 따라서 커뮤니케이션 과제를 찾아낸다. 이 과제들을 잘 정리하고 또 항상 의식하고 있어야 지속적으로 일어나는 커뮤니케이션 기회를 살려서 자신의 성장과 발전을 꾸준히 이루어나갈 수 있다. 새로운 가치, 지식, 기술, 역량에 대한 욕구가 일어나지 않으면 일류를 지향하기 어렵고 현재의 수준에 계속 머무르게 된다.

나 자신의 포지션을 스스로 파악하는 것은 어려운 일이다

자신이 무엇을 모르고 있는지 알아내는 더 좋은 방법은 무엇일까? 소크라테스는 '너 자신을 알라'는 말을 자신의 철학적 활동의 출발점에 두었다. 그런데 그리스어로 철학을 뜻하는 필로소피아philosophia는 지知와 지혜에 대한 사랑을 지칭한다. 즉, 소크라테스가 지식을 사랑하고 지식을 추구하는 목적은 '나 자신을 알기 위한 것'이다.[39] 다시 말해서 지식을 섭렵함으로써, 내가 무엇을 모르고 무엇을 더 배워야 하는지 알아내는 것이다.

회사의 구성원으로서 나 자신을 잘 알려면 현재 필요성을 느끼고 있는 지식만 습득할 것이 아니라 좀 더 광범위하고 깊이 있는 지식을 섭렵해야 한다. 제품과 서비스에 대한 지식, 상사의 전략을 이해하기 위한 지식, 관련 부서의 업무를 이해하기 위한 지식, 시장, 경쟁회사, 경쟁상품이나 대체품, 산업 환경, 기술 환경 등의 동향과 변화를 이해하기 위한 지식 등을 지속적으로 추구해야 한다. 그렇게 함으로써 나의 포지션을 더 정확히 객관적으로 알 수 있고 나에게 무슨 지식과 역량이 더 필요한지 알 수 있다.

회사에서 빈번히 일어나는 커뮤니케이션 기회와 회사 여러 곳에 존재하는 문헌들과 인터넷 등 외부정보들을 잘 활용해서 이러한 정보와 지식을 습득해야 한다. 전문 분야에 대한 지식이나 경영에 관한 지식이 담긴 문헌을 많이 접해야 한다. 통섭이 필요한 시대이므로 다양한 분야의 지식도 접해보아야 한다. 필요한 것만을 공부하는 방식이 아니라 넓은 범위의 공부를 통해서 내가 필요한 것을 찾아낸다. 이른바 소크라테스가 말하는 철학을 하는 것이다. 그리고 세상은 계속 변하고 발전하므로 이러한 학습은 평생 지속적으로 행해야 할 것이다.

나는 커뮤니케이션이 일어나는 시점에서 나 자신의 신체적, 정신적, 감성적 상태를 잘 인지하고 있다고 생각하는가? 늘 그렇다고 자신할 수 있는가? 만약 감정적으로 격분해 있을 때도 그럴 수 있을까? 커뮤니케이션을 하는 중에 좋은 쪽으로든 나쁜 쪽으로든 감정이 변하고 있다면 그것을 인지하는가?

우리 주변에는 감정을 통제하지 못하여 커뮤니케이션에 실패하는 경우를 너무나도 많이 볼 수 있다. 나 자신은 어떠한가? 커뮤니케이션을 하는 동안 감정에 변화가 생기는 것을 인지하고 그것을 커뮤니케이션에 좋은 쪽으로 이끌기 위해서는 감성지능이 필요하다. 감성지능은 저절로 생기는 것이 아니므로 별도로 공부하고 익힐 필요가 있다.

또 다른 문제로 자신의 장점과 단점을 잘못 파악하는 경우도 많다. 자신에 대한 관대함, 다른 사람들이 해주는 듣기 좋은 말에 익숙해져 나 자신을 잘못 알고 있는 경우가 있다. 스스로를 객관적으로 파악하려면 상사와 동료의 도움을 받아야 한다. 자신의 강점과 약점에 대해서 알려면 다른 사람의 눈이 필요하다. 나의 회사생활의 면면에 대해서, 나의 일하는 스타일에 대해서, 장단점에 대해서 질문하고, 무슨 말이든지 경청해야 한다. 때로는 회사 구성원 이외의 사람에게도 나에 대해서 물어보라.

정리하자면, 나의 포지션을 정확히 파악하기 위해서는 지속적인 학습이 필요하고, 감성지능도 필요하며, 상사나 동료의 도움도 필요하다. 내가 나의 여러 면면을 잘 아는 것은 커뮤니케이션에서도 중요하거니와 나의 성장과 발전을 위해서도 꼭 필요한 것이다.

04

상대방 마음속 나의 포지션

사회생활에서 성공하기 위해서는, 내가 무엇을 알고 누구를 아느냐보다는 누가 진정으로 나를 아느냐, 그가 나를 어떠하다고 알고 있느냐가 훨씬 중요하다[40].

– 이반 마이즈너

상대방의 마음속 나의 포지션이 커뮤니케이션에 미치는 영향은 매우 크다. 커뮤니케이션 상대방이 나를 어떻게 알고 있느냐에 따라서 상대방이 나와 커뮤니케이션에 임하는 자세가 달라질 것이다.

상대방은 나를 신뢰할 만한 사람이라고 보는가? 상대방은 나를 얼마나 믿고 속내를 터놓을 것인가? 상대방은 현안 주제에 대해서 나의 전문성을 얼마나 인정하는가? 상대방은 나의 말에 얼마나 귀를 기울일 것인가? 상대방은 나의 기업관, 열정, 성실성, 진실성, 경영 역량, 품성, 인간관계 등에 대해서 어떻게 생각하고 있는가?

이러한 것들이 나와 상대방 사이의 커뮤니케이션에 지대한 영향을 줄 것이다.

우리가 어렸을 때 많이 들었던 양치기 소년의 이야기를 기억할 것이다. 이 이야기가 우리에게 주는 교훈은 양치기 소년은 거짓말을 여러 번 반복함으로써 마을 사람들의 마음속에 자신을 거짓말쟁이로 자리매김(포지셔닝)했고 그로 인해 결정적인 순간에 그들과의 커뮤니케이션에 실패했다는 것이다. 중국에서는 이러한 일로 나라의 주인까지 바뀐 사건이 있었다.

주나라의 유왕은 포사라는 미녀에게 푹 빠졌는데 포사는 예쁜 얼굴을 지녔지만 웃음을 띤 적이 없어서 유왕의 애간장을 태웠다. 그러던 중 우연히 적의 침공을 알리는 봉화가 잘못 올라가 지방 제후들이 허겁지겁 달려오고 군사들이 허둥댄 적이 있는데 이때 포사가 망루에서 살짝 웃음을 띤 것이었다.

이 사건이 있은 후에 유왕은 포사의 웃음을 사기 위해서 시도 때도 없이 봉화를 올려 제후들과 군사들이 허겁지겁 달려왔다가 낭패를 보게 하는 짓을 여러 차례 했다. 그러다가 정작 반란군이 오랑캐와 합하여 주나라를 침공했는데, 이때 올린 봉화에 제후들과 군사들은 전혀 응하지 아니하였다. 유왕이 이미 신뢰를 상실한 것이다.

이와는 반대의 경우로서, 누군가가 "저 친구의 말이라면 팥으로 메주를 쑨다고 해도 믿는다"라고 말한다면 그 사람의 마음속에 상대방은 신뢰할 수 있는 사람으로 포지션 되어 있다는 의미일 것이다.

앞의 2장에서 언급한 바, 아리스토텔레스의 설득의 3요소는 에토스(나에 관한 것), 파토스(상대방에 관한 것), 로고스(메시지)인데, 여기서 에토스는 상대방 마음속의 나의 포지션을 뜻한다. 커뮤니케이션을 잘하려면 상대방 마음속의 나의 포지션을 미리 잘 파악해야 한다. 그래야 커뮤니케이션 전략을 잘 수립할 수 있고, 커뮤니케이션의 성공 확률을 높일 수 있다. 그리고 상대방 마음속에 나의 포지션을 좋은 위치로 자리매김하려면 먼저 현재의 포지션을 파악해야 한다. 그래야 상대방 머릿속에 빈 곳을 어떻게 채우고 잘못된 부분을 어떻게 바로잡을 것인지를 알 수 있다.

상대방 마음속 나의 포지션을 구성하는 요소들

상대방 '마음속의 나'는 상대방이 볼 때는 '실제의 나'인 셈이다. 그 사람의 입장에서는 그 사람 머릿속의 내가 바로 나인 것이다. 나에 대한 상대방의 인식은 나의 성격, 지식, 역량, 가치관, 건강 등 여러 가지로 이루어져 있겠으나, 커뮤니케이션을 위해서는 크게 세 가지가 중요하다.

첫째, 나를 얼마나 신뢰하는가? 이것은 나의 말을 얼마나 신뢰할 것인지, 그리고 상대방이 나에게 얼마만큼 말해도 좋을지를 정하는 것과 직결된다.

둘째, 나를 얼마나 긍정적이고 적극적인 사람으로 생각하는가? 이것은 상대방이 나와 무엇을 의논하고 싶고, 나에게 어떤 것까지 의논할지를 정하는 것과 직결된다.

셋째, 내가 얼마나 편안하고 호감이 가는 사람이라고 생각하는가? 이 것은 상대방이 나에게 얼마나 부담 없이 자연스럽게 다가오고 허물없이 말할 수 있는지를 좌우한다.

상대방 마음속 나의 포지션을 확인하는 방법

상대방 마음속의 나의 포지션을 파악하려면 상대방이 평소 나와 커뮤니케이션할 때 사용하는 언어와 비언어를 잘 들어야 한다. 나를 신뢰하는 언어를 쓰는지, 중립적인 언어를 쓰는지, 아니면 불신하는 언어를 쓰는지, 상대방의 어투, 표정, 몸짓은 어떠한지 등을 꾸준히 관찰해야 한다.

그리고 상대방이 나를 대하는 자세, 태도, 행동 등을 관찰하고 음미한다. 나와 얼마나 많은 것을 의논하는가, 얼마나 어려운 과제들에 대해서 의논하는가, 나에게 얼마나 쉽게 말을 거는가, 나를 대하는 태도가 얼마나 자연스러운가 등을 느껴본다. 때때로 상대방에게 나를 어떻게 생각하는지 질문하고 잘 듣는다. 그러나 상대방의 답을 듣고 자만하는 것은 금물이다.

대부분의 사람들은 진솔하게 알려주지 않는다. 듣기 좋게 이야기할 뿐이다. 좀 더 현실적인 이야기를 듣고 싶다면 구체적으로 질문하라. 나의 강점과 약점이 무엇인지 묻고 그렇게 보는 이유를 질문하라. 상대방이 내가 듣기 거북한 이야기를 한다면, 이것은 흔치 않은 기회이므로 방어하지 않고 경청하는 것이 중요하다.

자기 자신을 보려면 좋은 귀가 필요하다는 말이 있다.[41] 상대방을 통해서 나를 보는 것이다. 본래 남의 눈의 티는 보이고 제 눈의 들보는 보지 못하는 법이다. 나의 약점을 찾으려면 남의 눈으로 살펴보는 과정이 필요하다. 다른 사람의 눈으로 볼 때만 자신의 실수를 잘 볼 수 있다는 중국 격언도 있다.

05

상사, 부하, 동료가 원하는 커뮤니케이션

삶 속에서 진정으로 중요한 것은 서로를 이해하려고 노력하는 것이다.

– 길버트 파커[42]

이제까지 단위업무의 포지션, 상대방의 포지션, 나의 포지션을 파악하는 것에 대해서 살펴보았다. 그런데, 한 가지 더 살펴야 할 것이 있다. 바로 상대방이 조직상 '나와 어떤 관계이냐' 하는 점이다. 나의 상사, 부하, 동료가 나와 커뮤니케이션할 때 원하는 것이 다 동일할 수는 없다.

상사·부하·동료가 각각 나와 커뮤니케이션할 때 요구하고, 기대하고, 필요로 하는 것에 대해서 살펴보자. 이것은 커뮤니케이션을 잘하는 것의 세 가지 정의 중에 '상대방의 인정을 받는 것'에서 특히 중요하다.

먼저 상사가 일반적으로 원하는 커뮤니케이션을 살펴보자. 상사와 부하 간에는 말을 하든 안 하든 서로 불만을 많이 느끼고 있다.

〈상사와 부하가 서로 느끼는 불만〉

부하의 불만	상사의 불만
우리 팀장(상사)은 내가 반대를 하면 부정적인 사고를 갖고 있다고 나무란다.	박 대리는 대안 없이 반대만 한다. 해볼 생각은 안하고 "그 일은 안 돼요!"라고 바로 그 자리에서 말한다.
우리 팀장은 나에게 일을 맡겼으면 믿고 기다릴 일이지 계속 간섭해서 일하기 힘들다.	김 파트장은 무슨 일을 어떻게 하고 있는지 도무지 알 수 없고 불안하다. 나중에 결과가 잘못 나오거나 사고가 터지면 그때는 수습하기에 너무 늦을 것이다.
우리 팀장은 내가 일의 전말을 차분히 순서대로 보고를 하려고 하면 조급해서 못 기다린다.	이 과장의 보고는 늘 장황하다. 핵심을 바로 말하지 못하고 서두가 길다. 시간은 없는데 답답하다.
우리 팀장은 나쁜 소식을 전하면 내 잘못도 아닌데 화를 낸다. 내 소관이 아닌 것은 굳이 말할 필요 없다.	나쁜 소식일수록 신속히 보고되어야 하는데 부하들이 보고를 꺼리는 것 같다.

이러한 불만은 누구의 잘못이든 모두 커뮤니케이션이 제대로 안 되고 있음을 반증한다. 만약 부하직원이 상사가 원하는 커뮤니케이션이 어떤 것인지 잘 안다면 그 부하직원은 자신도 만족스럽고 상사도 만족스러운 커뮤니케이션을 할 수 있다.

일반적으로 훌륭한 상사는 부하들이 이렇게 커뮤니케이션 해주기를 바란다. 먼저 자신이 입수하거나 만들어낸 정보와 지식은 회사 내에 필요한 직원들에게 신속하게 전달하고, 공유하기를 바란다. 그래야 정보를 모으고, 저장하고, 활용할 수 있기 때문이다.

또한 수행 중인 업무에 대해서는 상사가 업무 진행 상황을 잘 알 수 있도록 모니터링 수단을 제공하고 수시로 보고하기를 원한다. 일에 대한 권한을 부하직원에게 부여했더라도 모니터링은 상사의 의무이기 때문이다. 또한 보고의 방법은 간결하게 요점만 말하기를 바란다. 결론과 핵심 위주로 말해야 한다는 의미다.

간혹 기승전결의 순서에 따라 설명해야 상사가 잘 이해한다고 생각하는 부하들이 있으나 상사의 상황이나 입장은 그렇지 않다. 상사는 항상 시간이 부족하고, 과정보다는 결론을 궁금히 여긴다. 혹시 예외적으로 상사가 세부사항을 알기를 원한다면 질문을 하거나 상세하게 다시 보고해줄 것을 요구할 것이므로 그때 상사의 요구에 알맞게 대처하면 된디.

나쁜 소식, 장애가 발생하거나 긴급 지원이 필요한 사항 등이 있을 경우에는 즉시 보고하고 지원을 요청하기를 바란다. 사고나 문제점을 보고할 때는 상세한 보고보다는 1차적으로 신속히 보고하는 것, 즉 보고의 타이밍을 놓치지 않는 것이 중요하다. 보고의 요건을 못 갖추었더라도 선先보고 후後보완의 방식으로 보고하는 법을 익혀야 한다.

의견을 이야기할 때는 에둘러 말하지 않고 직설적으로 표현하기를 바란다. 사실과 의견, 판단과 추측을 정확히 구분하여 말하는 것이다. 부서의 전략 수립, 의사결정 과정에 참여할 때는 활발하게 토의하고, 제안하고, 의견을 내며, 아이디어를 교환함으로써 상사의 의사결정과 전략 수립에 도움을 주기를 기대한다. 또한 상사의 목표, 전략, 전술 또는 방침을 잘 이해하고, 공유하기를 원한다. 상사가 맡은 업무들의 중요도, 우선순위를 이해하며 상사의 중요 이슈, 우려사항을 미리 인지하고 이해해주는 직원이 되기를 바란다. 상사의 업무 지시를 잘 듣고 명확히 이해하기를 바라며 잘 모르면 질문을 하고, 일의 중간결과 및 최종결과로서 상사가 요구하고 기대하는 것을 미리 파악하기를 바란다.

마지막으로 부하들 간에 수평적 커뮤니케이션을 자발적으로 잘함으로써 업무의 연결과 흐름이 매끄럽게 진행되기를 바란다. 즉, 상사를 통하지 않아도 팀이 잘 굴러갈 수 있기를 바라는 것이다. 또한 부하들 간에 상충이 있을 경우에 상위 조직의 목적에 우선순위를 두는 커뮤니케이션을 하기를 바란다.

한편으로 상사는 부하들이 이렇게 하는 것을 매우 싫어한다. 먼저 부하가 자신이 애를 많이 썼고 고생했다는 것이나, 자신이 출중한 능력을 발휘했다는 것을 보여주기 위해 장황하게 보고하는 것을 싫어한다. 상사는 이미 자신의 부하직원 개개인의 활동에 대해 속속들이 잘 알고 있다. 경험이 쌓이고 자리가 높아지면 자연히 보이게 마련이다.

상사가 문제점에 대해서 질문할 때 답변에 충실하기보다는 자신의 입장을 해명하는 것 또한 매우 싫어한다. 대부분의 부하직원은 상사가 자신을 비난하거나 공격한다고 생각하기 때문에 이런 방어적인 태도를 취하나 그것은 대부분 틀린 생각이다. 상사는 상황을 정확히 파악하고자 하는 것이다.

상사의 말을 명확히 이해하지 않았는데도 이해한 것처럼 대답하는 것 역시 피해야 한다. 논의하고 있는 사항이나 정황을 잘 모르면서도 아무것도 묻지 않는 행위도 위험하다. 부하직원 입장에서는 창피 당할 것이 두려워 조용히 있는 것이지만, 상사에게는 무책임한 사람으로 보인다.

실수로 인해 발생한 문제를 감추기에 급급한 것 역시 상사 앞에서 반드시 피해야 할 자세다. 상사에게 보고하지 않고 자체적으로 해결하려고 하다 보면 해결의 타이밍을 놓치고 회복이 더욱 어렵게 되거나 큰 손실을 입을 수 있기 때문이다.

만약 어떤 일을 수행함에 있어 본인이 반드시 알아야 하는 사항이나 알고 싶은 것들임에도 상사가 알려주지 않는다면 질문하거나 요청해야 한다. 대부분의 경우 상사가 의도적으로 알려주지 않는 것이 아니라, 일시적으로 잊고 있거나, 부하가 알아야 한다는 것을 깨닫지 못하고 있거나, 부하가 알고 싶어 한다는 것을 미처 모르고 있다고 보면 된다.

그렇다면 이번에는 부하들이 일반적으로 원하는 커뮤니케이션을 살펴보자. 상사와 부하 간에 불만을 겪는 또 다른 사례를 정리해봤다.

〈상사와 부하가 서로 불만을 겪는 사례〉

부하의 불만	상사의 불만
우리 팀장(상사)은 왜 내 말에 귀를 기울이지 않는가?	김 대리는 시도 때도 없이 뜬금없는 이야기를 한다.
아무도 회사의 전략이나 본부의 전략을 나(평사원)에게 알려주지 않는다.	신입사원 박○○씨는 모르는 것을 도통 물어보지를 않는다.
나는 회사의 중요한 사정을 소문으로 듣고 안다. 심지어 외부로부터 듣는 경우도 있다.	정 파트장은 내부는 물론 외부의 소문에 대해서 즉시 보고하지 않는다.
전략 수립이나 의사결정을 할 때 나의 의견은 묻지도 않는다. 결정은 혼자 하고 나에게는 지시만 한다.	부하들의 의견을 몇 번 들어보았지만 열심히 준비를 하지 않고 즉흥적이고 피상적인 말만 하니 의미가 별로 없다.
간혹 의견을 말하면 그 의견의 단점을 날카롭게 지적하여 주눅이 들고, 더 이상 의견을 말하고 싶지 않다.	이 대리는 비합리적인 의견을 말하는 경우가 많고 문제점을 말해주어도 잘 이해하지 못한다.

직장인들에게 "가장 의욕을 북돋워주는 리더의 말은 무엇이냐"고 물

었을 때 '자네 생각은 어떤가'라는 응답이 36%로 가장 많았다. 다음으로는 '자넨 어디 가서도 잘할 거야(19%)' '수고했어(16%)' 등이 나왔다. 반대로 의욕을 저하시키는 리더의 말로는 '제대로 하는 게 뭐냐'가 22%로 가장 많았고 근소한 차이로 '이것밖에 못하나'가 21%, 그 다음으로는 '그것도 모르냐(16%)' 등이 나왔다.[43]

상사로서 부하직원이 원하는 커뮤니케이션이 어떤 것인지 잘 알고 존중하면 그 상사는 부하직원이 커뮤니케이션을 잘하게 만들 수 있고, 만족스럽게 일하도록 만들 수 있다. 그렇다면 일을 의욕적으로 하는 부하들이 일반적으로 상사에게 바라는 커뮤니케이션은 어떤 것일까?

열정적인 부하직원들은 정보가 위에서 아래로 원활히 흐르기를 바란다. 이는 상사가 회사와 부서의 목표, 전략, 전술은 물론 회사의 사정, 관련 부서의 상황을 속속들이 알려주는 것을 의미한다. 그리고 외부로부터 입수된 시장 정보, 기술 정보, 경쟁사 동향 등에 대한 정보를 부하에게 제공해주는 것을 말한다. 정보가 아래로 잘 흐르지 않으면 정보가 위로 올라오지도 않는다는 것을 상사는 알아야 한다.

그리고 상사가 부하들 간에 업무 분장을 명쾌히 하고, 업무 지시가 명확하며, 방침의 제시가 뚜렷할수록 부하직원의 의욕이 높아진다. 부하는 일의 중요도, 우선순위에 대해서 상사와 이야기를 나누기를 원하며, 상사가 자신에게 요구하고 기대하는 것을 명확히 해주기를 바란다.

전략 수립이나 의사결정 과정에는 최대한 부하직원을 참여시키고, 부하직원이 토의 과정에서 의견을 내고 참여할 수 있는 기회를 주는 것도 중요하다. 부하의 의견이나 아이디어에 대해서 상사가 경청해주고, 비록 채택이 되지 않더라도 존중해주는 것을 잊지 말자. 부하직원은 자신의 역량 수준에 관계없이 한 사람의 인간으로서 존중 받기를 원한다. 생각해보라. 역량이 있는 사람을 존중하는 것은 누구나 다 할 수 있는 일이 아닌가?

다음으로는 부하직원으로 하여금 상사를 신뢰할 수 있게 해야 한다. 이를 위해서 상사는 자신의 메시지가 늘 일관성을 유지할 수 있도록 해야 하고, 예측 가능한 지시를 내려야 한다. 만약 지시나 방침 등이 바뀌어야 한다면 그 이유나 배경을 알려주는 것 또한 중요하다. 정직하고 사실에 입각한 커뮤니케이션에 주의를 기울이자.

부하가 성과를 낼 수 있도록 상사가 조언, 추천, 코멘트 등을 해주는 것도 필요하다. 부하들이 당면하고 있는 문제나 장애 요인은 무엇인지 항상 관심을 갖고 의논 상내가 되어주도록 하사. 부하직원의 업무 진행에 대해서는 취조하듯이 질문하기보다는 관심과 애정을 갖고 질문하는 것이 좋다.

또한 부하직원의 발전에 대해서 늘 관심을 갖고, 부하가 교육 훈련이 되는 커뮤니케이션을 해야 한다. 부하의 역량, 지식, 학습 능력 등을 파악하고 부족한 점을 채울 수 있도록 도움을 주자. 코칭, 멘토링, OJT 등의 교육 훈련을 상사가 자주 해주되 잘못한 것만 지적하는 것이 아니라 잘한 것에 대해서도 성과를 인정하고 칭찬하는 말을 해줘야 한다. 그리고 부하의 경영 역량에 대한 평가와 피드백은 늦지 않게 해줘야 한다. 1년 내내 아무 말 안 하다가, 연말 정기 인사평가에서 부하에게 쇼크를 주는 것은 평가의 근본 목적에 부합되지 않는다. 부하의 발전을 위한 피드백의 요건은 적시성適時性, 구체성, 인비人秘, 감성의 배려 등이다.

부하의 의욕을 불러일으키고 동기를 부여해주는 커뮤니케이션 역시 중요하다. 이 부분은 5장에서 다시 자세히 다룰 것이다. 마지막으로 상사에게 터놓고 말할 수 있는 분위기와 여건을 만들어줘야 한다. 부하들이 상사의 방침에 안심하고 반대 의견을 낼 수 있어야 한다. 어느 부하라도 상사가 두려워서 보고하기 꺼리는 일이 생기지 않게 해야 한다. 그렇게 하려면 나쁜 소식이나 문제점을 신속히 보고하는 경우에 화를 내기보다는 잘 보고했다고 피드백을 해주도록 한다.

콜린 파웰은 말한다. "부하들이 문제점을 보고하지 않고 있다면 지휘관은 더 이상 그들을 리드하고 있는 것이 아니다. 부하들이 리더를 신임하지 않거나 리더가 팀에 관심이 없다고 생각하기 때문이며, 어느 경우든 실패한 리더이다."[44] 실제로 2001년에 파산한 미국의 에너지 재벌인 '엔론'에는 '나쁜 소식을 전하면 벌을 받는다'는 분위기가 이미 내부에 팽배해 있었다고 한다.[45]

부하직원들이 상사로부터 돌아서지 않게 하려면 조심해야 할 것들이 있다. 보통 부하직원들은 상사의 이런 행동을 매우 싫어한다.

먼저 여러 사람들 앞에서 망신주는 것이다. 특정 부하의 실수나 고칠 점을 여러 사람 앞에서 말하면 그 부하는 자신이 망신당한다고 생각하므로 어떻게 해서든지 자신의 행동을 합리화하려 한다. 더한 문제는 나중에 동료들에게 상사의 불합리성에 대해 주장한다는 점이다.

팀의 나쁜 성과나 실수, 과오를 부하들의 잘못으로 돌리는 것 역시 해서는 안 될 일이다. 부하들이 무능하다고 여기저기 말하고 다니는 것은 상사 자신을 보호하려는 의도겠지만 효과는 전혀 없다. 오히려 조직 운영을 못하고 부하 육성도 못하는 무능한 상사로 인식되는 역효과만 있을 뿐이다. 리더십은 아무리 리더의 의지가 훌륭해도 성공적인 의사소통이 되었을 때 그 생명력을 갖는다.

그렇다면 이번에는 동료들 간에 원하는 커뮤니케이션을 살펴보자. 회사에서는 동료들 간에 다음과 같은 갈등이 빈번히 생긴다.

〈동료 간의 갈등〉

동료 A	동료 B
나와 의논도 안 하고 일을 저지르면 나에게 뭘 어떻게 하라는 거야? 내가 뭐 자기 뒤치다꺼리 하는 사람이야?	내가 의논 좀 하려고 할 때면 그렇게 바쁜 척 하더니 이제 와서 오히려 날 원망하네!
내가 뭐 잘못한 게 있으면 나에게 바로 말하지 왜 가만히 있다가 나중에 상사 앞에서 해?	내가 문제점에 대해 얘기 좀 할라치면 얼굴 찡 그리고 싫어하더니 무슨 소리야?
그런 정보를 들었을 때 바로 나에게 알려주었으면 내가 지금 이 고생 인 하잖아!	자기는 나에게 정보를 잘 주었나? 내가 일부러 그린 깃도 아니고…….

동료가 원하는 커뮤니케이션을 잘 알아내어 그렇게 해주면, 상대방도 나에게 잘해줄 것이다. 서로 얼굴 붉힐 일이 없게 되고, 회사 업무도 잘 풀린다. 결과적으로 각자의 성과 달성에도 도움이 된다.

회사의 구성원들은 일반적으로 동료에게 이러한 커뮤니케이션을 원한다.

자신이 필요로 하는 정보나 지식을 동료가 자발적으로 신속하게 제공해주기를 원한다. 정보와 지식을 서로 공유하기를 원하는 것이다. 자신으로부터 받기 원하는 데이터, 정보, 지식이 무엇인지 동료가 자기에게 미리 알려준다면 기꺼이 협조할 것이다.

자신과 함께 추진하거나 해결해야 할 과제가 있을 경우에 동료가 자신과 미리 협의해주기를 원한다. 자신과 관련성이 있는 일에 대한 제안이나 품의를 하기 전에 미리 자신과 의논하기를 원한다. 상사로부터 질문이나 지시를 받기 전에 미리 알고자 하는 것이다. 또한 자신에게 영향을 미치는 문제점이 생기거나 좋은 기회가 생겼을 경우에 신속히 알려주기를 바란다. 그리고 자신들에 대한 불평, 코멘트 등을 상사에게 말하기 전에 자신과 먼저 해결책을 찾기를 바란다. 불필요하게 상사로부터 책망을 듣기 원하는 동료는 없을 것이다.

그리고 동료의 지원(인적자원, 시간, 역량 등)이 필요할 경우에 언제든지 그 동료에게 요청할 수 있고, 지원 가능 여부에 대한 피드백을 신속히 받기를 원한다. 지원이 불가능하다면 그 이유도 함께 듣기를 원할 것이다.

여기서 다시 한 번 강조해야 할 것은 사람은 각기 다르다는 점이다. 상사가 원하는 커뮤니케이션이 모두 일률적으로 같은 것은 아니다. 사람에 따라, 조직의 문화에 따라 부분적으로 다를 수 있다. 부하나 동료들도 마찬가지다. 항상 질문하고 확인하는 과정이 필요하다.

4

베타 커뮤니케이션의 핵심, 커뮤니케이션 과제 파악하기

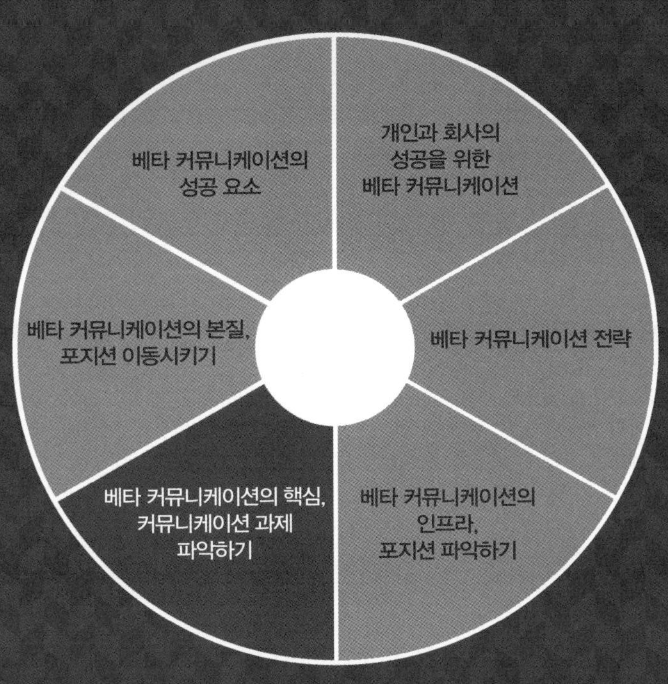

01

커뮤니케이션 과제를 파악하는 방법

사업은 그렇게 엉키게 되어 있지 않다. 그러나 필요한 정보가 차단되면 사업이 엉키기 시작한다.[46]

– 잭 웰치

이제 포지션 파악 단계를 마쳤으므로 커뮤니케이션 과제를 다시 한 번 파악해야 한다.

단위업무의 포지션, 상대방의 포지션, 나의 포지션을 파악했다면 각각의 결과를 놓고, 1장에서 말한 베타 커뮤니케이션이 필요한 이유'를 대입해서 커뮤니케이션 과제들을 모두 잡아내야 한다.

예를 들면, 단위업무의 포지션을 파악한 것으로부터 업무의 진행 상황, 전후방 업무, 지원 업무 등을 살피면 커뮤니케이션해야 할 과제들이 나온다. 상대방의 포지션을 파악한 것으로부터, 상대방이 단위업무에 대해서 잘못 알고 있는 것을 설명해야 하거나 설득해야 할 것이 나온다. 나의 포지션을 파악한 것으로부터 내가 사업 전체의 전략 전술이나 관련 부서의 업무에 대해서 더 파악해야 하는 과제가 나온다. 상대방 마음속의 나의 포지션을 파악하고 나면, 상대방이 나에 대해 잘못 알고 있는 것을 바로잡아야 하는 커뮤니케이션 과제가 나온다.

회사에서 '베타 커뮤니케이션이 필요한 이유'들로부터 출발해서 커뮤니케이션 과제를 찾아낼 수도 있다. 그중에 1장에서 제시한 '가치창출 활동 4단계'에서 일어나는 커뮤니케이션 과제들의 예를 구체적으로 들어보자.

① 1단계 활동: 데이터, 정보, 인텔리전스의 수집, 전달, 결합, 공유

회사 외부로부터 수집하거나 내부에서 만든 데이터, 정보, 인텔리전스를 커뮤니케이션을 통해서 즉시 필요한 부서에 전달한다. 데이터를 모아서 만든 정보, 정보를 결합하고 분석하여 만든 의미 있는 정보(인텔리전스)를 커뮤니케이션을 통하여 신속히 필요한 부서에 전달하고, 결합하고, 공유한다. 누가 모으고, 누가 결합하고 분석하고, 누구에게 전달하고 공유할 것인가는 각 부서의 기능을 기준으로 판단한다.

② 2단계 활동: 기술과 지식의 축적, 마인드의 형성

업무 수행에 필요한 기술이나 지식을 만들기 위해서 커뮤니케이션을 통하여 데이터, 정보, 인텔리전스를 받아오거나 기술이나 지식 자체를 받아온다. 그리고 보유하게 된 기술이나 지식을 커뮤니케이션을 통하여 필요한 부서에 전달하고 공유한다. 구성원들의 전문지식이나 경영지식을 높이기 위해서 OJT, 멘토링, 코칭, 세미나 등 여러 방법의 교육을 실시하고 평가를 하기도 한다. 지식이나 기술이 어느 정도 내 안에 쌓이면 그 분야의 마인드가 형성된다. 올바른 마인드의 형성을 위해서 상하 간에 또는 동료 간에 커뮤니케이션이 필요한 경우도 있다.

③ 3단계 활동: 예측, 아이디어, 사고, 의견교환, 분석, 판단 및 의사결정

회사는 사장에서 신입사원에 이르기까지 누구나 크고 작은 의사결정을 한다. 어떤 의사결정이든 예측을 하거나, 아이디어를 내거나, 기준을 설정하고 논리적 사고를 통해 판단을 내리는 과정이 일어난다. 이러한 과정이 모두 한 사람에 의해서 이루어지는 것은 아니므로 이 과정에 참여하고 있는 사람들 간에 커뮤니케이션이 필요하다.

중요한 의사결정은 대부분 여러 부서에 영향을 주게 되므로 입안 단계를 거치고(수직적 커뮤니케이션) 관련 부서 또는 관련자들 간에 협의(수평적 커뮤니케이션)를 거쳐서 의사결정권자가 결정한다. 또한 의사결정에 앞서서 워크숍, 브레인스토밍, 회의 등을 통하여 여러 사람의 아이디어나 생각을 모으기도 한다. 즉, 집합적 사고를 하기 위한 커뮤니케이션을 하는 것이다.

④ 4단계 활동: 지시, 통보, 실행, 지원, 점검

결정 사항을 실행하려면 상하 간의 지시하기, 관련 부서에 요청하기, 여러 부서에 통보하기, 수평적인 전달 등의 커뮤니케이션이 필요하다.

부하는 업무의 진행 상황이나 중간결과를 상사에게 보고하거나 관련 부서와 공유하기 위해서, 그리고 업무 수행 과정에서 생기는 문제점을 상사에게 보고하거나 관련 부서에 통보하기 위해서 지속적으로 커뮤니케이션한다. 또한 상사는 부하의 일을 점검하고 지원하기 위해서 지속적으로 커뮤니케이션한다.

커뮤니케이션 과제의 파악

커뮤니케이션 과제를 파악할 때는 '무엇에 대하여' '누구와' '무엇을 목적으로' 커뮤니케이션할 것인지를 파악한다.

'무엇에 대하여'는 커뮤니케이션의 주제, 즉 무엇을 말해주고, 무엇을 전달 받고, 무엇을 의논하는 것인가의 '무엇'에 해당되는 것이다. 모든 일에 있어서 '어떻게how to do'에 앞서서 '무엇what to do'이 중요하듯이 커뮤니케이션에서도 "무엇에 대하여 커뮤니케이션할 것인가"를 잘 찾아놓는 것이 "어떻게 할 것인가"보다 훨씬 더 중요하다. 내가 말하는 커뮤니케이션outbound에서는, 어떻게 알려줄 것인가에 앞서서 무엇을 알려줄 것인가, 어떻게 설득할 것인가에 앞서서 무엇을 설득할 것인가, 어떻게 의논할 것인가에 앞서서 무엇을 의논할 것인가 등이 중요하다.

내가 받아오는 커뮤니케이션inbound에서는, 정보나 지식을 어디서 어떻게 받을 것인가에 앞서서 무슨 정보와 지식을 받아야 하는가를 먼저 파악해야 한다. 많이 사람들이 정보에 살쪄 있지만 정작 필요한 정보는 없는 경우가 많다.

‘무엇을 목적으로’는 커뮤니케이션의 목적에 해당되는 것으로서 커뮤니케이션 주제에 관해서 단위업무의 포지션을 이동시키거나, 나의 포지션을 이동시키거나 상대방의 포지션을 이동시키는 것을 말한다. 포지션 이동의 목표 설정에 대해서는 다음의 별도 항목으로 다시 설명할 것이다.

‘누구와’는 커뮤니케이션 상대방을 말한다. 커뮤니케이션 상대방을 정할 때 생각해야 할 것은 내가 메시지를 주는 입장이라면 받을 사람이 그 메시지를 다시 누군가에게 전해주어야 하는가를 찾아본다. 내가 메시지를 받는 입장이라면 줄 사람이 그 메시지를 어디에서 받아오는지를 찾아본다. 커뮤니케이션의 단계는 적을수록 정확성이 올라가고 시간이 단축된다. 메시지가 여러 단계의 사람을 거치면 아까운 시간이 흘러가고 메시지의 해석에 왜곡이 일어날 가능성이 높아진다. 부서나 사람에 따라서 뉘앙스를 잃게 되고, 어떤 부분이 강조되거나 반대로 무시되기도 한다. 메시지의 우선순위가 바뀌고, 심지어 해석을 다르게 하기도 한다. 따라서 ‘누구와’를 찾을 때는 최단 코스를 찾고 동시다발적으로 커뮤니케이션을 행하는 방법을 찾아야 한다.

1986년 1월 28일 추운 아침에 우주 왕복선 챌린지호가 발사된 지 73초 만에 공중 폭발했다. 기술적인 원인은 고체로켓 부스타의 오링O ring이 영하의 온도로 인하여 갈라진 것으로 밝혀졌다. 그러나 치명적인 원인은 명령계통을 통해 올라가던 보고가 심각하게 왜곡된 것이었다. 오링의 제작사인 치오콜Morton Thiokol의 엔지니어들은 이미 저온의 위험이 존재함을 알고 있었고, 발사일 아침 영하의 기온 하에서는 우주 왕복선에 “계량하기 어려운 위험이 있다”고 보고했다. 챌린지 호의 주 계약자

락웰 사의 부사장은 '나사'에게 "락웰은 안전을 100% 확신할 수 없다"고 보고했다.

이 시점에서 발사 일정은 이미 다른 원인들로 6일이나 지체되어 있었고 '나사'의 국립 우주 수송 시스템National Space Transportation System의 디렉터는 "락웰이 우주왕복선의 발사를 중단할 것을 요구하거나 주장하지는 않았다"고 보고했다. 나중에 폭발에 대한 조사 과정에서 나사의 발사 총책임자는 "영하의 온도가 안전에 심각한 문제를 일으키리라고는 전혀 생각 못했다"고 말했다.[47]

보고가 몇 단계를 거치는 사이에 보고 내용이 변질된 것이다. 명령계통의 각 단계에 있는 사람들의 책임, 관심, 우려 등이 서로 다르다 보니 메시지의 왜곡이 더욱 심화되었다. 이 사례로부터 우리가 얻는 교훈은 커뮤니케이션의 단계는 최소화해야 하며, 커뮤니케이션의 목적과 주제에 따라서는 일대 다수의 커뮤니케이션 또는 수평적 커뮤니케이션이 필요하다는 것이다.

커뮤니케이션 과제를 찾을 때는 적극적으로 찾아라. 내가 커뮤니케이션해야 할 책임을 수행함에 있어서, 다른 사람들에게 끌려가는 커뮤니케이션을 하지 말고 다른 사람들을 이끌어가는 커뮤니케이션을 하라. 회사 내에서 커뮤니케이션을 주도하라. 그렇게 하면 내가 주변에 적극적인 사람으로 인식되고 내가 바람직하다고 생각하는 방향으로 커뮤니케이션을 이끌어갈 수 있다.

다시 한 번 강조하는 것은 커뮤니케이션을 잘하기 위해서는 커뮤니케이션 과제를 파악하는 것이 제일 중요하며, 커뮤니케이션을 주도하기 위해서는 커뮤니케이션 과제를 적극적으로 찾아야 한다는 점이다. 다음

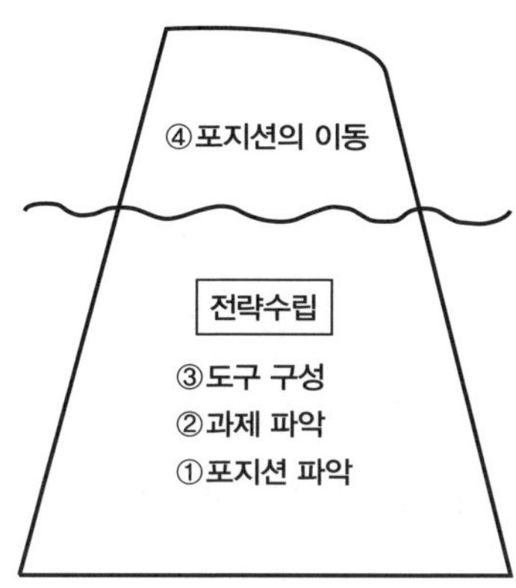

맨 아래 항목에서부터 위로 올라간다

의 빙산모델에서 '커뮤니케이션 과제 파악'의 위치를 확인하자.

나의 역할과 책임에서 비롯되는 커뮤니케이션 과제를 모두 완벽하게 파악하기는 매우 어렵다. 어느 시점에서도 동시에 수행하는 단위업무가 여럿 존재하고, 여러 사람의 일들이 서로 복잡하게 연결되어 있고, 커뮤니케이션해야 할 상대방 역시 상당히 많다. 모든 것이 계속 변하고 있다. 그래서 상대방에게 필요한 것임에도 내가 파악하지 못한 커뮤니케이션 과제가 있을 수 있다. 따라서 커뮤니케이션 과제의 파악은 여러 통로를 통해 보완된다.

회사 내의 다른 부서나 동료로부터 요청 받은 커뮤니케이션 과제, 상사의 지시에 의한 커뮤니케이션 과제, 사내 워크숍이나 회의를 통해서 알게 된 커뮤니케이션 과제, 비공식 모임에서 제3자로부터 듣게 된 커뮤니케이션 과제 등을 커뮤니케이션 과제에 포함시켜야 한다. 이러한 보완 활동도 매우 중요하며, 적극적으로 활용되어야 한다. 그리고 이후에 커뮤니케이션 과제를 파악할 때 그러한 과제들을 되도록 미리 포함시켜야 한다.

내가 수행하는 커뮤니케이션 중에는 다른 부서나 동료의 책임인 커뮤니케이션 과제도 있다. 예를 들어서 다른 부서에서 소집한 회의에 참석해야 하거나 다른 구성원이 요청한 미팅을 할 경우가 생긴다. 이러한 커뮤니케이션은 나의 역할과 책임에서 비롯된 것은 아니지만 나의 커뮤니케이션 과제에 버금간다는 생각을 하고 커뮤니케이션 전략을 적용한다. 그 회의나 미팅의 주제가 될 업무를 중심으로 그 단위업무의 포지션, 상대방의 포지션, 나의 포지션을 가능한 한 미리 파악하고, 커뮤니케이션의 목적을 고려하여 전달할 메시지의 콘텐츠 구성을 미리 생각한다. 이렇게 하기 위해서는 미팅 전에 자료를 미리 받아서 검토한 후에 미팅에 참여해야 한다.

02

포지션 이동의 목표 설정

일에는 두 종류가 있다. 하나는 어떤 사안事案의 포지션을 상대적으로 이동시키는 것이다. 다른 하나는 그 일을 다른 사람이 하도록 만드는 것이다.

– 버트란드 러셀

만약 커뮤니케이션 과제가 성공적으로 수행된다면 상대방의 포지션, 나의 포지션, 또는 나의 단위업무의 포지션이 원하는 방향으로 이동하게 될 것이다. 이것을 '포지션 이동'이라고 한다. 단위업무의 포지션이 이동하는 것은 커뮤니케이션 활동을 통해 가치가 창출되어 단위업무가 다음 단계로 진행되는 것이다. 나의 포지션이나 상대방의 포지션이 이동하는 것도 마찬가지로 가치창출의 과정이 진행되는 것이다.

나의 포지션이 이동하는 예를 들면, 읽거나 배워서 지식이 느는 것, 경영 역량이 신장되는 것, 다른 사람들로부터 신뢰를 받는 것 등이다. 상대방의 포지션이 이동하는 예를 들면, 나의 지시를 듣고 부하가 이해하는 것, 나의 설득으로 관련 부서장이 동의하는 것, 상사가 나의 건의를 받아들이는 것 등이다. 커뮤니케이션의 목적은 포지션을 이동시키는 것이므로, 매번의 커뮤니케이션 활동을 통해서 현재의 나의 포지션, 또는 상대방의 포지션, 또는 단위업무의 포지션을 언제까지 얼마나 이동시킬 것인지 목표를 정해 놓는 것이 효과적이다.

예를 들어, 프렌차이즈 사업에서 내가 가맹점 교육의 교안 작성에 필요한 정보와 자료를 마케팅팀, 공장, 운영팀에 요청할 때 '내가 원하는 정보와 자료의 구체적인 내용과 원하는 시한'을 함께 요청한다. 또 다른 예로, 인사팀에 요청하여 헤드헌터로부터 영업직 경력사원의 추천을 받을 때 '내가 원하는 인원 수, 자격요건, 일정' 등을 함께 요청한다.

포지션 이동의 목표를 항상 처음부터 명확히 설정할 수 있는 것은 아니다. 그러나 커뮤니케이션을 시작하기 전에 나의 포지션, 상대방의 포지션, 단위업무의 포지션을 다시 확인해 가능한 한 다음 단계의 포지션 이동의 목표를 설정해보는 것이 좋다. 나의 포지션과 상대방의 포지션은 커뮤니케이션의 진행에 따라 계속 달라질 것이므로 커뮤니케이션 과제나 목표도 계속 달라진다는 것을 염두에 두어야 한다.

이렇게 정리된 나의 커뮤니케이션 과제를 '커뮤니케이션을 잘한다는 것'의 세 가지 정의 즉, ①내가 커뮤니케이션해야 할 책임을 다하는 것, ②상대방의 인정을 받는 것, ③나의 성장과 발전에 기여하는 것에 비추어 음미하면서 커뮤니케이션이 잘되는 모습을 그려본다. 나의 커뮤니케이션 과제는 계속 바뀌어간다. 한편에서 과제들이 완료되어 가면서 다른 한편에서 새로운 과제들이 계속 등장한다. 새로운 업무가 생김에 따라, 그리고 단위업무의 포지션, 나의 포지션, 상대방의 포지션이 바뀜에 따라 새로운 커뮤니케이션 과제가 계속 나타나는 것이다. 어느 단위업무를 행하든, 그 단위업무가 어느 단계로 진행되든, 어떤 상황이 벌어지든, 항상 새로 나타나는 커뮤니케이션 과제를 적극적으로 찾는 것을 습관화해야 한다.

커뮤니케이션에 대해 다섯 번째로 생각할 점:
커뮤니케이션 과제를 놓치지 말고 적극적으로 찾자.

5

베타 커뮤니케이션의 본질, 포지션 이동시키기

커뮤니케이션 전략도구의 선택과 구성

하모니란 음악의 모든 구성 인자들이 서로 조화를 이루고 있는 것을 말한다.

– 칼하인츠 슈톡하우젠[48]

나의 포지션이나 상대방의 포지션을 이동시키기 위한 커뮤니케이션 활동을 하기에 앞서서 내가 해야 할 일들이 있다. 2장의 전략 수립 단계에서 말했듯이 커뮤니케이션 과제를 파악한 다음에는 각각의 과제에 대해서 커뮤니케이션 전략도구를 선택하고 구성해야 하며, 그 다음에 자신과 커뮤니케이션을 행해야 한다. 그러고 나서 상대방과 커뮤니케이션에 임하는 것이다. 이것이 전략의 수순이다.

커뮤니케이션 전략도구

커뮤니케이션 과제를 수행하려면 그 과제에 적합하게 메시지의 콘텐츠를 구성하고, 커뮤니케이션 채널을 선택해야 하며, 커뮤니케이션을 행할 장소를 정하고 타이밍과 소요 시간을 정해야 한다. 이 다섯 가지를 커뮤니케이션의 '전략도구'라고 칭한다.

① 메시지 콘텐츠 구성: 메시지의 내용을 구성하는 것으로서 언어와 비언어의 구성, 시각적 요소와 청각적 요소의 구성(말, 글, 표, 그림, 사진, 동영상 등)을 다룬다.

② 커뮤니케이션 채널: 면대면(1:1, 회의, 모임 등), 문서, 전화, 모바일 메시지, PC 메신저, 이메일, 그룹웨어, 방송 등이 있다. 각각의 채널의 특성이나 제약으로 인하여 복수의 채널을 사용해야 하는 경우도 많다.

③ 커뮤니케이션 장소: 커뮤니케이션 장소를 정할 때는 위치, 편의성, 접근성, 공간의 크기, 시설, 주변 환경(주변의 안락함, 외부의 소음, 외부로부터 방해받는 요소들) 등을 고려한다.

④ 커뮤니케이션 타이밍: 커뮤니케이션 타이밍을 규정하는 요소들은 달력에 의한 주기(년도, 분기, 월, 주간 등), 업무 고유의 주기, 근무시간과 근무 외 시간 등이 있다. 타이밍을 정할 때는 커뮤니케이션 과제의 시한, 시급성(사고나 문제의 발생 등), 사안의 리드타임(몇 주 전, 며칠 전 등), 상대방의 시간 활용 패턴 등을 고려한다.

⑤ 커뮤니케이션 시간: 일회의 커뮤니케이션에 투입하는 시간을 말한다.

커뮤니케이션 전략도구가 공식적이 아닌 경우도 있다. 비공식 콘텐츠로는 소문의 전달, 사견 등이 있고, 비공식 채널로는 사적인 이메일이나 사적인 만남, 비공식 장소로는 회식 장소, 휴게실 등이 있으며 비공식 타이밍은 점심 식사나 커피타임 등이 있다. 이러한 비공식 커뮤니케이션도 회사의 커뮤니케이션으로서 매우 중요하다.

커뮤니케이션 전략도구들을 선택하고 구성할 때는 커뮤니케이션 과제, 즉 '무엇에 대하여' '누구와' '무엇을 목적으로'를 기준으로 정한다. '누구와'를 기준으로 삼는 것은 상대방의 포지션을 기준으로 생각하는 것이다. 예를 들어, 상사가 바쁠 때는 상사가 이동할 때 걸으면서 또는 차 안에서 설명도 하고 결재도 받는다.

'무엇을 목적으로'를 기준으로 정하는 것은 가령, 경영진이 현장의 구성원이나 협력업체 또는 고객의 말을 직접 듣기 위해서 커뮤니케이션 장소를 현장으로 정하고 커뮤니케이션 채널은 직접 대면하는 방식으로, 커뮤니케이션 시간도 현장 상황에 맞게 정하는 것이다. 톰 피터스가 강조하는 현장 경영MBWAManagement By Walking Around은 이러한 커뮤니케이션을 활용한 것이다.

각각의 전략도구는 다른 전략도구에 영향을 주기도 하고 받기도 한다. 몇 가지 예를 들어보면 '전화로 말할 때는 그림을 설명하기 어렵다' '넓은 공간에서 많은 사람에게 말할 때는 멀티미디어 방식의 콘텐츠 구성이 필요하다' '허용된 시간이 짧을수록 핵심 위주로 말해야 한다' 등이 있다. 따라서 전략도구를 선택할 때는 커뮤니케이션 과제와 전략도구들의 구성mix의 적합성을 고려해야 한다.

① 메시지 콘텐츠의 구성

커뮤니케이션 목적과 주제를 기준으로 흔히 잘못된 메시지 구성과 바람직한 메시지 구성의 예를 들어보자. 결과 보고나 경과 보고는 기승전결에 맞추기보다는 간결하게 핵심 위주로 해야 한다. 사고 발생 보고는 육하원칙에 따르려고 할 것이 아니라 인지된 것만 우선 즉시 보고한다. 사고 발생 보고는 보고의 요건보다는 즉각적인 보고가 더 중요하기 때문이다.

제안이나 품의를 할 때는 조사 연구 단계부터 결론에 이른 과정을 단계적으로 자세히 기술하기보다는 결정할 사항 위주로 간결하게 제시하고 상세 내용은 별첨으로 한다. 칭찬은 잘했다는 것을 큰소리로 말한다고 효과가 더 커지는 것이 아니다. 가능한 한 구체적으로 그 사람이 행한 행위, 성과, 칭찬받을 만한 이유 등을 설명해야 진정한 칭찬이 된다.

커뮤니케이션 상대방에 맞춰 메시지의 콘텐츠를 구성하는 예를 살펴보자. 상대방이 직급이 높은 사람일수록 내용을 간결하게 한다. 상대방을 설득할 때는 상대방의 포지션(관심사항, 관점, 판단 기준 등)을 고려하여 상대방에 맞게 설득 포인트를 찾아서 제시하고, 상대방이 이미 아는 것이나 동의하는 것은 생략하거나 꼭 필요한 만큼만 포함시킨다. 분야가 다른 사람과 커뮤니케이션할 때는 가능한 한 상대방의 용어를 사용한다.

② 커뮤니케이션 채널 선택의 적합성

커뮤니케이션의 목적이나 주제에 맞추어 '채널'을 선택하는 경우를 알아보자. 공식적 주제라면 공식적 채널로 한다. 예를 들어 회사 비전의 발표는 전사적 행사를 통해서, 공로에 대한 시상은 공식 행사에서 형식을 갖추어 한다. 주간 회의는 업무 진행 상황이나 정보 교환 위주로 진행하고, 특정 이슈에 대한 토론은 별도의 회의를 소집하되 필요한 사람만 모인다.

아이디어 제안은 브레인스토밍 방식을 활용한다. 인비人秘 사항은 일대일 면담으로 커뮤니케이션한다. 긴급한 사항을 통보할 때는 수신 여부를 바로 확인할 수 있는 채널로 한다. 약속을 못 지키거나 급작스럽게 변경할 때는 상대방이 즉시 확인할 수 있는 채널, 그리고 예의에 맞는 채널을 선택한다. 모바일 메시지나 이메일은 이 두 가지 기준에 비추어 적합하지 않다.

커뮤니케이션 상대방에 맞추어 채널을 선택한다는 것은, 내가 편하고 쓰기 쉬운 채널보다는 상대의 입장에 맞게, 그리고 상대가 편하고 받아들이기 쉬운 채널을 쓰는 것이다. 상대방이 평가하고 있는 각 채널의 가치를 고려한다. 이메일을 중요하게 생각하는 사람도 있고, 면대면 만남을 중요하게 생각하는 사람도 있다. 커뮤니케이션 상대방이 여러 사람일 경우에는 읽기, 쓰기의 채널인 서면 통보, 이메일 등의 활용을 고려한다.

'메시지의 콘텐츠'에 맞춰 '채널'을 선택하는 경우를 살펴보자. 채널마다 콘텐츠를 수용하는 용량이나 효율이 다르다. 콘텐츠의 볼륨, 형태, 전달 시간, 인식의 효율, 수신 여부의 확인에 소요되는 시간 등을 고려하여 채널을 선택한다. 복잡한 이슈에 대한 보고나 제안, 갈등을 해소하기 위한 제안 등은 일반적으로 '대용량 채널'을 사용한다. 채널에 따라서는 메시지가 필터링 되거나 내용의 강약이 제대로 전달되지 못할 수 있으므로 유의해야 한다.

이메일이나 텍스트 메시지는 뉘앙스 전달이 어렵고 감정이 실리는 경우 오해가 발생하기도 한다. 이메일, 게시판, 그룹웨어 등 소위 '내용 중심 채널what-channel'들은 과제가 중심이 되며, 사람들 간의 대화가 일어나는 가능성이 낮고 비언어가 작동하지 않는다. 일대일 대화, 회의, 등 소위 '사람 중심 채널who-channel'은 사람과 사람의 만남이 중심이 되며, 비언어가 동시에 작동하여 커뮤니케이션의 효과를 올린다. 그러나 지위나 격식에 의해서 커뮤니케이션이 영향을 받을 여지가 있다.

③ 커뮤니케이션 장소의 적합성

커뮤니케이션 장소를 정하는 예를 들어보자. 개인의 인비 사항이 포함되는 커뮤니케이션은 반드시 제3자가 들을 수 없는 공간에서 행한다. 그렇지 못할 경우에는 상대방의 진솔한 말을 들을 수 없을 것이다. 회사의 업무에 관한 대화는 공공장소에서 절대 행하지 않는다. 외부 사람들에게는 모두 기업 비밀이기 때문이다. 상대방을 설득해야 하는 경우에는 상대방이 편하게 느끼는 장소를 선택해야 한다. 워크숍을 할 경우에는 참석자들이 외부로부터 방해를 받지 않는 장소를 택한다. 그렇다고 야유회와 혼동되는 장소를 택해서는 곤란하다.

④ 커뮤니케이션 타이밍의 적합성

'타이밍'과 '콘텐츠'의 관계를 보자. 타이밍과 콘텐츠는 서로 상충되는 관계일 경우가 많다. 예를 들면 신속하게 보고하려고 할수록 내용이 빈약해진다. 일반적으로는 정보 위주의 콘텐츠일수록 신속성이 중요하고(예: 사고 발생 보고 및 통보), 상대방에게 영향을 주고자 하는 콘텐츠(예: 결재 문건)일수록 내용이 중요하다.

타이밍과 콘텐츠에서 또 하나 고려할 것은 콘텐츠의 해석은 전달 받는 순서에 따라서 달라질 수 있다는 점이다. 앞에 이미 받은 콘텐츠가 그 사람의 맥락을 형성하고, 뒤에 받는 콘텐츠의 해석은 그 맥락에 영향을 받는 것이다. 예를 들어 자신의 부서 이동에 관한 소식을 소문으로 들은 다음에 그 이유를 상사로부터 듣는 것과 상사로부터 먼저 듣는 것은 해석이 다를 수 있다.

타이밍을 정할 때 급하지 않은 사안임에도 속히 처리하고 싶은 욕심에서 상대방이 바쁜 시간에 협의하고자 한다면 실패하기 쉽다. 중요하지만 급하지 않은 사안이면 우선 서면 검토할 자료와 시간을 상대방에게 주고 미딩은 서로 직질한 타이밍에 해야 할 것이나. 긴급한 사안이 아니라면 상대방의 업무 주기나 시간 활용 패턴을 고려하여 타이밍을 정하는 것이 좋다. 구두로 전하기 어려운 긴급한 사안이 생겼을 경우에는 해당되는 사람들에게 전자메일로 통보하고, 시한을 정하여(예를 들면 ○월 ○일까지) 읽고 피드백 할 것을 면대면이나 전화로 요청한다. 비상상황이 발생했을 때는 신속한 보고와 전달이 생명이므로 커뮤니케이션의 모든 방법과 수단을 그것에 맞춘다. 조기 대응의 타이밍을 놓치면 안 되기 때문이다.

⑤ 커뮤니케이션 소요 시간의 적합성

면담, 미팅, 설명회 등의 '소요 시간'을 정할 때는 일반적으로 커뮤니케이션에 투입할 시간을 먼저 정해놓고 그 시간에 맞춰 커뮤니케이션의 여러 요소를 구성하는 방법을 쓴다. 그 이유는 첫째, 사람들이 커뮤니케이션에 집중할 수 있는 시간은 생각보다 짧기 때문이다. 회의는 오래 할수록 능률이 떨어지게 된다. 특히 주제가 자신이 직접 해야 할 일이 아니라면 더욱 그렇다.

둘째, 회사의 업무 흐름을 방해해서는 안 되기 때문이다. 근무시간 중에 행하는 커뮤니케이션이라면 회의든 면담이든 한 시간 이내로 정하는 것이 바람직하다. 워크숍 등 장소와 시간이 통상의 근무와 별개로 이루어지는 것이라면 목적과 프로그램에 맞게 전체 시간을 정하면 될 것이다. 상대방의 시간은 귀중하다는 것을 늘 생각한다. 회사에서 시간은 가장 핵심적인 변수다. 나에게도 상대방에게도 매우 중요하다.

이렇게 내가 선택하고 구성한 커뮤니케이션 도구의 조합을 상대방의 입장에서 음미하고 재확인한다.

커뮤니케이션 채널을 선택할 때 고려해야 할 점들

인터넷이 발달하면서 정보가 힘의 원천이던 시대는 지나갔다. 검색 엔진의 발달로 인해 노웨어know-where도 별다른 힘을 못 쓰게 되었다. 여기에 모바일 복합서비스까지 가세했다. 이제 커뮤니케이션에서도 인터넷과 모바일 서비스를 얼마나 잘 활용하느냐가 중요해졌다.

인터넷과 모바일 서비스는 너무나도 많은 장점이 있다. 실시간 통신, 신속성, 빠른 확산, 위치의 극복, 다자간 동시 커뮤니케이션, 멀티미디어 커뮤니케이션, 정보와 자료와 지식에 대한 손쉬운 접근, 정보통신 서비스와 앱의 가용성 등의 장점이 있다. 회사 내에서 인터넷과 모바일 서비스를 잘 활용할수록 커뮤니케이션이 편하고, 빠르고, 쉬워진다. 구성원들의 지식과 역량이 신속하게 향상되고 새로운 업무에 대한 적응이 빨라진다. 커뮤니케이션 시스템이 고도화되고, 재택근무, 신축적 근무시간 운영 등의 새로운 근무 형태가 나타난다.

다른 한편으로는 우려해야 할 점도 많이 있다. 조직을 통해서 정보를 통제하는 것이 점점 더 어려워진다. 기업 비밀에 대한 취급이 회사의 방침대로 되지 않을 수 있다. 외부의 해킹에 취약해진다. 정보나 지식이 선별되지 않고 무분별하게 확산된다. 복사 및 전달이 급속히 늘어난다. 유용한 정보가 쓰레기에 섞여 다닌다. 많은 구성원들이 인텔리전스를 만들거나 지식을 체화하는 활동, 즉 가치창출 활동을 하지 않고 정보와 쓰레기의 파이프라인 역할만 하게 될 우려가 있나.

또한 비공식 정보교류가 공식적인 커뮤니케이션에 앞서서 일어남으로써 오해를 일으키거나 혼선을 야기할 수 있다. 정보가 일부만 파상적으로 이동하고 확산될 수 있다. 정보가 시간 차이를 갖고 일부 부서에만 먼저 전달되어 오해를 야기할 수도 있다. 틀린 정보나 소문이 정보에 섞여 들어갈 수 있으며 구성원들 간에 경영 이외의 것을 화제로 삼는 커뮤니케이션이 늘어난다. 저작권을 침해하기 쉽고, 회사 구성원의 부주의로 회사가 저작권 침해의 당사자가 될 수 있다. 중요하거나 긴급한 메시지가 상대방에게 전달되었는지, 그리고 상대방이 이해했는지를 구분하여 확인하기 어렵다.

이렇게 인터넷과 모바일 서비스는 양면이 있다. 따라서 회사는 인터넷과 모바일 서비스의 장점들을 잘 활용하는 방법을 찾으면서 한편으로는 내재된 위험을 방지하는 방법을 찾아야 한다. 이메일, 영상 전화, 메시지, 그룹메시지, 노트북, 이동전화, 여타의 모바일기기, 인터넷 서비스 활용 등에 대한 가이드라인을 만들고 회사의 구성원들이 숙지하고 준수하도록 해야 한다. 미국에서 매우 높은 성과를 내는 회사의 62%가 회사 내에서 인트라넷과 인터넷 커뮤니케이션을 활용하는 방침을 문서화해서 적용하고 있다.[49]

커뮤니케이션에서 기록의 중요성

커뮤니케이션에서 빼놓을 수 없는 도구는 '기록하기'다. 나의 포지션을 이동시키거나 상대방의 포지션을 이동시킬 때 '기록하기'가 중요한 역할을 한다. 기록하기가 유용한 이유는 말과 글에는 여러 측면에서 차이가 있기 때문이다.

① 말을 글로 기록하는 과정에서 자신의 생각을 추리고, 다듬고, 정리하게 된다.
② 말을 나눈 후에 면담 내용을 기록하면 당사자 간에 그 내용을 명확하게 확인할 수 있다. 혹시 서로의 이해에 차이가 있는 경우 즉시 그것을 보정할 수 있다.
③ 말을 나눈 것을 기록하다 보면 말할 때 누락시켰던 것을 발견할 수 있으며, 유선이나 이메일 등으로 즉각 커뮤니케이션을 다시 하여 보완할 수 있다.
④ 기록한 것을 전달하면 읽는 사람이 충분히 생각하면서 읽을 수 있다.
⑤ 글은 시각적 효과가 있으므로 내용에 대한 이해도를 높인다. 전체를 눈으

로 훑어볼 수 있고, 앞뒤를 조명해볼 수 있으며 전후 맥락을 파악하기 쉽다.

⑥ 기록한 것은 명확하게 전달하고 공유할 수 있으며, 신속하게 확산시킬 수 있다. 그리고 여러 구성원들의 공동의 준거 기준 역할을 할 수 있다.

⑦ 기록한 것은 언제라도 다시 열람할 수 있다.

⑧ 글로 기록한 것은 수정, 첨가, 삭제, 결합 등을 쉽게 할 수 있으며, 버전 version 관리를 할 수 있다.

⑨ 글은 자료로서 가치가 있다.

토마스 에디슨은 200쪽에 달하는 노트 2,500권 이상을 기록했다고 하는데, 그의 연구소 연구원들은 연구 활동을 할 때 이 기록을 서로 공유하고 토론했을 것이다.

커뮤니케이션 채널을 선택할 때는 기록하기의 장점을 고려해야 한다. 예를 들어, 외부에서 입수한 정보를 회사 내의 여러 부서에 신속히 동시 다발적으로 전파할 경우에는 메모를 써서 돌리는 것이 가장 효과적이다. 부하에게 임무를 부여할 때도 글로 써주는 것이 효과적일 경우가 많이 있다. 상사가 원하는 결과물을 명확히 알려줄 수 있으며 그 일을 해야 하는 이유나 배경 또는 취지를 잘 알려줄 수 있다.

말하기, 듣기의 커뮤니케이션을 선택하더라도 기록을 활용한다. 커뮤니케이션을 수행하기 전에 내가 말할 것을 미리 기록해놓으면 효과적으로 말할 수 있고, 말을 한 것과 못한 것을 구분할 수 있다. 커뮤니케이션을 하는 중에 들은 것을 기록하면 기억이 더 확실해진다. 커뮤니케이션을 한 후에는 면담 내용을 기록하고 상대방과 확인한다. 특히 중요한 미팅을 한 후에는 바로 상대방에게 토의의 내용을 이메일로 보내고 이상 여부에 대한 회신을 받아놓는 것이 좋다. 만약 서로 달리 이해한 것이 있었다면 이 과정에서 정정할 수 있으며, 주고받은 이메일은 기록으로서 역할을 한다.

기록은 타이밍이 중요하다. 실시간으로 기록하는 것이 최선이며, 최소한 기억이 생생할 때 기록해놓아야 한다. 대부분의 사람들의 경우, 10분간 구두 설명을 듣고 난 후 그중에 이해하고 기억하는 것은 대략 50%에 불과하며, 48시간 후에는 25%로 떨어진다.[50]

회사에서는 기록이 생명이다. IT와 모바일 통신의 발달로 기록과 전달의 수단이 고도화되고 있어서, 기록하고 활용하는 수준에 따른 경쟁력 차이는 점점 심해질 것이다.

02

자신과의 커뮤니케이션

나는 내 생각을 모두 말하지는 않을 것이다. 그러나 내가 말할 때는 반드시 생각을 할 것이다.

– 가브리엘 가르시아 마르케스[51]

회사의 구성원들 중에는 말할 때 별다른 생각 없이 즉흥적으로 말하는 사람들이 있다. 그렇다 보면 두서없는 이야기가 되기 쉽고 전달력이 떨어진다. 핵심을 명확히 제시하지 못하고 장황하게 말하는 경우도 생긴다. 상대방이 예상과 다르게 반응하거나 갑자기 다른 이슈를 제기하면 당황하게 된다.

이러한 상황이 벌어진다고 커뮤니케이션을 되돌리고 다시 할 수는 없을 것이다. 상대방과 커뮤니케이션을 행하기에 앞서서 자신과 커뮤니케이션을 하는 것이 커뮤니케이션 전략의 올바른 수순이다.

자신과 커뮤니케이션을 할 때는 우선 다음과 같이 자신의 커뮤니케이션 전략에 대해서 자문자답을 해보자. '나의 커뮤니케이션 전략은 잘 수립되어 있는가?' '나는 이 전략에 어느 정도의 확신을 갖고 있는가?' '커뮤니케이션 과제는 명확한가?' '커뮤니케이션의 목적이 분명한가?' '나는 이 목적에 얼마나 열정을 갖고 있는가?' '포지션 파악은 어느 정도 되어 있는가?' '포지션 이동의 목표는 설정되어 있는가?' '커뮤니케이션 하고자 하는 메시지의 핵심은 무엇인가?' '핵심은 나의 머릿속에 얼마나 명료한가?' '커뮤니케이션의 방법과 도구는 잘 구성되었는가?'

그런 다음에, 커뮤니케이션이 전개되는 모습을 그려본다. '실제로 커뮤니케이션이 일어날 때 대화는 어떻게 전개될 것인가' '어떤 시나리오들이 있을 수 있는가' '나는 어떤 시나리오가 벌어져도 냉정하게 대처할 수 있는가' 등을 생각한다. 그리고 연습을 통해서 자신감을 갖는 것이다. 연습은 멋있는 말을 만들어내는 것이 아니다. 생각을 정리하고 각인시키는 것이다. 2,000년 전, 호레이스는 이렇게 적었다. "어떻게 말할까 궁리하지 말고 오직 사실과 생각을 추구하라. 말은 찾지 않아도 저절로 넘쳐날 것이다."[52]

자신과의 커뮤니케이션은 귀중한 자신의 시간을 투입해야 하는 활동이다. 그러나 그 효과는 투자한 것에 비해서 엄청나다. 미리 시간을 투입함으로써 커뮤니케이션의 효과는 현격히 증대된다. 그리고 나와 상대방의 시간을 절약하게 해준다. 커뮤니케이션에 필요한 시간을 줄여주고, 여러 번 할 것을 한 번에 마치게 해주기도 한다. 상대방에게도 만족스런 커뮤니케이션이 되며, 상대방의 인정과 신뢰를 받을 수 있다. 미리 투입된 시간 중에 낭비된 시간은 없다. 모두 자신의 지식 향상과 발전을 위한 인프라가 된다.

03

상대방의 마음속에
나를 올바르게 자리매김하기

상품을 팔기에 앞서서 나를 팔아라.

– 세일즈맨의 격언

이 말을 커뮤니케이션에 대입하면 커뮤니케이션 행위에 앞서서 상대방의 마음속에 먼저 나를 올바르게 포지셔닝하라는 말이다. 예를 들면, 내가 상대방을 설득하려고 하기 전에 먼저 그 사람의 신뢰를 얻으라는 것이고, 상대방으로부터 내가 필요한 정보나 지식을 얻으려고 하기 전에 먼저 그 사람의 호감을 얻으라는 것이다.

앞의 3장에서 상대방 마음속의 나의 포지션을 파악하는 것에 대해서 말한 바 있다. 이제 성공적인 커뮤니케이션을 위해서 상대방의 마음속에 나를 바람직한 모습으로 자리매김하는 것에 대해서 살펴보자. 커뮤니케이션을 잘하려면 상대방의 마음속에 이러한 모습으로 자리매김하고 있는 것이 바람직할 것이다.

첫째, 정직하고 성실하며 진중하고 신뢰할 수 있는 사람으로 자리매김한다. 상대방이 자신의 문제를 터놓고 이야기할 수 있는 사람, 자신을 존중하고 자신의 비밀을 지켜 주리라고 믿는 사람, 자신의 단점이나 문제점을 털어놓아도 자신에게 해가 되어 되돌아오지 않으리라고 믿을 수 있는 사람으로 자리매김하는 것이다.

브리검 영 대학의 커뮤니케이션 학과장 겸 교수인 브래드 로린스 박사가 그의 논문에서 말한 내용이 이를 잘 설명해준다. "어떤 사람을 신뢰한다는 것은 그 사람에게 자신이 취약점까지 기꺼이, 자신의 의지와 행동으로 내보이는 것이다. 그렇게 하는 것은 그 사람이 관대하고, 믿음직하고, 역량이 있고, 정직하며, 열린 마음을 갖고 있다는 것을 머리로 마음으로 확신하고 있기 때문이다.[53] 그리고 나를 신뢰한다는 것은 내가 하는 말을 신뢰한다는 것이다."

둘째, 긍정적이고 적극적인 사람으로 자리매김한다. 어떠한 문제라도 긍정적이고 적극적으로 임하여 해결 방안을 찾는 데 힘을 기울여줄 것으로 믿는 사람, 그래서 어려운 문제에 부닥치면 터놓고 의논하고 싶은 사람, 그리고 의논한 후에는 그렇게 한 것이 매우 가치 있고, 보람 있는 일이었다고 생각하게 되는 사람, 그러한 사람으로 자리매김하는 것이다.

셋째, 편안한 사람, 다가가기 쉬운 사람, 호감이 가는 사람으로 자리매김한다. 언제나 쉽게 말을 건넬 수 있는 사람, 무슨 이야기든지 편하게 들어주는 사람, 자신의 아이디어나 과제나 어려움에 늘 관심을 기울여주고 좋은 말을 해주는 사람, 설혹 실수를 하더라도 까칠하게 굴지 않고 관대하게 넘어가주는 사람으로 자리매김하는 것이다. 테레사 수녀는 "친절한 말은 아무리 짧더라도 그 울림이 끝이 없다"라고 말한 바 있다.[54]

상대방 머릿속에 이러한 모습으로 자리매김하려면 평소에 그런 모습을 상대방에게 직접, 또는 간접적으로 보여주어야 한다. 나는 과연 상대방에게 이제까지 어떤 모습을 보여줬으며 앞으로 어떤 모습을 보여줄 것인가? 자문자답을 통해서 생각해보자.

첫째, 상대방에게 나는 어떤 언어를 쓰고 있는가? 회사에서 내가 사용하는 언어는 어떤 것들인가? 긍정적인 언어와 부정적인 언어 중에 어느 것을 더 많이 사용하고 있는가? 칭찬하고 격려하는 언어와 비판하고 화내는 언어 중에 어느 것을 더 많이 사용하고 있는가? 부드러운 언어와 까칠한 언어들 중에 어느 것을 더 많이 사용하고 있는가?

랄프 왈도 에머슨은 "당신이 무슨 말을 하건 당신 자신이 아닌 말을 할 수는 없다"고 말한 바 있다.[55] 내가 쓰는 언어는 나를 나타내는 것 중에 하나다.

둘째, 내가 비언어 커뮤니케이션(외양, 몸짓, 표정 등)을 통해서 상대방에게 보여주고 있는 것은 무엇인가? 비언어(어투, 표정, 몸짓, 외양 등)는 언어와 함께 나를 나타낸다. 고마움, 즐거움, 미안함, 불쾌함, 무시, 냉소, 우려 등 나의 생각과 마음을 나타낸다. 상황에 따라서는 상대방이 나의 비언어 메시지를 나의 의도와 다르게 해석하는 경우도 생긴다.

예를 들면 나의 웃음을 상대방은 비웃음으로 해석하는 경우가 있다. 싫은 사람이 옆에 있을 때 무의식적으로 나타나는 얼굴 표정으로 나도 모르게 비언어 메시지를 보내는 경우도 있다. 조은시스템 그룹의 김승남 회장의 저서 『좋은 성공』에는 다음과 같은 구절이 나온다. "○○○ 사장은 밝은 분이다. 바라보기만 해도 기분이 좋다. 어린아이 같은 미소가 마음을 끈다."

천진스런 웃음으로 상대방의 마음을 끌 수 있다면 웃음을 띄지 않을 이유가 무엇이 있을까? 평소에 자신이 비언어를 통해서 무슨 메시지를 전하고 있는지 잘 모르겠다면 회사의 다른 사람들에게 물어보라. 나의 비언어에서 상대방이 무엇을 인지하고 느끼는지 알아야만 잘못된 것을 고치고 좋은 방향으로 비언어를 활용할 수 있다.

셋째, 상대방 앞에서 취하는 나의 자세나 태도도 상대방에게 보여주는 나의 모습이다. "태도는 곧 커뮤니케이션이다"라는 밀도 있다. 바림직한 태도는 신뢰와 호감을 주지만, 그렇지 않은 경우에는 상대방에게 나쁜 이미지를 준다. 상대방 앞에서 취하는 거만한 자세는 '당신은 나와 격이 안 맞는다. 나는 당신을 우습게 본다'라는 뜻과 같다. 회의에 늦는 것은 '내가 하는 일은 여기 있는 당신들이 하는 일보다 훨씬 중요하다' 또는 '나는 시간 개념이 없는 사회생활 부적격자이다'라는 메시지를 준다. 또한 설득력 없는 이유로 약속을 취소하는 것은 '나는 기회주의자이다' 또는 '당신은 나와 약속할 만한 상대가 아니다'라는 메시지를 준다.

외모가 단정치 못한 것은 '나는 다른 사람이 불쾌해도 신경 쓰지 않는다. 나는 당신을 무시한다'라거나 '내 실력은 나의 지저분한 외모를 뛰어넘는다'라는 메시지를 준다. 자신이 어떤 자세나 태도를 취하고 있는지 잘 깨닫지 못하는 경우가 많으므로 다른 사람의 피드백을 받는 것이 좋다.

나의 언어와 비언어, 자세와 태도는 나의 일부분이다. 자아의 표현이며 이미지의 표출이다. 나를 떠나서 존재하는 것이 아니다. 그러므로 상대방 마음속 나의 포지션을 신뢰할 수 있는 사람, 긍정적이고 적극적인 사람, 편안하고 다가가기 쉬운 사람으로 자리매김하려면 나의 언어, 비언어, 자세와 태도가 그러한 것을 일관되게 보여주어야 한다. 상대방에게 정직하고, 믿음을 주며, 비밀을 지켜주고, 어려움 속에 희망을 주고, 실수나 단점을 포용하는 언어, 비언어, 자세를 계속해서 반복적으로 보여줘야 한다. 기억 체계의 세 가지 요소는 인상, 반복, 결합이다. 상대방에게 깊고 생생한, 지워지지 않을 인상을 줘라.[56]

상대방에게 일관성을 갖고 반복적으로 보여주어라. 어느 상사가 "나도 알고 보면 우리 부서원들을 아끼는 사람이야!"라고 말한다면, 부서원들이 과연 믿을까? 만약 부서원들이 믿지 못한다면 그 상사가 평소에 그렇지 않게 보여졌다는 의미다. 무대의 연기가 아니라면 그 사람이 평소에 보여주는 것이 곧 그 사람의 실체가 된다. 따라서 평소에 자신의 좋은 모습을 잘 보여주는 것이 중요하다. '웃는 얼굴이 없는 사람은 가게를 열어서는 안 된다'라는 중국 속담도 있으니 말이다.

상대방 마음속 나의 포지션을 자신도 모르게 구렁텅이에 빠뜨리는 경우가 있다. 몇 가지만 예를 들어보자. 내가 상대방을 비난하면, 상대방은 자신을 방어하면서 언젠가 나를 공격해온다. 순식간에 나는 그 사람이 반드시 격멸해야 할 적군이 되는 것이다. 내가 상대방을 비판하면, 비판의 근거가 있건 없건, 상대방 머릿속에 비판 내용이 입력되는 것이 아니라 나의 건방진 이미지가 자리 잡는다. 상대방을 다른 사람과 비교하면, 상대방은 나를 오만하고 불쾌한 사람으로 인식하고 냉소적이 된다.

내가 불평을 일삼으면 상대방은 나를 자신의 요구를 정당하게 말하지 못하는 못난이, 겁쟁이, 또는 어린아이로 여기게 된다.

내가 상대방을 비하하거나 경멸하면, 또는 상대방을 속으로 경멸한다는 걸 간접적으로라도 알아채면 그는 나와 맞닥뜨리는 것을 원하지 않는다. 그리고 제3자에게 나에 대해서 험담하고, 나를 못된 사람으로 만들어서 자신을 정당화하고 복수하게 된다.

자신의 약점이나 실수를 감추는 것은 자신의 포지션을 좋게 하기보다는 오히려 나쁘게 만들 수도 있다. 왜 그럴까? 첫째, 자신의 약점이 노출된다고 해서 자신이 약해지지는 않는다. 약점이 드러나지 않게 함으로써, 또는 실수를 감춤으로써 존경을 받게 되지는 않는다. 관계 및 협력 분야의 전략컨설팅 전문기 케이스 페리찌는 "자신의 취약한 부분을 다른 사람들과 나누는 것을 두려워하지 말라. 취약한 부분은 당신을 약하게 만드는 것이 아니라 다가가기 쉽게 만든다. 취약한 부분이 오히려 강점이 될 수 있다."라고 말한다.[57]

자신에게 취약점이 있다면 그것을 남들에게 감추려 하다가 당황스러운 상황을 만들지 말고 미리 알려주어라. 예를 들어, 특정 분야에 지식이 모자란다든지, 신체상에 남모르는 장애가 있다든지, 그 시점에 개인적인 어려움에 처해 있다면 상대방에게 미리 알려주는 것이 커뮤니케이션에 도움이 된다. 감춰서 얻는 득이 있다면 그것은 일시적일 뿐이다. 그러나 자신의 취약점을 미리 알려주면 동료의식도 생기고 도움도 얻을 수 있다.

둘째, 실수를 감추는 것은 백해무익이다. 회사에서 실수라는 것은 드러날 것인가, 감추어질 것인가를 생각할 대상이 아니다. 어떻게 신속히 대처하고, 어떻게 피해를 최소화하고, 어떻게 개선 방안을 찾을 것인가를 생각하고 토의해야 한다. 실수에 대해서 솔직하면 앞으로 개선하고자 하는 의지가 있는 것으로 받아들여지며, 용서를 받는 것은 물론 도움을 받기까지 한다. 약점이든 실수든 내가 무언가를 감추려고 하는 인상을 주면 상대방은 나를 의혹의 눈으로 보게 되고 나를 신뢰하지 않게 된다. 로마의 황제이자 시인이며 명상록의 저자인 마르쿠스 아우렐리우스는 말한다. "무언가를 감추면 세상은 최악의 것을 머리에 그린다."

사회적 인정의 법칙에 따르면, 집단 내에 많은 사람으로부터 인정을 받으면 여타의 사람으로부터도 인정을 받기 쉽다. 다른 사람들이 인정하는 사람을 부정하기 어렵기 때문이다. 그리고 상대방으로부터 인정을 받기 시작하면 점점 더 잘하게 되고 좋은 평판도 얻게 되어 상승작용이 일어난다. 이때는 다소 실수가 있더라도 관용이 베풀어지며 좋은 쪽으로 해석이 되고 만회할 기회가 주어진다.

그러나 상대방의 신뢰를 잃으면 그 사람을 잃게 되고 다른 기회도 상실하게 되며 나쁜 평판이 주변에 퍼지게 된다. 이렇게 되면 좋은 뜻으로 한 말이나 행동도 오해를 받는 경우가 생기고 다시 시도할 기회가 주어지지 않는다. 자신의 이미지가 선순환과 악순환 중에 어느 쪽을 타게 될 것인가? 그것은 자신에게 달려 있다.

04

나의 포지션을 이동시키기 위한 커뮤니케이션

우리가 삶 속에서 추구해야 할 것은 남들보다 앞서는 것이 아니라 자기 자신보다 앞서는 것이다.

— 조셉 크로스맨

커뮤니케이션 활동을 통해서 나의 포지션을 이동시킨다는 것은, 그 커뮤니케이션 과제에 대해서 나의 포지션을 가치창출 4단계상에서 목표 방향으로 이동시키는 것을 말한다. 그리고 장기적으로는 커뮤니케이션을 통해서 나의 발전을 도모하는 것이다. 커뮤니케이션을 잘한다는 것의 세 번째 항목인 '나의 발전에 기여해야 한다'는 것을 잊지 말자. 이러한 커뮤니케이션의 목적과 그 목적을 달성하는 데 필요한 커뮤니케이션의 방법과 핵심 요소를 다음의 표로 정리해보았다.

아래의 표에 번호로 표시한 방법, 핵심 요소들을 하나씩 살펴보자.

〈커뮤니케이션의 목적과 방법〉

커뮤니케이션의 목적	방법, 핵심 요소
가치창출 4단계 1. 정보 확보, 확충(①, ②, ③, ④) 2. 지식의 체득(①, ②, ③, ④, ⑤) 3. 사고의 범위 확대, 마인드 고취(④, ⑤, ⑥, ⑦) 4. 의사결정(⑥, ⑦) 5. 나의 발전, 역량 신장(① ～ ⑨)	① 자료, 문건, 도서 읽기 ② 질문, 요청 ③ 참여, 경청 ④ 좋은 대화 ⑤ 학습/토론/ 실천 ⑥ 다양한 관점에서 보기 ⑦ 조언, 비판의 적극적 수용 ⑧ 나누어주기, 베풀기 ⑨ 변화 추구

자료, 문건, 도서 읽기

다른 사람에게 질문을 하거나 자료를 요청하기 전에 내가 읽을 수 있는 자료, 문건 등을 철저히 읽고, 필요한 것을 메모하고 숙지한다. 조사분석 자료, 정기보고서(일일, 주간, 월간 등), 회의록, 출장보고서, 고객상담보고서, 품의서, 특정 사안에 대한 보고서, 공람문서, 전자게시판 등을 빠짐없이 읽는다. 이것은 문건을 작성한 사람과 문서를 통하여 커뮤니케이션하는 것이다.

문건을 작성한 사람에게 가능하면 잘 읽었다는 피드백을 하고, 만약 문건의 내용 중 불확실한 부분이 있으면 문서 작성자에게 질문하고, 추가적인 정보가 필요한 경우에는 그 사람에게 요청한다. 문건의 주제나 내용에 대해서 내가 기여할 것이 있다면 그 문건의 작성자에게 제공한다. 필요할 경우 문건 작성자와 서면 또는 구두로 직접 커뮤니케이션을 하는 것이다. 그리고 읽은 것 중에서 중요한 것은 반드시 메모하고 숙지하는 습관을 갖는다.

평소에 자주, 중요하게 쓰는 데이터, 정보, 자료, 문헌 등이 종류별로 회사 내에 어디에 존재하고, 누가 작성하고, 누구에게 전달되고, 언제 수정, 보완되는지 파악한다. 다른 부서로 이동하거나 새로운 분야의 일을 맡게 되면, 그 분야에 관한 전문서적을 최소한 3권 정도 읽는다. 그러면 그중에 적어도 한 권은 매우 유용한 책이 될 것이다.

이러한 읽기와 숙지하기를 하는 데는 많은 시간이 투입될 것이다. 그러나 이렇게 함으로써 상대방과 직접 커뮤니케이션하는 데 소요되는 시간이 절약되고 정확한 커뮤니케이션을 할 수 있게 해주며, 업무를 추진할 때 시행착오를 줄이고 효율을 올려준다. 따라서 선先투자된 시간은 몇 배로 충분히 보상받을 것이다. 그리고 읽기와 숙지하기를 지속하면 읽기의 능률이 향상되고 단위당 투입 시간이 줄어든다.

질문, 요청

내가 전달받아야 할 정보나 지식에 대해서, 그리고 내가 알아야 할 관련 업무의 진행 상황에 대해서 담당 구성원에게 평소에 자주, 상세히 요청해놓는다. 질문하거나 요청할 때는 진지함, 끈기, 열정이 나의 내면으로부터 우러나서 상대방이 느낄 수 있어야 한다. 답변해준 것, 제공해준

것에 대해서 진정으로 감사하는 표시를 해야 한다.

모르는 것에 대해서는 적극적으로 질문해야 한다. 나는 알 권리가 있다. 강연회나 세미나 등에 가 보면 사람들은 의외로 질문을 하지 않는다. 회사 내의 회의에서도 비슷한 현상이 있다. 이렇게 되는 이유는 흔히 말하듯이, 가만히 있으면 중간은 가는데 유치한 질문을 했다가는 망신당할 것을 우려하기 때문이다. 그러나 실제로 사람들은 누가 초보적인 질문을 하거나 동떨어진 질문을 하더라도 그것에 대해서 별로 이상하게 생각하지 않으며 특별히 기억에 남겨두지도 않는다. 이것을 다음의 명예곡선으로 설명해보겠다.

명예가 올라가는 영역은 1/4 분면으로서, 사람들의 명예는 처음에는

〈 명예곡선 〉

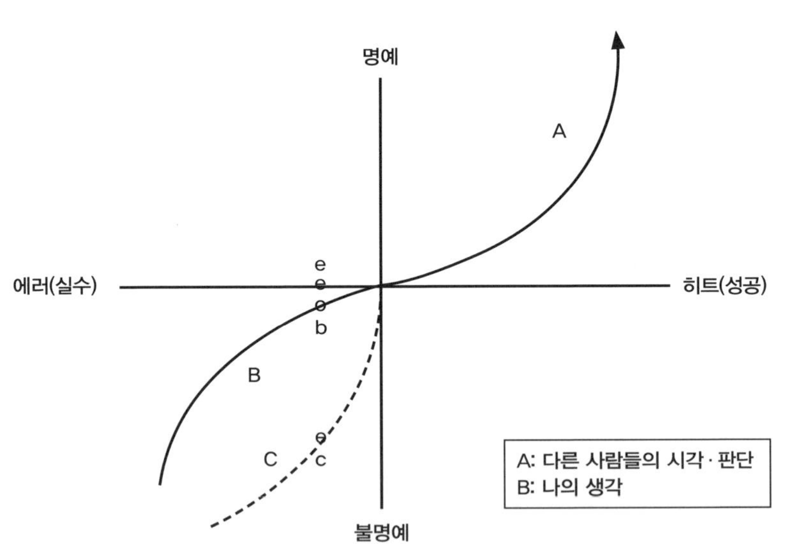

좀처럼 올라가지 않는다. 그러나 어느 시점을 넘어서면 곡선 A의 모양으로 급격히 올라간다. 예를 들어 야구의 2할 9푼 타율과 3할 2푼의 타율 차이는 10%에 불과하나 연봉의 차이는 10배가 될 수도 있다.

명예가 실추되는 영역은 4/4 분면이다. 사람들은 조그만 실수가 있어도 금세 주눅이 들고 창피를 당한다고 생각한다. 불명예라고 생각하는 것이다(곡선 C). 그러나 실제로는 어떤 사람이 실수나 잘못을 반복해서 여러 번 저질렀을 때 비로소 그 사람을 다시 보게 된다(곡선 B).

따라서 다른 사람들의 시각으로 볼 때 명예곡선의 4/4 분면은 C라기보다는 B쪽이다. 한두 번의 실수인 'e'로 인하여 명예가 떨어지는 점은 'c'가 아니라 'b'인 것이다. 그러므로 존재하지도 않는 것을 두려워해서 1/4 분면의 성공으로 진행하는 것을 꺼리고 중간 수준에 만족하는 것은 바람직하지 않다.

특히 회사 내의 설명회의나 토의를 위한 회의에서는 잘 이해가 되지 않는 부분은 반드시 질문해야 한다. 모르고 넘어갔다가는 후에 회사 일에 큰 차질을 빚을 염려가 있고 자신에게도 결코 도움이 되지 않는다. 질문은 커뮤니케이션의 중요한 도구다. 익숙하지 않더라도 필요할 때마다 질문을 놓치지 않고 함으로써 질문의 타이밍과 범위, 깊이 등을 판단하는 능력이 몸에 배게 된다.

커뮤니케이션 기회에 적극적으로 참여하고 경청하는 것

내가 참석할 수 있도록 허용된 모든 회의, 프레젠테이션, 워크숍 등에 참석해서 다른 구성원들의 발언을 경청한다. 다른 사람들의 발언이나 질의응답이 있을 때 나의 업무와 직접 관계가 없더라도 세심히 듣는다. 들을 수 있는 기회를 놓치지 않도록 한다. 이렇게 함으로써 나의 정보와 지식의 저변이 넓어지고, 그 사람들을 더 잘 이해할 수 있게 된다.

이러한 것들이 나의 미래의 발전에 밑거름이 되고, 높은 직위에 올라 갔을 때 크게 도움이 된다. 이렇게 지식을 쌓는 습관이 여러 해 누적되면 다른 사람들이 따라오기 힘든 커다란 차이를 만든다.

좋은 대화

대화는 많은 정보와 지식을 얻는 창구다. 나를 도와주고 나에게 가르침을 줄 수 있는 사람들과 가능한 한 자주 대화를 갖는 기회를 만든다. 대화를 하는 것과 논의 또는 토론을 하는 것은 다른 의미다. 그리스어로 대화dialogue는 '서로 충분히 말하기talking through'를 의미한다. 그리스인들은 대화를 잘하는 열쇠가 '상대방의 마음을 변화시키려는 노력을 하지 않으면서 아이디어를 교환하는 것'이라고 믿었다.

이러한 정신에 의거하여 그리스인들의 대화의 기본 룰은 첫째, 논쟁하지 말 것, 둘째, 말을 가로채지 말 것, 셋째, 주의 깊게 들을 것의 세 가지였다. 따라서 토론이 아닌 대화의 목적으로 이야기를 나눌 때 상대방의 마음을 불편하게 하거나, 옳고 그름을 논하거나, 논쟁을 벌이거나, 반대 의사를 표시한다면 대화의 의미를 상실하게 된다. 상대방의 지식, 견해, 아이디어를 접하고 배우는 기회를 버리는 것은 물론 나의 이미지를 나쁘게 만드는 어리석은 짓인 것이다.

소크라테스는 "무지에서 벗어나는 길은 좋은 대화에서 시작되며 지식과 지혜를 원하는 사람은 끊임없이 더 나은 대화법을 추구한다"고 말했다.[58]

학습, 토론, 실천

지식은 나의 외부에 있는 한 내 것이라고 볼 수 없다. 체화시켜야 비로소 자신의 것이 된다. 최소한 한 번은 체화시켜야 언제라도 머릿속에서 그 단초가 튀어나온다. 그래야만 필요할 때 상세한 내용을 되찾아볼 수 있고, 다른 새로운 것들과 결합시켜 볼 수 있다. 그리고 동료들과 토론하고 공유할 수 있다.

『논어』「학이편學而編」 1장에서, 공자는 이렇게 말했다. "학이시습지부역열호學而時習之不亦說乎, 배우고 제때 그것을 익히니 또한 기쁘지 아니한가!" 이 말은 배운 것을 익혀야, 즉 배운 다음에는 반드시 토론하고 실천해야, 진정으로 내 것이 된다는 뜻이다.

"유붕자원방래부역악호有朋自遠方來不亦樂乎, 벗이 먼 지방에서도 오니 또한 즐겁지 아니한가!" 이 말은, 뜻과 이상을 같이 하는 친구가 함께 공부하고 함께 토론하기 위해서 먼 길을 마다 않고 찾아오는 것이 기쁘다는 뜻이다. 「학이편學而編」은 공부하고 익히는 것에 관한 것이니 멀리 있는 벗이 놀러 온 것으로 착각하지 말자. 동료 없이 혼자 노력하는 것은 발전에 한계가 있다는 의미다.

"인부지이부온부역군자호人不知而不慍不亦君子乎, 남이 알아주지 않아도 화내지 않으니 또한 군자답지 아니한가!" 남이 알아주는 것을 목적으로 하는 것은 남과 비교하여 자존심을 만족시키려는 것이며 군자의 학문의 목적인 자기완성의 추구에서 벗어난다. 자존심이 아니라 자아를 실현하는 것을 목적으로 하면 동료들과 지식을 공유하고 토론하는 것이 지극히 당연한 것이 되며, 자기계발이 촉진된다.

이와 같이 성인의 효과적인 학습 방법은 학습, 토론, 실천의 3가지를 병행하는 것이다. 교육학자인 테드 워드 박사는 성인교육의 특성을 고려하여 '울타리fence 모델'을 개발했다.

끊임없이 학습하며(도서, 문헌, 자료 읽기), 학습한 것을 실천하며(회사 업무에 적용), 적절한 시간 간격으로 토론한다(다른 구성원들과 공유하고 토론). 회사 내에서 행하는 공식 토의(업무 회의, 워크숍 등), 비공식 토의(회식, 커피 브레이크 등), COP 활동 등은 모두 공유와 토론의 방법들이다.

〈울타리 모델〉

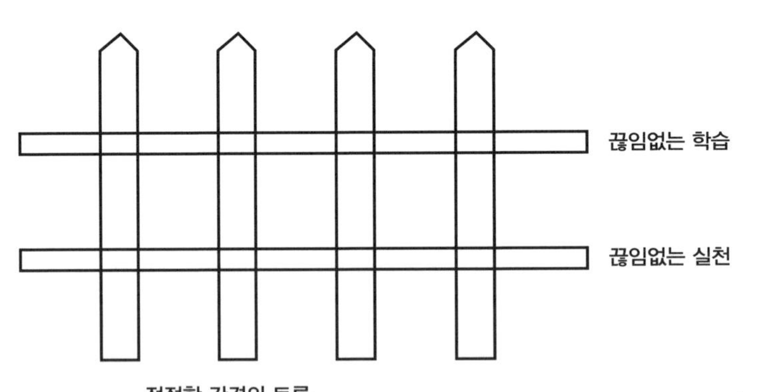

사안을 다양한 관점에서 보기

새로이 접한 정보의 해석은 그 사람이 그때까지 경험한 것에 의존한다. 사안을 보는 관점도 마찬가지다. 그러므로, 새로운 정보와 새로운 지식과 새로운 사고방식을 접했을 때, 그것을 내 것으로 만들려면 정보나 사안을 새로운 관점에서 볼 줄 알아야 한다. 데일 카네기는 "자신에게서 타인을 향해 시선을 돌리는 것만으로도 새로운 세상이 펼쳐질 수 있다"고 말한다.

동일한 사안을 보더라도 기존의 관점에서만 볼 것이 아니라, 커뮤니케이션 상대방의 관점, 제3자의 관점, 새로운 관점에서 보면 새로운 아이디어나 직관이 나올 수 있다. 이렇게 하려면 상대방이 어떤 관점을 취하든 거부 반응을 보이지 않고, 잘 들어보고 질문하는 '개방적 커뮤니케이션'을 해야 한다. 그래야 포용력이 커진다.

하지만 다른 사람의 관점에서 사안을 본다는 것은 누구에게나 매우 어려운 일이다. 사람들은 각자 오랜 시간에 걸쳐 자신의 고유한 '인식의 패턴'과 '사고의 패턴'의 목록을 머릿속에 형성한다.[59] 비가 오고 빗물이 계속 흐르면 여기 저기 골이 파이고 그 다음에는 각각의 골에 주변의 빗물이 따라 모이고, 그 골들이 합쳐지면 냇물이 되고 강이 된다. 이 과정이 오랫동안 반복되면서 물줄기의 패턴들은 고착화된다.

성인成人의 인식과 사고는 자신이 오랫동안 형성해놓은 패턴 중에서 하나를 골라 물 흐르듯이 따라가는 것이다. 이러한 패턴 선택 메커니즘으로 인해서 새로운 패턴을 구성하거나 기존 패턴을 변경하는 것이 매우 어렵다.

대홍수가 오기 전에는 계곡과 강의 모습이 거의 변하지 않는 것처럼 말이다. 더욱이 대부분의 회사 구성원들은 시간적으로 쫓기며 산다. 새로운 관점이나 새로운 사고보다는 기존의 것을 활용하는 것이 신속한 방법이 된다.

이렇게 기존 패턴에 매달리는 것은 생존 원리에 의해서 자신도 모르게 택하게 되는 방법이다. 타인의 관점을 식별한 경우에도 그것을 무시하거나 깊은 생각 없이 자신의 관점으로 되돌아간다. 때로 주관적 편견이 작용하기도 한다. 따라서 다른 사람의 관점이나 새로운 관점을 받아들이려면 기존의 관점이나 기존의 패턴을 잠시 놓아주어야 한다. 다른 말로 하자면, 기존의 나에게서 잠시 벗어나야 하는 것이다.

다른 사람의 관점에서 볼 수 있게 되면 많은 이득이 있다. 여러 관점을 접하는 것은 다채로운 세계를 간접적으로 경험하는 것과 같다. 그리고 새로운 마인드를 형성하는 기회가 된다.

다양한 관점, 사고방식, 세계관 등을 접함으로써 통찰력이 높아진다. 상대방의 관점을 내가 이해하고 인정하면 그 사람은 계속 즐거운 마음으로 나에게 정보와 아이디어를 준다. 그 사람과 정서적으로 연결되고, 심리적 갈등이 미연에 방지되거나 해소된다. 이미 형성된 패턴을 활용하는 것은 생존 전략이고, 새로운 패턴을 형성하려고 노력하는 것은 발전 전략이다.

생존 전략은 동물적인 것이며, 변화하는 사회에서는 오히려 매우 위험한 전략이다. 생존 전략을 버리고 발전 전략을 취하자.

조언, 비판의 적극적 수용

나의 단위업무에 대해서 주위로부터 조언이나 비판이 있는 경우, 원하는 것이 아니어도, 혹여 그의 말이 틀리더라도 잘 들어야 한다. 내가 하는 일이 중요할수록, 그리고 관심을 갖는 사람이 많을수록 그 일에 대한 조언이나 비판이 많이 들어온다.

상대방의 비판을 기분 나쁘게 생각하지 말라. 조언은 고칠 점과 고치는 방안을 함께 말해주는 것이고 비판은 고칠 점만 말해준다는 차이뿐이다. 기대하지 않았던 조언이나 비판을 들으면 생각지 않았던 돈이 생긴 것으로 생각하고 좋아하라. 그리고 감사하라. 그 조언이나 비판이 나의 생각과 다르다고 해서, 또는 현실적으로 채택할 수 없다고 해서 아무 득이 없는 것은 아니다. 그 사안에 대해서 색다른 시각, 또 다른 관점이 있다는 것을 알게 된 것이다. 그리고 그 말을 해준 상대방을 더 잘 이해하게 된 것이다.

틀린 말이라도 일단은 잘 들어라. 그리고 왜 그런 생각을 했는지 질문하고 경청하라. 대부분 다음의 세 가지 중에 하나의 결과가 될 것이다. "가정假定한 것이나 전제한 것이 서로 다르다. 그래서 가정과 전제를 재검토할 기회가 되었고 몇 가지 시나리오를 생각하는 계기가 되었다" "내가 잘못 알고 있는 것이 발견되었다. 그래서 나에게 큰 도움이 되었다" "나의 질문을 통해서 상대방 자신이 잘못 알고 있는 것을 자각하게 되었다. 그리고 나는 사람들이 그렇게 잘못 생각할 수도 있다는 것을 알게 되었다" 만약 상대방의 틀린 말을 바로 반박하면 이러한 득을 얻어내지 못한다.

개인적인 단점이나 과실_{過失}에 대해서 주위사람들의 비판이나 조언이 있는 경우, 경청하고 감사하기보다는 그렇게 할 수밖에 없었던 이유를 계속 설명하거나 변명하는 경우가 종종 있다. 상대방이 설명을 요청했는가? 대부분의 경우 그렇지 않다. 상대방은 그러한 설명에 오해가 풀렸을까? 대부분은 아닐 것이다. 그럼에도 불구하고 내가 설명을 하고 싶어 하는 이유는 무엇일까?

상대방이 나를 공격하고 있으므로 당연히 방어를 해야 한다고 생각하거나, 또는 내가 적절히 설명하지 않으면 상대방의 이해가 부족하여 피해를 보게 된다고 생각하거나, 또는 내가 실수를 인정하면 나의 단점이 확인되고 불이익을 받는다고 생각하는 것이다. 이러한 생각들은 과연 올바른 판단일까? 대부분의 경우 그렇지 않다.

첫째, 상대방은 나를 공격하고 있지 않다. 여러 사람이 모여 있는 회의석상에서 자신이 돋보이기 위해서 다른 사람들을 공격하는 사람이 간혹 있다. 그러나 단둘이 있는 경우나 비공식적인 자리에서는 그렇지 않을 것이다. 왜냐하면 상대방이 나를 공격해서 얻는 득이 일반적으로 없기 때문이다. 둘째, 내가 계속 상황 설명이나 변명을 하고 있으면 상대방은 내게 개선의 의지가 없다고 해석한다. 내가 마치 "나는 잘못한 것이 없다. 나는 개선할 것이 없다. 나는 다음에도 똑같이 할 것이다"라고 말하는 것으로 이해한다. 그렇게 되면 나는 소위 말이 안 통하는 사람 또는 발전 가능성이 없는 사람으로 인식되어 그야말로 큰 피해를 보게 된다.

셋째, 실수를 인정하는 것은 단점이 아니다. 다른 사람의 조언에 귀를 기울이지 않는 것이 단점이다. 그리고 개선과 발전의 의지가 없는 것이 더 큰 단점이며, 실수를 부인한다면 그것은 더욱 더 큰 단점이다.

비판이나 비난이 부하로부터 나온 것이라도 불쾌하게 생각하거나 등한시여기지 마라. 화를 내거나 보복하지도 마라. 나를 가장 가까이에서 지켜보고, 내가 평소에 저지르는 실수를 본 사람들이 부하들이다. 혹시 성과가 좋지 않은 부하가 나를 비판하더라도 그의 말을 곡해하거나 그를 미워하지 마라. 그가 나를 가장 강한 비판의 시각으로 보았다면 나는 그러한 비판이 필요한 것이다.

누가 나의 개인적인 실수나 단점을 지적해준다면 우선 상대방이 나에게 관심과 애정을 갖고 있는 것에 대해서 감사하라. 나의 단점을 지적해준 사람이 최근에 누가 있었는지 기억해보라. 이런 기회는 흔치 않다. 기회를 지버리지 마라. 벌어진 사실에 동의하고, 상대방의 인식에 공감하고, 비판을 수용하라. 나의 과실로 인해서 발생한 피해나 그 영향에 대해서 더 자세한 정보를 요청하라.

과실로 인한 영향의 구체적인 내용, 나의 행동이 초래한 결과, 회복을 위해서 무엇을 해야 하는지, 관련된 사람들이 원하는 것이 무엇인지, 내가 또 고쳐야 할 것들이 무엇인지를 문의하라. 상대방의 조언이나 의견을 구하라. 무엇을 어떻게 고치면 좋을지, 고치는 좋은 방법이 있는지 질문하라. 혹시 나의 실수가 아니라 불가피한 상황에서 '최선의 선택'이었다면, 당시의 상황을 놓고 상대방에게 질문하고 개선 방안을 의논하는 가운데서 상대방에게 진실이 자연스럽게 전해질 것이다.

다른 사람들의 칭찬 혹은 조언이나 비판에 대해서 냉정하게 생각해보자. 다른 사람의 칭찬을 좋아하는 것은 자신의 위치에 안심하는 것이며 생존의 차원이고, 현재 위주의 사고라고 볼 수 있다. 다른 사람의 피드백을 반기는 것은 미래 지향적이고 발전의 차원이 될 수 있다. 나를 칭찬하고 듣기 좋은 말만 해주는 사람에게는 배울 것이 없다. 오히려 나를 비판하고, 나와 논쟁을 벌이는 사람에게 배울 점이 더 많다. 마이크로소프트의 빌 게이츠는 "가장 불만이 높은 고객으로부터 가장 큰 것을 배울 수 있다"고 말했다.

정보와 지식을 나눠주기, 베풀기

정보와 지식은 주위에 많이 베풀어야 한다. 정보와 지식에 대해서 '주고받기give and take'의 경제성과 '주고 또 주기'의 경제성을 비교해보자. 한 번 주고 한 번 받는, 또는 주고받는 것의 양이나 무게를 비교하는 '주고받기give and take'의 방식을 택하면 서로 돕는 파트너의 수가 제한된다. 받은 즉시 바로 보답하거나, 준 것에 버금가는 것을 보답하는 일부의 사람들과는 파트너십이 생길지 모르나 그렇지 않은 사람과는 거리가 생긴다.

만약 보답을 못 받아도 계속 여러 사람에게 나누어준다면, 즉 '주고 또 주기'의 방식을 택하면 머지않아 훨씬 더 많은 사람과 협력관계가 생긴다. 결과적으로 내가 하나를 나누어주는 사이에 나는 여러 사람으로부터 여러 개를 받게 되는 것이다. 정보나 지식은 다른 구성원들에게 준다고 해서 줄어드는 것이 아니다. 다른 사람에게 전달하고 공유할 것이라고 생각하면 오히려 내용이 더욱 충실해지는 득이 있다. 정리가 더 잘되고 나에게 체화되기 쉽다.

이제는 '공부해서 남 주나!'에서 '남 주려고 공부한다'로 나아가야 한다. 공부해서 20명에게 나누어주면 최소 서너 명으로부터 유익한 정보와 지식이 나에게 온다. 내 지식이 서너 배로 증가되는 것이다. '아는 것이 힘이다'에서 머무르지 말고 '아는 것을 모아야 큰 힘이 된다'로 나아가야 한다. 아는 것을 서로 모으고 공유하면 조직과 구성원들에게 큰 힘이 되고 남들이 쫓아오기 힘든 위치가 된다. 이렇게 계속 하다 보면 많은 사람들로부터 귀중한 정보와 지식을 얻게 된다. 정보와 지식, 아이디어 등에 관해서는 '주고 또 주기'를 함으로써 가능한 한 많은 사람들과 파트너십을 형성하라.

변화 추구

『일 잘하는 당신이 성공을 못하는 20가지 비밀What Got You Here, Won't Get You There』이라는 책이 있다. 제목을 다시 번역하자면 '여기까지 올라온 방법으로는 저 높은 곳으로 갈 수 없다'는 의미다. 즉, 변곡점이 있어야 훨씬 더 빠르게 상승할 수 있다는 것이다. 나를 발전시키려면 나를 변화시켜야 하고, 나를 변화시키려면 커뮤니케이션을 잘 활용해서 새로운 것을 접해야 한다. 새로운 정보, 관점, 사고를 수시로 접하고, 적용해 보고, 그것이 유용하다면 기존의 것을 과감히 바꿔야 한다.

고집이나 집착이라는 말도 있고, 근성이나 집념이라는 말도 있다. 이 두 부류의 말에는 어떤 차이가 있는 것인가? '열 번 찍어 안 넘어가는 나무 없다'고 해서 도끼의 사용을 계속 고집한다면, 그것은 수단에 집착하여 목적 달성의 시기를 놓치거나 실패하는 것이 된다. 이것을 우리는 고

집이나 집착이라고 부른다. 자신의 '논리레벨' 중에서 하위 부분에 매달리는 것이다.

초등학교도 못 나오고 15세에 소년 가장이 된 김규환 씨는 대우중공업의 사환으로 입사해서 당대의 최고의 기술자('자아')가 된다는 일념 하에 다른 모든 것을 희생하고 불철주야 노력했다. 그는 강한 집념을 이뤄내 초정밀 가공분야의 명장으로 추대되며 훈장 2개와 5번의 장영실상을 수상했다. 이것을 우리는 집념, 근성이라고 부른다. 이는 자신의 '논리레벨'의 상위 부분 즉, 자아나 가치관을 지키는 것을 의미한다(3장에서 설명한 논리레벨 참조). 그렇지만 김규환 씨도 환경 변화와 기술 발전에 발맞춰 새로운 것을 배우고 익혀가며 명장이 되기 위한 방법과 수단은 계속 바꿔나갔다.

이렇듯 기존의 역량이나 기술, 도구에 매달리는 것은 생존 전략이고 변화를 추구하는 것은 발전 전략이다. 외국의 문물을 접하려면 외국으로 직접 가야 하는 것처럼 변화를 위해서는 사고, 행동, 시간, 노력을 투입해야 한다.

워싱턴포스트지의 캐서린 그레이엄은 성공적인 커뮤니케이션을 통해서 자신을 평범한 주부에서 세계적인 언론인 겸 기업가로 변화시킨 성공적인 사례로 꼽힌다. 캐서린 그레이엄은 갑작스런 남편의 자살로 1963년, 사실상 워싱턴포스트지 새 편집인이 되었다. 공식적으로는 1969년 편집인, 1973년부터는 편집인 겸 회장이다. 그녀는 경영 상태가 별로 좋지 않은 언론사를 갑자기 맡았지만, 가장 존경 받는 언론사로 만들어놓았으며 성공적인 미디어 왕국을 건설했다.

그녀가 처음 출판사 일을 시작할 당시에 사회에는 여성으로서 그러한 높은 지위에 있는 사람이 없었으며, 회사 내에 여성 간부가 전혀 없었고 여성 직원도 거의 없다시피 한 상황이었다. 당시에 여자들은 남자들의 편견에 의해 사회활동에 많은 어려움을 받았으며 캐서린도 예외가 아니었다. 그럼에도 불구하고 그녀는 훌륭한 커뮤니케이션을 통해서 자신의 포지션을 '경영 역량과 리더십을 갖춘 존경 받는 최고경영자'로 바꾸었다.

케서린은 처음 일을 맡은 시점부터 은퇴할 때까지 늘 다른 사람들에게 묻고, 경청하고, 배우면서 자신을 변화시켰다. 캐서린은 항상 정직한 커뮤니케이션을 했으며, 현안 이슈에 대해 자신이 어떻게 생각하고 어떻게 느끼는지 다른 사람들이 그대로 알게 했다. 그녀의 동료들은 아마도 그녀가 변화하고 성장하는 과정을 두멍하게 시켜보았을 것이다. 워싱턴포스트지는 1972년 닉슨 대통령의 워터게이트 사건을 파헤쳤고, 캐서린 그레이엄은 자신의 회고록으로 1998년 퓰리처상을 받았다.[60]

05

상대방의 포지션을 이동시키기 위한 커뮤니케이션

바보는 자신의 이유를 들어서 상대방을 설득하려 하고, 현명한 사람은 상대방의 이유를 들어서 상대방을 설득하려 한다.

– 아리스토텔레스[61]

커뮤니케이션 활동을 통해서 상대방의 포지션을 이동시킨다는 것은, 그 커뮤니케이션 과제에 대해서 상대방의 포지션을 가치창출의 4단계상에서 목표 방향으로 이동시키는 것이다. 이를 구체적으로 살펴보면 이러한 것들이다.

첫째, 상대방이 나에게서 데이터, 정보, 인텔리전스 등을 받고 그것을 이해하는 것이다. 상대방이 이해하지 않으면 상대방의 포지션이 이동되었다고 볼 수 없다. 둘째, 상대방의 지식이 느는 것이다. 상대방이 전문지식, 경영지식, 관련 분야 지식을 잘 알게 하고 체득하게 한다. 특히 나의 부하직원의 지식을 함양시키는 것이 중요하다. 셋째, 상대방의 마음이 변화되는 것이다. 상대방에게 다양한 관점을 제공하여 검토의 폭과 선택의 범위를 넓혀준다. 때로는 상대방의 사고방식이나 의사결정 기준을 변화시킨다. 상대방의 목적을 변화시켜야 하는 경우도 있다.

넷째는, 상대방(상사나 동료)이 의사결정을 하도록 만드는 것이다. 상대방이 내가 원하는 의사결정을 하도록 설득하거나 납득시킨다. 상대방으로 하여금 타이밍에 맞게 결정하도록 한다. 다섯째, 상대방(부하, 때로는 동료)이 나의 지시나 방침을 받아서 그것을 이해하고 실행에 옮기는 것이다. 의사결정을 한 것을 상대방에게 전하어 이해하도록 하고 실행하게 한다.

상대방의 포지션을 이동시키기 위해 행하는 여러 가지의 커뮤니케이션 중에서 다음의 여섯 가지 경우에 대해서 효과적인 방법과 유의할 사항들을 생각해보자.

하향식top-down으로 여러 사람에게 중요한 메시지를 전하는 경우

"팀원들이 내 말을 잘 알아들었겠지!" 대부분의 팀장들이 이렇게 생각하나, 실제로 그렇지 않은 경우가 많다. 우리는 대부분 내가 잘 아는 내용일수록 상대방도 당연히 잘 이해하리라고 착각하기 쉽다. 또한 내가 중요하다고 생각하는 메시지를 상대방도 중요하게 생각할 것으로 착각하기 쉽다.

미국의 회사들을 대상으로 조사한 바에 의하면 회사원들 중에 무려 52%가 자신이 속한 조직의 전략과 목표를 이해하지 못하고 있다고 대답했다. 경영진들 중에 회사의 전략이 구성원들에게 잘 전달되고 이해되었다고 믿는 사람도 26%에 불과했다.[62] 중요한 메시지를 많은 구성원들에게 전달하고, 이해시키고, 기억시키고, 작동시키는 것은 간단한 일이 아니다. 여러 가지 방법을 동시에 적용해야 효과를 높일 수 있다.

첫째, 가능한 한 메시지를 간결하게 구성하라. 메시지의 기승전결보다는 핵심이 중요하다. 해당되는 사람 모두가 이해할 수 있게 간결해야 하고 모두가 신뢰할 수 있게 명쾌해야 한다. 그리고 전달 과정에서 핵심이 흐려지지 않아야 한다. 사우스웨스트 항공사의 최장 재직 CEO인 허브 켈러허의 메시지는 매우 간결했다. "우리는 가장 저렴한 항공사입니다!" 월마트의 슬로건 역시 단순하다. "언제나 최저가! Everyday Low Prices!" 얼마나 간결한가.

둘째, 커뮤니케이션 단계를 최소화하라. 그래야 전달의 정확성을 높이고 시간을 절약할 수 있다. 또한 모든 구성원에게 동일하게 전달해야할 메시지는 조직계층을 통하기보다는 경영진이 모든 구성원에게 직접 전달하는 것이 좋다.

셋째, 중요한 메시지는 반복적으로, 그리고 두드러지게 커뮤니케이션하라. 중요한 메시지는 커뮤니케이션하고 또 커뮤니케이션해야 한다. 상대방에게 반복적으로 커뮤니케이션함으로써 그 메시지의 중요성을 알리는 것이다. 그리고 다른 어떤 메시지에 비해서도 두드러지게 나타내야 한다. 다른 어떤 불빛보다 밝은 등대의 불빛을 생각하라. 중간 간부를 활용하여 중도에 볼륨이 떨어지지 않도록 증폭시키고, 젊은 실무진들로부터 끝에서 메아리쳐서 되돌아오게 하라. 그 메시지를 각자의 입으로 직접 말하게 하라. 메시지가 사라지지 않고 계속 작동되도록 여러 사람의 눈에 띄게 하라. 이렇게 함으로써 구성원들이 일상의 경영활동 속에서 다시 보고, 기억하고, 준수하게 하는 것이다. 메시지가 사라지지 않도록 하려면 자주, 일관되게, 신념을 갖고 커뮤니케이션하는 것이 중요하다.

넷째, 솔선수범해서 보여줘라. 리더의 메시지 전달은 언어뿐만 아니라 행동으로 전하는 것이다. 메리어트 호텔의 창업자인 윌라드 메리어트와 그 뒤를 이은 아들 메리어트 주니어는 호텔 경영의 방침으로서 고객들의 만족을 최우선시 했는데, 메리어트 부자는 말뿐 아니라 직접적인 행동으로 고객 만족을 실천한 것으로 유명하다. 메리어트 부자의 하루는 전날 묵었던 고객들이 남긴 메모를 읽는 것으로 시작된다. 그리고 신속한 사후 조치가 취해진다. 이와 같은 언행일치의 모습은 구성원들에게 명확한 메시지를 전달하는 효과가 있고, 그 결과 구성원들 역시 고객의 불만 발생 시 신속하게 이를 해소하려는 노력을 기울이게 되는 것이다.[63]

다섯째, 양방향 커뮤니케이션을 항상 열어놓고 반드시 피드백을 받아라. 리더가 구성원들에게 메시지를 전할 때는 피드백 채널을 명확히 제공하고 그 채널을 활성화한다. 구성원들이 리더의 메시지를 이해했는지 못했는지 심리적인 부담 없이 편하게 피드백 할 수 있어야 한다. 구성원들이 리더의 메시지에 대해서 다른 의견이나 추가적인 아이디어를 자유롭게 낼 수 있도록 해야 한다. 그리고 부하들이 피드백한 내용을 구성원들 간에 공유한다. 그리고 피드백에 대한 조치사항도 구성원들 간에 공유한다. 구성원들이 리더의 메시지에 대해서 정직하게 피드백 하고, 의견과 아이디어를 내는 것이 자신들의 의무인 것을 알도록 해야 한다. 그리고 리더는 구성원이 말한 것을 구성원의 이익에 반하도록 사용하지 않는다는 것과 본인의 희망이나 내용에 따라 소스를 밝히지 않는다는 기본 원칙을 천명해야 한다.

여섯째, 확인하고 또 확인하라. 메시지 전달의 단계가 많을수록 메시지는 변질될 가능성이 높아진다. 따라서 리더는 구성원들이 리더의 메시지를 어떻게 이해하고 어떻게 받아들이는지 반드시 확인해야 한다. 그리고 그 메시지에 의거해서 구성원 각자가 자기의 역할을 잘 파악하고 있는지 확인해야 한다. 자기 역할을 제대로 파악하고 있다면 메시지를 정확히 이해한 것이다. 이러한 것을 확인하는 방법은 임무 복창brief back을 하도록 하는 것이다. 다시 말해서 구성원들이 각자 자신이 이해한 메시지 내용과 그것에 따라 자신이 해야 할 일을 상사에게 말하게 하는 것이다. 이 방법은 콜린 파웰이 군 시절 내내 쓰던 방법이다.[64] 그리고 적절한 주기로 구성원들이 실제로 무슨 일을 하고 있는지 확인한다.

GE의 잭 웰치 커뮤니케이션을 살펴보자. 잭 웰치의 커뮤니케이션 성공 비밀은 간결함이다. 사안을 간단한 구성요소로 분리시켜서 누구나 이해할 수 있게 한다. 그리고 의도적으로 반복한다. 필요 이상으로 강조하고 1,000번을 반복한다Neff and Citrin, Lessons from the Top. 또한 자신의 메시지를 실행해 강력히 밑받침을 한다. 예를 들면 잭 웰치는 구성원들 중에서 아무리 성과가 좋은 사람이더라도 회사의 방침을 어기면 원칙대로 퇴임시키곤 했다.[65]

178

상대방에게 업무를 지시하거나, 임무를 부여할 경우

상대방에게 업무를 지시하거나, 임무를 부여할 때는 다음의 세 가지를 해야 한다.

첫째, 임무를 부여받는 사람이 자신의 역할과 책임을 명확히 알게 한다. 역할role은 담당하는 업무의 범위를 뜻한다. 다시 말해서, 부서의 전체 업무 중에서 각각의 부하가 맡은 일의 범위인 것이다. 책임responsibilities은 각자가 맡은 일에서 달성해야 할 성과나 완료 시점을 말하는 것이다. 예를 들면 '금년 500만 불 수출' '공헌이익 20억 원 달성' 또는 '3월 8일까지 세무 보고 완료' 등을 말한다.

부하가 자신의 역할과 책임을 세내로 이해하려면, 자신이 맡은 일이 전체 업무에서 어떤 역할을 하는지 입체적이고 동태적으로 이해해야 한다. 예를 들어서 프랜차이즈 사업의 물류팀 팀원 중에 창고를 맡은 사람은 창고 업무 자체를 잘 알아야 할 뿐만 아니라 물류팀의 전체 업무의 구조도에서 창고 업무의 위치를 알아야 하고, 창고에 입고되기 이전의 업무와 창고에서 출고된 이후의 업무와의 관련성도 잘 알아야 하며, 팀 전체의 업무와 주변 업무도 어느 정도 알아야 한다. 따라서 상사는 부하들이 자신의 일을 회사의 일 나누기와 모으기의 관점에서 이해하도록 설명해줘야 한다. 팀원들 간에 일을 어떻게 분담하고 있는지, 자신이 맡은 일이 가치창출의 4단계 중에 어디에 해당되는 일인지, 업무 프로세스의 관점에서 앞 단계의 일이 무엇이고 뒤 단계의 일이 무엇인지 알게 한다.

그리고 팀의 전략 전술의 전체 모습을 알려주고, 각각의 부하가 맡은 업무에 대해 팀의 전략 전술의 얼개에서 어디에 위치하고 있고 다른 업무들과 어떤 연관성이 있는지 알려주어야 한다. 예를 들어 프랜차이즈 사업본부가 새로운 지불 시스템을 구축 중인데, 모바일 서비스를 시스템에 연동시키기 위한 기술적 과제를 외부 전문 업체와 협의해야 하는 상황이라고 가정하자.

이때 미팅에 참여할 연구개발팀의 모바일 IT 기술자에게 이번 일의 목표와 전략, 환경 조건, 전체 시스템의 구조, 현재까지의 진행 상황 등을 전혀 알려주지 않고 본인의 역할만을 딱 잘라서 알려준다면 이 모바일 IT 기술자의 기여는 매우 제한적이 될 것이다. 가정과 전제를 모르고 요구와 기대와 니즈를 모르기 때문에 외부 업체와 커뮤니케이션할 때 어려움을 겪을 것이고, 일의 중요성을 깨닫지 못하여 동기부여가 되지 않으며, 창의력을 발휘할 것을 기대하기도 어렵다.

리더십의 양성소라고 일컬어지는 미국 해병대의 룰은 이렇다. "지휘관의 의도를 파악하는 것은 모든 해병의 의무다. 자신의 의도를 알게 하는 것은 지위를 막론하고 모든 지휘관의 의무다. 지휘자의 의도는 명령의 필수적인 요소다. 그리고 리더는 부하의 모든 결정에 대해 책임이 있다."[66]

둘째, 부하가 부여 받은 임무를 수행함에 있어서 자신이 행사할 수 있는 권한이 무엇인지 명확히 알게 한다. 권한이란 특정 사안에 대해서 상사의 결정이나 방침 없이 본인이 결정하고, 자원을 투입하고, 업무를 실행하는 것의 범위를 말한다. 현실적으로 많이 쓰는 방법은 어떤 결정이 그 부하의 권한 범위를 벗어나는 것인지 구체적으로 알려주는 것이다. 그러면 그 하위 레벨의 모든 일들은 그 사람의 권한이 된다. 쉽게 말하면 이러이러한 일은 저지르기 전에 상사인 나와 반드시 의논해야 한다고 알려주는 것이다.

그리고 권한을 부여했더라도 일의 진행 상황을 점검할 책임이 상사에게 있음을 명확히 알게 하고 부하는 상사인 내가 일의 진행 상황을 알 수 있도록 모니터링 수단을 제공해야 함을 알게 한다. 상사인 내가 부하 개개인의 일을 점검하고, 지원하고, 리드할 것이라는 것을 그들이 알게 하라. 그리고 실제로 그렇게 하라.

셋째, 여러 가지의 업무를 동시에 맡길 경우에는 중요도, 우선순위, 시급성 등을 의논하여 정한다. 지금까지 설명한 세 가지는 하향식top-down으로만 커뮤니케이션하기보다는 상향식bottom-up으로 시작하여 양 방향으로 커뮤니게이션하는 것이 효과적이다. 피티 드러거는 위에서 아래로 향하는 커뮤니케이션이 효과를 발휘하지 못하는 가장 큰 이유는 상사가 자신이 말하고 싶어 하는 것에 커뮤니케이션의 초점을 맞추기 때문이라고 지적하고 있다.[67]

부하에게 임무를 부여함에 있어서 상사가 임무의 목적, 전략적 가치 등을 제시하고 그것에 대해 부하의 의견을 묻는 방식을 택하면, 단순히 지시만 내리는 것에 비해서 부하들의 실천력이 훨씬 높아진다.

업무를 추진하는 방법에 대해서도 부하가 먼저 자신의 방안을 찾아보고 상사와 의논하도록 하는 것이 부하의 의욕을 높여준다. 그렇게 해야 부하들이 상사의 전략과 전술을 이해하려고 노력하며, 그것에 맞추어 자신의 전략 및 전술을 생각하고 좋은 아이디어도 내게 된다. 그리고 상황 변화에 따라서 부하가 적절히 임기응변 하는 것이 가능해진다. 이 모든 일에 시간이 걸리더라도 그렇게 하라. 이것이 오히려 시간을 절약하는 방법이며 성과를 올리는 방법이다.

이렇게 해야 상사는 부하들이 따르는 리더가 되며 부하들은 높은 역량을 갖춘 구성원들이 된다.

회의에서 상대방의 의견에 반대해야 하는 경우

상대방의 의견이나 제안에 반대해야 할 때는 이런 생각을 해보자. '나의 반대로 누구의 포지션이 이동되는가', 또는 '누구의 포지션이 이동되는 것을 막는가?' 포지션 이동을 막는 것은 가치창출 4단계의 진행을 막기만 할 뿐이다. 따라서 반대를 해야 할 경우에는 대안을 항상 준비해두어야 한다.

그리고 또 이런 생각도 필요하다. '나의 반대로 나는 누구의 인정을 받는가', 또는 '누구의 미움을 사는가', 또는 '중립적인가?' 반대를 하면서도 인정을 받으려면 긍정적인 요소가 있어야 한다. 다시 말해서 보완적 요소나 대안이 중요한 것이다. 또 이런 생각도 해보자. '나의 반대는 나 자신의 발전에 도움이 되는가?' 반대를 하기에 앞서서 충분히 분석하고 검토한다면, 그리고 대안을 준비하는 데 공을 들인다면 나는 그만큼 발전한 것이다. 미팅 전에 회의 주제와 제안 내용에 대해서 충분히 검토하고 준비해야 할 것이다.

반대의사를 표시할 때는 우선 내가 상대방을 존중하고 상대방의 제안을 존중하고 감사한다는 것을 표시한다. 그 사람도 회사 일에 최선을 다하고 있으며, 그의 제안에는 그 나름의 이유가 있다고 보아야 한다. 그러니 상대방의 의견이나 제안을 다 들었고 그 내용을 충분히 이해함을 밝힌다. 상대방의 말이 끝나기 전에 말을 자르지 않는다. 상대방의 말을 완전히 다 들은 다음에 그 말을 이해하고 판단한다.

전체적인 반대가 아니라면 찬성하는 부분과 반대하는 부분을 명확히 한다. 수단이나 방법에 대해 반대하는 것을 목적에 대해 반대하는 것으로 오해하지 않게 한다. 부분적인 반대를 전체의 반대로 오해하지 않게 한다. 누가 맞고 누가 틀린다는 방식으로 말하지 않는다. 모든 대안에는 각각의 장단점이 있게 마련이고 선택의 문제가 될 수밖에 없다. 나의 반대 의견이나 대안에 가정이나 전제가 있다면 분명히 밝힌다.

그렇다고 해서 완벽한 준비가 되어야 반대를 할 수 있는 것은 아니다. 목직이 더 중요하다. 회사를 위한 목적이라면 준비기 부족해도 문제를 제기하고 대안을 제시하는 것이 회사를 위하는 자세다. 제기된 문제점이나 대안이 관심을 기울일 만한 것이라면 여러 사람들에 의하여 검토되고 보완될 것이다. 만약 토의 중에 내가 잘못 알고 발언한 것이 있거나 잘못 생각해 의견을 낸 것이 있다면 바로 정정하고, 토의 후에라도 알게 되는 즉시 관련된 사람들에게 통보한다.

상대방을 설득해야 하는 경우

만약 상대방을 설득하는 데 성공했다면 상대방의 포지션은 상대방의 생각이나 마인드에 의해 이동한 것이지 나를 따라 이동한 것이 아니다. 나는 단지 그것을 유도하고 촉발한 것이다. 따라서 설명이나 설득은 언제, 어느 단계에서나 상대방에게 초점이 맞추어져 있어야 한다.

상대방이 상사이건 동료이건 부하이건 그 사람을 설득시키려면 설득에 앞서서 그 사람의 포지션을 정확히 파악해야 한다. 해당 과제에 대해서 상대방이 갖고 있는 정보, 지식, 판단 기준, 사고방식, 그리고 해당 과제에 대한 상대방의 목적, 의도, 이해관계, 입장 등을 알아야 한다. 나와 동일한 것들은 무엇이고 상이한 것들은 무엇인지 알아야 한다.

그밖에 상대방이 해당 과제와 관련하여 나에게 요구하거나, 기대하거나, 필요로 하는 것 등이 있는지 알아야 한다. 상대방의 포지션을 모르면 상대방을 설득시킬 핵심을 찾기 어렵다. 상대방의 포지션을 이해하고 그 속에서 상대방이 추구하는 것이나 의도하는 것을 올바르게 파악하기 위해서는 다음의 두 가지 성공 요소를 잘 다뤄야 한다.

첫째, 상대방의 관점에서 본다. 현재 의논 중인 과제를 상대방의 임무, 목표, 전략의 관점에서 바라본다면 어떻게 보일까, 상대방 업무의 중요도, 우선순위 상에 이 과제는 어디에 위치하고 있을까, 상대방의 판단 기준으로 볼 때 이 과제는 얼마나 설득력이 있는가, 상대방이 현재 처한 상황은 어떠한가, 그 상황 하에서 보는 시각은 어떠한가, 내가 그 사람이라면 이 과제에 대해서 어떻게 생각하고 어떻게 행동할까 등 그 사람 입장에서 생각한다.

이렇게 하려면 어느 사안이든지 항상 여러 가지 관점이 있다는 것을 마음속으로 인정하고 상대방의 관점에서 보기 위해 내 관점은 잠시 접어둔다. 그리고 상대방의 입장과 시각을 알아내기 위해서 상대방의 말에 경청하고 적절한 질문도 해야 한다. 장자莊子는 다른 사람과의 관계에 대해서, 그리고 소통의 문제에 대해서 집요하게 고민한 철학자이다.[68]

장자가 말하는 두 가지 에피소드가 있다. 그 하나는 노나라 임금이 바닷새를 극진히 대우한 사건이다. 『장자』의 「지락至樂」편에 나오는 우화로 "옛날에 바닷새가 노나라 교외로 날아와 앉자, 노나라 임금은 그 새를 모셔다가 종묘宗廟에서 환영연을 열고, 순 임금의 음악인 구소九韶의 음악을 연주하고, 소, 양, 돼지고기 등의 일등 요리로 대접하니 그 새는 눈이 부시고 근심과 슬픔이 앞서 한 점의 고기도 먹지 못하고, 한 잔의 술도 마시지 못한 채로 3일 뒤에 죽었다."[69] 이는 상대방을 극진히 예우한다는 의도는 좋았지만, 상대방의 입장에서 생각하지 않고 나의 입장에서 생각하는 우를 범함으로써 실패했다는 것을 의미한다.

다른 하나는 장주의 호접몽胡蝶夢이다(장주莊周는 장자의 이름이다). "전에 장주는 꿈에 나비가 되었다. 훨훨 나는 것이 분명히 나비였다. 스스로 즐겁고 뜻대로 되므로 자신이 장주인 줄을 알지 못했다. 그러다가 조금 뒤에 문득 깨어보니 분명히 장주였다. 장주가 꿈에 나비가 된 것인지, 나비가 꿈에 장주가 된 것인지를 알지 못하겠다."[70] 이 에피소드는 내가 철저하게 상대방의 입장이 될 수 있다면 상대방의 감성까지 내 것이 될 수 있다는 것을 의미한다.

미시간 주립대학의 심리학 교수 로버트 루트번스타인에 따르면, 내가 나 자신이 아니라 상대방이 될 때 상대방에 대한 이해가 가장 잘 되며, 상대방을 대할 때 외부인의 시각에서 객관적으로 이해하려 하기보다는, 상대방의 내부에서 주관적으로 이해하는 법을 배워야 한다고 한다. 의사들이 환자의 역할을 해봄으로써 자신들이 의료기술자가 아니라 환자들을 보살피고 배려해주는 사람이라는 것을 깨닫는 것이다. 어떤 역사학자들은 과거의 상황을 느껴보기 위해서 인디언들과 생활을 같이

하거나, 콜럼버스 시대의 범선을 타고 대서양을 횡단하기도 한다.[71]

상대방이 추구하는 것이나 의도하는 것을 올바르게 파악하기 위한 두 번째의 성공 요소는 상대방이 주장하는 것에 대해서 한 단계 더 깊이 들어가 그 근본 목적을 파악하는 것이다. 표면적으로 나타난 이유의 밑바탕에 깔린 근본 이유를 알면 상대방의 필요를 만족시키기 위한 여러 가지 아이디어를 낼 수 있고, 상대방이 원하는 것을 더 잘 제공해줄 수도 있다. 서로 교착된 사안이 있다면, 표면적으로 나타난 요구 대신에, 근본 목적을 충족시키는 제3의 대안을 제시하여 협의할 수도 있다.

만약 근본 목적이 다르다면 표면적인 것을 토의하는 데 낭비되는 시간을 줄이고, 근본적인 토의를 할 수 있다. 앞의 프랜차이즈 사업의 예에서 운영팀이 가맹점들을 순방하는 계획을 세우고 정보 수집의 정확성과 효율을 기하기 위해서 연구개발팀에게 가맹점 순방에 참여할 것을 제안했으나 연구개발팀은 동의하지 않았다. 가맹점 방문은 운영팀만으로도 충분히 해낼 수 있는 사안이며 연구개발팀은 업무과중으로 인해서 인력 파견이 어렵다는 것이 그 이유이다. 그러나 연구개발팀이 인력 파견에 동의하지 않는 배경과 근본 이유를 찾아본 결과, 가맹점 방문에는 높은 관심을 갖고 있으나 예산에 반영되지 않았던 추가 인건비와 출장비 등을 감당하기 어렵기 때문이었다. 따라서 인력 파견으로 인한 제반 비용을 영업팀의 비용으로 계상하기로 합의하고 양 팀이 함께 가맹점 방문 활동을 하기로 정했다. 이것을 계기로 회사에 활동원가 방식을(경영활동의 목적이나 원인을 기준으로 부서별 비용을 계상하는 것) 도입하기로 결정했다.

상대방의 포지션을 파악하고 그 바탕에 있는 근본적인 목적이나 이유까지 잘 파악했다면, 포지션 이동의 단계를 구상하고, 다음 단계의 목표 포지션을 설정해야 한다. 상대방의 입장에서 생각의 변화가 일어나는 단계를 예를 들어보면 제로 단계 '완고한 자기주장', 변화의 1단계 '들어보기', 2단계 '생각해보기', 3단계 '해보기로 하기', 4단계 '테스트 삼아 실행', 5단계 '인정하기'의 단계를 생각해볼 수 있다. 상대방의 현재 상태가 어느 단계인지 파악하고, 최종 단계까지 몇 단계로 갈 것인가, 한 단계씩 갈 것인가, 다음 단계로 어느 단계를 목표로 할 것인가 등을 정해야 한다.

상대방의 포지션을 내가 원하는 단계로 이동시키려면, 현재 상대방의 포지션과 상대방의 관점을 상대방 앞에서 인정하는 것부터 시작해야 한다. 상대방의 말을 충분히 듣고, 내가 상대방을 이해했고 공감하고 있음을 적극적으로 표시하고 확인시켜야 한다. 상대방은 이 욕구가 만족되지 않으면 자신을 나에게 이해시키려고 계속 애를 쓸 것이므로 대화가 교착되기 쉽다. 그리고 내가 상대방에게 공감하면 상대방도 나에게 공감하려는 마음을 갖게 된다.

사람은 머릿속에 거울과 같은 역할을 하는 뉴런neuron이 있어서 다른 사람의 마음을 자신의 거울에 담아 보려는 욕구를 근본적으로 갖고 있다. 이것을 거울 신경mirror neuron이라고 칭하는데, 내가 상대방에게 공감하면 상대방의 거울 신경이 나에 대해서 활성화되는 것이다.[72]

언어신경프로그래밍NLP에서는 상대방과 먼저 보조를 맞춘 후에 인도하라고 가르친다.[73] 보조를 맞춘다는 것은 상대방의 관심 사항에 관심을 갖고 경청하며 상대방과 일치되는 부분에서 교감하고 상대방과 조화로운 관계를 형성하는 것이다. 이러한 과정을 통해서 상대방으로 하여금 편안함과 동질감을 느끼게 하는 것이다.

보조를 맞추기 전에 바로 리드하려고 하면 상대방은 자기의 말을 제대로 듣고 있지 않다고 생각하게 되고 이질감을 느끼게 되며 불필요한 논쟁이 벌어지기 쉽다. 따라서 상대방을 설득하기 전에 동감하고 동의하는 부분을 최대화하라. 중요한 일의 초기라면 사안에 대해서 상대방에게 맥락이 미리 형성되도록 해야 한다. 사회심리학의 전문가들에 의하면 사람들은 자신의 인지(지식, 신념, 가치)와 조화를 이루는 방식으로 행동한다고 한다. 만약 자신의 인지와 전혀 다른 것을 접하면 사람들은 불안감을 느낀다. 따라서 새롭고 중요한 협의를 하려면 미리 조금씩 익숙하게 만들어야 하며 쇼크를 주는 방식은 실패하기 쉽다.

상대방을 설득할 때는 '무슨 말을 할 것인가'보다는 '상대방이 무슨 말을 하게 만드느냐'가 중요하다. 나의 논리로 상대방을 밀어붙이는 것보다는 상대방 자신이 논리를 세우고, 결심하고, 그것을 자신의 입으로 말해야 더 큰 지지를 받게 된다. 나의 말로써 상대방을 설득하려는 것은 하수의 책략이고, 상대방의 말을 경청하고 적절한 질문을 함으로써 상대방이 말하는 가운데서 자신의 생각에 변화가 일어나게 해야 고수라고 할 수 있다.

특히 상대방이 해야 할 일에 대한 것이라면, 직접 아이디어를 내기보다는 내가 원하는 아이디어를 상대방이 내게 하는 것이 훨씬 효과가 크다. 내 아이디어가 그 사람의 아이디어라고 생각하도록 만들거나 최소한 공동의 아이디어로 생각할 수 있도록 만들어라. 철학자, 과학자이자 수학자인 파스칼은 "남의 손을 빌리지 않고 스스로 찾아낸 이유에 대해 사람들은 더 큰 확신을 가진다"고 말했다.[74]

교육을 통해서 상대방을 변화시키고자 하는 경우

부하직원을 발전시키려면 교육에 앞서서 관찰과 평가를 해야 한다. 관찰과 평가는 상대방 모르게 하는 것이 아니며, 즉흥적으로 하는 것도 아니다. 상대방과 계획을 세우고 정기적으로, 그리고 필요에 따라서 수시로 행한다. 평가를 하면 반드시 상대방에게 피드백을 해주고 상대방의 설명이나 의견을 들어보아야 한다. 잘하는 것은 긍정적으로 피드백하고 부족한 것은 발전이 되도록 피드백 한다. 이러한 활동은 자주 할수록 부하직원의 발전에 도움을 준다.

상대방이 누구든 그 사람에게 무언가를 가르쳐주려면 상대방을 직접 가르치기보다는 질문을 하고 경청하는 것이 효과가 크다. 상대방 자신이 생각하고 판단하도록 하고, 상대방의 행동을 유도하는 것이다. '교육하다'라는 의미의 영어 단어 'educate'도 '이끌어내다'라는 라틴어 어원 'educo'에서 나온 것이다. 질문하고, 상대방의 답변을 경청하고, 그리고 더 깊은 질문을 하면 상대방의 사고와 판단에 도움이 된다. 소크라테스는 평생 누구에게 긴 말을 한 적이 없다.[75] 사람들과 마을을 돌아다니면서 그들에게 계속적으로 질문하여 그들 자신들로 하여금 답을 찾아내도록 했다. 이러한 방법을 "소크라테스 메소드"라고 칭한다.

상대방을 변화시키는 커뮤니케이션은 상대방을 설득하는 커뮤니케이션과 비슷하다. 내 말로 상대방을 변화시키는 것이 아니라 상대방이 자신의 말로 변화를 고려하고 결심하게끔 해야 한다. 자신이 선택한 방법이고 자신이 정한 해결책이라고 생각한다면 주인의식을 가질 것이며, 결과적으로 그 스스로 자신을 설득할 것이다. 상대방을 앞에 앉혀놓고 강의를 하거나 잔소리를 한다면 상대방은 수동적이거나 방어적이 될 뿐이다.

또 하나 염두에 두어야 할 것은 상대방의 변화를 유도할 때 '논리레벨'의 하위 레벨만 변화시키는 것은 다시 되돌아가기 쉽다. 상위 레벨과 일관성을 되찾으려 하기 때문이다. 따라서 사람을 변화시키려면, 논리 레벨의 위아래를 다 변화시켜야 성공할 수 있다. 예를 들어서 젊은 여자에게 반말을 하는 습관을 고치려 할 때는 언어 습관만 고치려 하기보다는 젊은 여자를 존중하는 가치관을 심어주면 확실하게 변화될 수 있다.

상대방의 열정을 불러일으키고
의욕적으로 일하게 만드는 커뮤니케이션

리더의 가장 중요한 임무 중에 하나는 부하직원들이 열정과 의욕을 갖고 일을 하게 만드는 것이다. 상사가 부하들의 의욕 수준을 파악하고, 동기를 부여하고, 열정적으로 일하게 만들려면 부하들과 적극적으로 커뮤니케이션해야 한다. 부하직원의 일에 대한 열정과 의욕을 불러일으키는 요인들은 두 가지로 나누어볼 수 있다.

첫째는, 본인 내면으로부터 나오는 동기 요인들로서 성취욕, 자아실현, 자기 발전, 인정받는 것, 일에 대한 사랑, 자신감 등이다. 둘째는, 다른 사람들로부터 부여받는 동기 요인들로서 일의 중요성에 대한 인식, 상사에 대한 신뢰, 회사 구성원들 간의 일체감, 재무적 보상 등이다.[76] 내면에서 나오는 동기 요인들이라고 해도 본인이 인식하지 못하는 경우가 많이 있으므로 상대방에게 일깨워주는 것이 중요하다. 그리고 외부에서 받는 동기 요인들을 지속적으로 부여해주고 상기시켜야 한다.

반면에 열정과 의욕을 저해하는 요소들도 있다. 각각의 부하들이 업무로부터 받는 스트레스, 직장 내의 인간관계에 의한 스트레스, 가정의 문제, 신체 건강이나 정신·건강 상의 문제, 과도한 취미나 사회활동 등이 있는지 살펴보아야 한다. 회사에 맞지 않는 인생관이나 가치관을 갖고 있는 경우도 때때로 있다.

상사는 일에 대한 의욕과 그것에 영향을 주는 요인들에 대해서 부하 개개인과 정기적, 비정기적으로 면담을 가져야 한다. 정기적이라 함은 1년에 한두 차례 아무런 이상이 없더라도 면담을 하는 것이다. 평소에 열정적으로 일하는 사람이라도 더욱 발전하기 위해서는 정기 면담이 필요하다. 구글은 3개월에 한 번씩 업무 성취도를 주제로 상하 간에 면담을 한다.[77]

비정기적 면담은 상사가 부하의 이상 징후를 발견해 면담이 필요하다고 볼 때, 또는 부하의 요청이 있는 경우 조속히 실시한다. 그래야만 본인에게도 도움이 되고 성과에 차질이 생기지 않을 수 있다. 면담할 때는 상사가 분위기를 이끄는 말이나 질문으로 면담을 시작할 수 있다. 그러나 되도록 부하가 자신의 동기부여 요인들과 현재의 상황에 대해서 말하도록 하고, 상사의 생각을 피드백 해준다. 그리고 서로의 생각을 나누면서 개선점을 찾는다.

이때 부하가 좀처럼 드러내지 않는 내면적인 포지션까지 말하도록 해야 하는데, 그렇게 하려면 서로 마음을 열어야 한다. 질문하고 경청하며, 공감해야 한다. 공감이라 함은 말하는 사람과 동일한 감정을 느껴야 한다는 것이 아니라, 상대방의 감정을 상대방의 입장에서 이해하고 내가 상대방이라면 나도 필시 그러리라는 것을 인정하는 것을 뜻한다. 상대방에게 공감함으로써 상대방이 더 말하고 싶어 하도록 만드는 것이 중요하다. 나 또한 가식을 없애고 진솔하게 말한다. 공식적 커뮤니케이션뿐만 아니라 비공식 커뮤니케이션도 적극적으로 활용한다. 대화의 내용은 원칙적으로 비밀을 유지한다.

부하의 입장에서도 자신의 열정과 의욕 수준이 회사의 성과에 영향을 미칠 뿐만 아니라 자신의 발전에도 큰 영향을 준다는 것을 생각해야 한다. 자기 자신을 늘 관찰하고, 자신과 대화를 해보면서 자신의 의욕 수준을 인지하고 그 원인을 챙겨본다. 어려움을 느낄 때는 상사 또는 다른 신뢰하는 사람과 진솔하게 대화한다. 커뮤니케이션이 필요한 것이다. 커뮤니케이션의 필요성을 자각하고 먼저 상대방에게 다가간다. 이럴 때 대화 시기를 늦출 이유는 아무것도 없다.

상사는 평소에 커뮤니케이션할 때도 부하들에게 동기부여가 잘 되도록 유념해야 한다. 예를 들면, 전략을 수립할 때 부하들을 적극 참여시키면 전략의 실행력이 올라간다. 자신이 참여해서 결정한 전략에 애착을 갖게 되고 성공시키고자 하는 의욕이 올라가며 일할 맛이 나는 것이다. 자신에게 결정권이 없다고 하더라도 자신도 참여해서 의견을 내고 토론도 했다는 것이 중요하다. 효율성이 높은 기업들은 계획 수립이나 의사 결정을 하는 과정, 부서 간의 협업, 창의적 아이디어들을 결합하는 과정에 구성원들을 참여시키고 자신의 의견을 적극적으로 개진하도록 만든다. 심지어 업무 지시를 할 때도 마찬가지다. 이러한 상향식bottom-up 커뮤니케이션은 일에 대한 의욕과 열정을 높이는 효과가 있다.

부하가 자신의 내면으로부터 나오는 동기 요인들과 외부로부터 받는 동기 요인이 항상 잘 작동되게 하려면 평소에 커뮤니케이션을 통해서 믿음을 주어야 한다. 상대방이 자신에 대한 믿음을 갖게 함으로써 내면으로부터 나오는 동기들의 실현 가능성을 확신하도록 한다. 일에 대한 믿음을 심어줌으로써 일에 대해서 부여받는 동기, 즉 일의 목적과 중요성을 깨닫게 해준다. 상사와 동료들에 대해 믿음을 갖게 함으로써 상호 신뢰와 일체감을 부여해준다. 회사에 대한 믿음을 심어줌으로써 좋은 기업관을 갖게 해준다.

무엇보다도, 상사가 부하의 역량 신장과 성과 달성을 통하여 조직의 목적을 달성하겠다는 의지를 확실히 밝히면 부하는 상사를 신뢰하고 열정적으로 일하게 된다. 그리고 일의 결과에 대해서 부하의 공로를 인정하고 칭찬하는 커뮤니케이션을 해야 한다. 나폴레옹은 자신과 같이 일하는 사람들이 너무나도 중요하다는 것을 누구보다도 잘 알았다. 그는 사람들이 최고의 명예를 위해 심지어 죽음도 불사한다는 사실을 알고 있었다. 사람들은 칭찬과 명예, 그리고 인정을 위해 자신의 목숨까지도 기꺼이 내놓는 것이다. 중국의 옛말에 "사위지기자사士爲知己者死"라는 말이 있는데 이는 "선비는 자신을 알아주는 사람을 위해 기꺼이 목숨을 바친다"라는 의미다. 이 말은 전국시대 진나라 사람 '예양'의 고사에 나오는 말로서, '조양자'가 포로로 잡은 '예양'을 회유하려고 하자 '예양'은 "나를 진정으로 인정하고 중용해준 '지백'을 위해서는 죽기까지 원수를 갚겠다"는 자신의 의지를 그에게 밝힌다.

앞서 살펴본 여섯 가지 경우 중 어느 경우든 상대방의 포지션을 이동시키려면, 무엇보다도 먼저 상대방의 포지션을 잘 파악해야 한다. 커뮤니케이션의 성과는 상대방의 요구와 기대, 니즈 등 상대방의 포지션에 많은 영향을 받을 것이므로 그것에 맞춰 커뮤니케이션 전략을 수립하고 진행해야 한다. 그리고 상대방을 존중하는 커뮤니케이션을 해야 한다. 내가 상대방을 존중하지 않는다면 그 사람이 나를 존중하지 않을 것이고, 나의 메시지는 존중받지 못할 것이다.

상대방을 존중한다는 것은 내가 존경하는 사람, 나를 좋아하는 사람뿐만 아니라 커뮤니케이션하는 모든 상대방을 존중하는 것이다. 상대방의 지식이 짧고 노력도 하지 않으므로 존중할 대상이 아니라고 생각하는가? 그 사람도 자신의 판단으로는 최선을 다하고 있는 것이다. 다만 지식의 가치를 모르고 있고, 자신도 노력하면 얼마든지 지식과 역량을 늘릴 수 있다는 것을 모를 뿐이다. 그것을 가르쳐주면 되는 것이다.

상대방이 나의 제안에 이기적인 반대를 하고 있기 때문에 미운 생각이 드는가? 잘 생각해보면 나도 이기적이고, 누구나 다 자신의 이익을 위해 살고 있다. 다만 상대방이 근시안적인 시각, 좁은 시각에서 벗어나지 못하고 있을 뿐이다. 장기적으로 보면 어떻게 될지, 사업 전체로 보면 어떻게 될지, 그리고 그로 인해 자신의 장래가 어떻게 될지를 생각하게끔 해주면 되는 것이다.

윈스턴 처칠은 제2차 세계 대전 당시에 국민 한 명 한 명이 모두 국가에 중요하다는 굳은 신념을 갖고 국민들에게 포효했다. "우리 국민들은 시련의 시기에 전선의 젊은이들과 기꺼이 그리고 자랑스럽게 위험을 함께 나눌 것입니다." "이 시점이야말로 모든 국민이 자신의 모든 힘을 쏟아 부을 때가 아닙니까?" 당시의 역사적인 상황을 살펴보자면 1940년 5

월 10일 독일이 프랑스를 공격하고, 네덜란드, 벨기에, 룩셈부르크를 동시에 공격했다. 이후에 벨기에가 항복하고, 프랑스 전선이 붕괴되어 프랑스 내의 유럽연합군이 고립되었다.

이러한 상태에서 1940년 6월 4일 처칠은 또다시 연설한다. "우리는 끝까지 싸울 것입니다. 대가가 어떤 것이든 간에 우리는 나라를 지킬 것입니다. 우리들은 해안에서도 싸울 것입니다. 그리고 우리들은 상륙 지점과 들판과 시가지와 야산에서도 싸울 것입니다. 우리들은 결코 항복하지 않을 것입니다." 처칠은 국민 한 명, 한 명을 존중했고, 승리를 위해 각자의 역할이 모두 중요하다는 인식을 갖게 하고, 불굴의 의지를 심어주었다.

이어서 1940년 7월 14일에는 이와 같이 연설한다. "이것은 국민의 전쟁입니다. 우리 국민들은 이름이 알려지지 않더라도, 행한 일들이 기록되지 않더라도, 신실하게 최선을 다할 것입니다. 국가의 신뢰를 저버리지 않고 의무를 다할 것입니다." 처칠은 국민 모두가 전쟁의 중심에 위치해 있고, 개개인이 모두 나라의 주인임을 알게 했다. 자신과 국가의 운명의 소유자는 자신임을 깨닫게 한 것이다.[78]

상대방의 포지션을 이동시키는 커뮤니케이션을 할 때 추구해야 하는 것은 자신의 자아가 아니라 상대방의 자아이다. 자아란 자기 자신의 존재 가치다. 자아는 성취를 추구하며, 다른 사람들로부터 인정받고 존중받기를 원한다. 상대방의 자아를 추구하려면 상대방을 존중하고 상대방의 성과를 인정해야 한다. 진실되고 순수한 의미를 담아서 인정해야 하는 것이다. 때로는 상대방의 자아를 자극하는 도전적인 메시지도 필요하다.

예를 들면, 부하에게 "쉽지 않은 과제이지만 자네가 맡아서 한 번 해 보게!" 또는 "자네가 그렇게 완고한 선배들을 잘 이끌어갈 수 있겠나?" 와 같은 말들이 필요한 것이다. 상대방에게 어필할 때는 자존심보다는 자기존중에 어필하라. 자기존중은 자신에 대한 확신이다. 반면에 자존심은 다른 사람들보다 뛰어나다는 데서 기쁨을 느끼는 것이다. 상대방의 자존심에 어필하면 효과는 한시적이고, 남을 질시하거나 또는 아예 외면하는 부작용이 발생한다. 소위 엄마 친구 아들과 비교하는 현상이 생긴다.

사람은 자신이 존중받고 있다는 생각이 들면 자신도 자기 자신을 존중하게 된다. 자기 자신을 존중하면 의지가 생기고 자신감도 생기며 안정적이 된다. 그리고 마음이 열린다. 상대방으로 하여금 자신이 존중받고 있다고 느끼도록 만들려면 무엇보다도 상대방의 말에 경청하라. 나의 메시지 전달의 목적이 지체되더라도 침착하게 경청하면서 자신이 말할 수 있는 타이밍을 기다려라. 그렇게 하면서 말할 포인트를 찾아라.

상대방의 포지션을 이동시키기 위해서는 때로는 감정이 필요하다. 상대방의 감정에 호소해야 할 때도 있는 것이다. 감정은 사람들 속에 에너지를 만들어내고 행동을 일으킬 수 있다. 상대방의 감정에 호소하려면 나의 감정도 일어나야 한다. 나의 감정이 일어나지 않는 사안에 대해 상대방의 감정에 호소하는 것은 허구다. 신경학자 안토니오 다마시오는 감정이 합리적 사고에서 필수불가결한 역할을 한다고 주장한다. 그는 감정과 논리는 불가분의 관계이므로 감정을 느끼는 능력이 사고력과 마찬가지로 합리적 결정을 하는 데 필수적이라는 연구결과를 발표했다.[79]

06

수평적 커뮤니케이션의 중요성

———————— 혼자 일하고 혼자 공功을 차지하려는 사람은 절대 큰일을 해낼
수 없다.

– 앤드류 카네기

앞의 2장에서 언급한 '베타 커뮤니케이션의 필요성'을 충족시키려면 상
하 간의 수직적 커뮤니케이션뿐만 아니라 부서 간, 동료 간에 수평적 커
뮤니케이션이 수없이 일어나야 한다. 물론 관련 부서 간에 커뮤니케이
션을 할 때 상사를 통해서 할 수도 있으나 상사를 통하지 않고 수평적으
로 직접 커뮤니케이션함으로써 회사는 효과와 효율에서 많은 득을 볼
수 있다.

예를 들어서 가맹점 교육을 위한 교재 개발에 관해서 인력팀 교육파트의 팀원과 운영 팀 지원파트의 팀원 간에 커뮤니케이션을 직접 하는 것과, 교육파트장→인력팀장→사업본부장→운영팀장→지원파트장을 통해서 커뮤니케이션하는 것의 차이를 생각해보자.

수평적 커뮤니케이션을 잘할수록 부서 간의 일 나누기와 모으기의 효율이 좋아지고, 가치창출 4단계의 진행도 신속하게 된다. 특히 여러 분야 간의 협력이나, 창의적 경영, 변화추구 등은 수평적 커뮤니케이션이 잘 되어야만 추진도 잘 되고 성공 확률도 높아진다. 결과적으로, 사업의 성과나 회사의 발전은 수평적 커뮤니케이션에 결정적으로 좌우된다.

수평적 커뮤니케이션은 20세기 초에 기업 경영이 발달되면서 그 필

〈 수평적 커뮤니케이션과 수직적 커뮤니케이션의 차이 〉

수평적인 커뮤니케이션	수직적 단계를 통한 커뮤니케이션
① 커뮤니케이션 단계가 짧다.	① 커뮤니케이션 단계가 길다.
② 커뮤니케이션에 소요되는 시간이 짧다.	② 커뮤니케이션에 소요되는 시간이 길다. 직위가 높은 사람을 통할수록 대기 시간이 길어진다.
③ 메시지를 직접 전하므로 명확하다.	③ 메시지의 의도가 정확히 전달되지 않을 가능성이 높다.
④ 피드백을 받기 쉽다. 그 자리에서 바로 피드백을 받기도 한다.	④ 커뮤니케이션에 대한 피드백을 받기 어렵다. 피드백을 받더라도 시간이 많이 소요되고 정확하지 않다.
⑤ 다른 부서나 동료의 일에 대한 정보와 지식이 늘어난다. 그 부서의 일을 잘 이해하게 된다.	⑤ 다른 부서나 동료의 일에 대한 정보와 지식이 생기지 않는다. 그 부서의 일을 잘 이해하지 못한다.
⑥ 관련 부서 간의 협력이 매우 원활하게 된다.	⑥ 관련 부서 간의 협력에 한계가 있다.

요성이 오래 전에 제기되었고 현대 경영에서 그 중요성이 여러 형태로 강조되고 있다. 성공한 기업경영인이면서 동시에 근대 경영학의 기초를 세운 앙리 페이욜은 1916년에 저술한 『산업 및 일반경영관리론 Administration industrielle et generale』에서 14개의 경영 원칙을 제시하고 있는데 그중에 하나로 커뮤니케이션을 다루고 있다.

그는 명령, 지시, 요구, 설명, 보고 등 커뮤니케이션은 기본적으로 수직적 조직 계통을 통해서 이루어지는 것이라고 하면서, 빠르고 쉬운 커뮤니케이션으로서 수평적으로 이루어지는 '페이욜의 다리gangplank' 구조를 동시에 제시했다. 앙리 페이욜은 기본적으로 경영 원칙은 경직된 것이 아니라 신축적인 것임을 강조하고 있다. 현대 경영이 발달하면서 토털 마케딩, TQM, 변화 추구, 집합적 사고, 창의적 경영, 고객 위주의 경영 등이 대두되었는데, 이러한 경영 방법들은 모두 수평적 커뮤니케이션을 모토로 하고 있다.

회사의 상사들은 부하들 간에 수평적 커뮤니케이션이 원활히 일어나기를 원한다. 그러나 조직이 클수록 수평적 커뮤니케이션의 범위가 넓어지고 빈도가 잦기 때문에 상사가 일일이 챙기기는 어렵다. 따라서 상사는 수평적 커뮤니케이션을 잘할 수 있는 여건을 만들어주되, 수평적 커뮤니케이션 자체는 구성원들의 자발적인 의지와 노력에 의존하게 된다. 그러나 대부분의 기업에서 수평적 커뮤니케이션은 회사가 원하는 만큼 잘 되고 있지 않다. 미국의 조사 결과에 의하면, 65%의 기업이나 기관에서 구성원들은 부서간의 커뮤니케이션에 심각한 문제가 있다고 생각하고 있다. 종합병원에서 방지할 수 있었던 실수 중에 50%가 병과丙科 간의 연계handoff가 잘못되어서 일어난다고 한다.[80]

수평적 커뮤니케이션의 중요성을 인식하지 못해서 큰 손실을 보거나 심지어 회사가 망한 경우도 있다. ㈜흥국상사가 1972년 말에 부도난 사례는 영업부서의 판매 증진과 재무부서의 자금과 신용 관리의 부조화로 인하여 도산한 사례다. 1972년 말에 당시 대한민국 민간회사 중 연간 매출 13위의 회사가 어이없이 도산한 것이다. 도산의 이유는 적자 누적이 아니라 내부 커뮤니케이션 실패였다. 영업부서는 판매 확대를 위해서 외상 매출을 급격히 늘리고 있었고, 구매부서는 그것에 맞추어 외상 구매를 늘리고 있었는데, 자금부서는 그 사실을 정확히 모르고 있어서 매우 큰 금액의 운전자금을 추가로 준비해놓아야 한다는 것을 알지 못했다. 이렇게 상당 기간 동안 서로 간에 상황 파악이 되지 않는 가운데 급격히 늘어난 매입채무의 상환 시점이 순차적으로 계속 도래하고 그것이 누적됨에 따라서 자금 부족으로 도산한 것이다.

다시 말해서 부서 간에 커뮤니케이션과 코디네이션이 이루어지지 못한 결과다. 이에 따라 제조회사인 유공이 판매회사인 흥국상사를 자본금 4억 8,000만 원 액면으로 인수했고, 흥국상사의 주주들은 경영권 프리미엄이나 전국 영업망에 대한 가치를 전혀 인정받지 못하고 액면가에 회사를 넘길 수밖에 없었다.

일본에서는 프록터앤갬블이 본사와 일본 현지 간에 커뮤니케이션이 안 되어 일본 기저귀 시장에서 70%의 마켓을 상실한 적이 있다.[81] 프록터앤갬블이 일본 시장에 일회용 기저귀를 처음 선보였을 때 그 제품은 얼마 지나지 않아 일본 시장을 완전히 석권했다. 그런 가운데 일본 자회사의 경영진들은 수요자에게 더욱 잘 맞도록 제품을 개선하는 등 여러 제안을 했다. 일본 아기들의 체형에 맞게 사이즈를 줄이자는 제안도 했다. 그러나 본사는 아무 대응도 하지 않았다. 그 사이에 경쟁사들이 발빠르게 일본 시장에 진출했고 프록터앤갬블의 시장점유율은 70%나 감소했다. 본사와 일본 현지 간의 커뮤니케이션에 상당한 차이가 있었기 때문이다.

이렇게 수평적 커뮤니케이션이 잘 안 되는 이유는 여러 가지가 있다. 첫 번째 원인은 습관이다. 이제까지 상사를 통해서 커뮤니케이션해 왔으니까 수평적으로 할 수 있는 것도 계속 수직적으로 하는 것이다. 대부분의 사람들은 이제까지 하던 방식대로 하는 것을 편하게 생각한다. 사실은 더 편하고 빠른 방법이 있는데 해보려고 하지 않는 것이다.

두 번째로 상사나 부하가 수평적 커뮤니케이션으로 인해서 생길 수 있는 문제짐들을 우려하는 것이다. 상사가 우려하는 것들은 이렇다. 부하가 상사의 사전 승인을 요하는 사항에 대해서 승인을 받지 않고 수평적으로 처리함으로써 오류를 범할 수 있다. 부하는 상사의 전략이나 방침에 어긋나는 방식으로 수평적 커뮤니케이션을 행함으로써 회사에 손실을 끼칠 수 있다. 부하의 판단만으로 수평적으로 처리하는 경우 최선의 결과를 장담할 수 없고 실패할 수도 있다.

부하가 수평적 커뮤니케이션을 통해서 이미 일을 진행하고 있는 중임에도 상사는 보고를 받지 못하여 모르고 있을 수 있다. 그로 인해서 상사가 중복되는 일을 하게 되면 회사에 손실이 발생할 수 있다. 부하는 자신의 판단만으로 처리한 것이 실패하거나, 최선의 결과가 아니었을 경우에 상사로부터 책망을 들을 것을 우려한다. 이렇게 우려하는 것은 당연한 것이나, 이러한 문제들은 수평적 커뮤니케이션에 기인하는 것이 아니라 수직적 커뮤니케이션이 부족한 데 그 원인이 있는 것이다.

그러므로 상사는 부하의 수평적 커뮤니케이션을 막기보다는 부하들에게 평소에 자신의 전략을 잘 이해시키고, 방침을 명확히 함으로써 부하들이 그 전략과 방침 하에서 수평적 커뮤니케이션을 하도록 한다. 그리고 부하의 역량과 판단력을 고려하여 권한을 이양하되 그 한계를 명확히 함으로써 부하가 혼돈하지 않게 한다. 부하는 권한을 이양 받은 것과 사전에 승인을 받아야 할 것을 구분하고, 그것에 적합하게 수평적 커뮤니케이션을 수행한다. 그리고 권한을 이양 받은 사항에 대해서도 상사가 진행 상황을 알 수 있도록 주간보고나 일일보고 등의 모니터링 수단을 제공한다.

수평적 커뮤니케이션이 잘 안 되는 세 번째 이유는 조직 간에 생태적으로 벽이 존재하기 때문이다. 부서에 따라서 사용하는 언어에 차이가 있다. 업무 분야, 전문 분야에 따라서 문화가 다를 수 있다. 그리고 회사의 성장으로 부서의 수가 많아지거나 지리적으로 멀리 있게 되면 자연히 서로 관심이 없어지고 세월이 가면서 거리감이 생긴다. 네 번째 이유는 구성원들의 잘못된 집단의식에 기인한다. 우리 부서는 '우리'고 다른 부서들은 '남'이라는 집단의식이 어느 회사에나 존재하고 있다. 이러한 집단의식과 부서 이기주의에 의해서 수평적 커뮤니케이션이 잘 안 되는 경우가 많다. 부서 이기주의는 회사가 성과평가나 역량평가를 잘못 적용하거나 구성원들이 그것을 잘못 이해한 데서 비롯된다. 다른 부서와 경쟁하는 것에 초점을 맞추다 보니 비협력적인 자세가 되며, 상대방 부서도 보복 의식이 작동하게 된다. 결국 회사의 목적에 반하는 결과가 발생하는 것이다.

경영을 잘하는 회사들은 이러한 문제점들을 극복하고 수평적 커뮤니케이션을 활성화하기 위해서 여러 가지 정책을 쓰고 있다. 우선, 부서 간에 수평적 활동을 활성화한다. 회사 전체 구성원의 일체감 조성을 위해서 전사적인 행사를 한다. 창립기념일의 행사나 전사 워크숍 등이 그 예이다. 업무 관련성이 높은 여러 부서들이 모여서 워크숍, 세미나, 브레인스토밍 등을 함께 함으로써 서로 간의 이해를 높이고 언어나 문화의 차이를 극복한다. 업무 프로세스나 가치창출의 앞 단계나 뒤 단계에 있는 부서들이 공식 및 비공식 소모임을 갖기도 한다.

그런가 하면 여러 부서가 함께 참여해 공동 작업을 수행하기도 한다. 고객 방문, 신규 프로젝트 검토, 경쟁력 향상 방안 수립 등 여러 부서가 함께할 수 있는 일은 얼마든지 찾을 수 있다. 특별 업무를 위해서 여러 부서원들로 구성된 TFT를 구성하기도 한다. 그리고 구성원들이 정기적으로 순환 근무를 하도록 인사이동을 실시한다. 대기업의 구성원들은 주로 3~4년 근무한 후에 다른 부서로 이동한다.

또한, 사무실을 설계할 때 공식, 비공식 커뮤니케이션이 아무 때나 즉흥적으로 편하게 일어나도록 만든다. 벽을 없애고, 방을 없애고 칸막이를 낮추고, 곳곳에 화이트보드를 설치한다. 식사, 커피타임 등의 시간에 비공식 커뮤니케이션이 활성화되도록 한다. 많은 기업들이 인사평가에서 수평적 커뮤니케이션을 중요한 평가 요소의 하나로 포함시킨다. 부하 평가뿐만 아니라 동료 평가에서도 중요한 항목으로 반영한다.

수평적 커뮤니케이션을 활성화하기 위해서는 교육 훈련도 중요하다. 수평적 커뮤니케이션의 중요성을 교육시키는 것은 물론, 수평적 커뮤니케이션 과제를 파악하는 방법, 수평적 커뮤니케이션의 절차, 방법 등을 교육시킨다. 부서의 임무, 구성원 각각의 임무를 기술할 때 관련 부서와 커뮤니케이션을 해야 한다는 것을 포함시킨다.

관련 부서들의 업무가 차질 없이 수행되고 어느 정도 성과가 나고 있다고 하더라도 수평적 커뮤니케이션이 잘되고 있다고 단정할 수는 없다. 한 석유 정제 판매사업의 사례를 보자. 석유 정제사업은 원유를 수입해서 정유공장에서 정제하여 휘발유, 등유, 경유, 납사, 연료유 등을 만들어서 국내 시장에 공급하는 사업이다. 그런데 국내시장에서 소비되는 각 석유제품들의 구성비율과 원유에서 정제되어 나오는 석유제품들의 구성비율을 맞춰내기는 매우 어려우므로 국내에서 소비되고 남는 제품은 수출하고 모자라는 제품은 수입한다.

이 회사는 원유 수입은 원유 파트가, 석유제품 수출입은 석유제품 파트가 각각 나누어 맡아서 하고 있고, 한 명의 팀장이 총괄하고 있다. 담당 팀장이 경험과 지식이 풍부하여 모든 업무가 마찰 없이 진행되어 국내 경제에 필수 에너지인 석유가 차질 없이 공급되고 있다. 그러나 원유 파트와 석유제품 파트 간에는 운영이나 의사결정을 위한 수평적 커뮤니케이션이 거의 없는 상황이다. 왜냐하면 팀장이 유능하고 양쪽의 파트장과 파트원들이 모두 베테랑들이므로 대부분의 일을 팀장과 수직적 커뮤니케이션만으로 수행해도 문제가 없기 때문이다.

그런데 정기적인 인사이동에 따라서 팀장이 바뀌게 되었다. 새로운 팀장은 이 분야에 경험과 지식이 거의 없으므로 그간 전문성을 쌓아온 실무진에게 상당한 권한을 이양하고 원유 파트와 제품 파트 간에 수평적 커뮤니케이션을 활성화함으로써 자신의 역량 부족을 보완했다. 이러한 일 처리 방식으로 약 1년이 경과하고 보니 원유 파트의 구성원들은 석유제품에 대한 지식과 국제석유제품시장에 대한 지식이 늘었고 제품 파트의 구성원들은 원유와 국제원유시장에 대해서 많은 지식이 생겼다.

결과적으로 양쪽 파트의 구성원들은 당시 메이저 국제석유회사들의 전유물이던 국제 오일 비즈니스에 눈을 뜨게 되었고, 이어서 싱가포르, 뉴욕, 두바이, 런던, 안트워프에 순차적으로 지사를 설립함과 동시에 해외에 정제시설과 저장시설을 임차하여 운영하고, 나아가서 국내 수요를 훨씬 초과하는 정제시설을 국내 및 해외에 확보함으로써, 원유와 석유제품의 다국적 오일 비즈니스를 영위하는 회사로 발전하게 되었다. 이 국제 오일 비즈니스는 매출 증대는 물론 이 사업만으로 웬만한 대기업의 몇 배의 부가가치를 창출하고 있다.

아래의 그림은 이 사례를 수평적 커뮤니케이션 차원에서 분석해본 것이다.

변경 전의 수평적 커뮤니케이션 그림의 경우, 주어진 업무는 성공적으로 수행되고 있지만 수평적 커뮤니케이션 관점에서는 최선의 경영이라고 볼 수는 없다. 첫째, 양 파트의 구성원들 간에 정보의 교류가 매우

〈 수평적 커뮤니케이션 〉

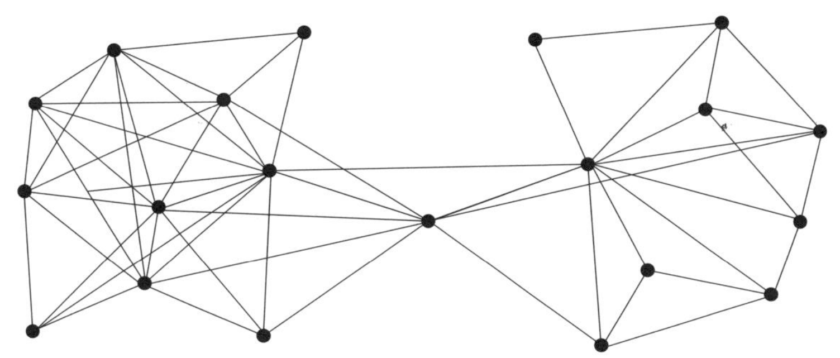

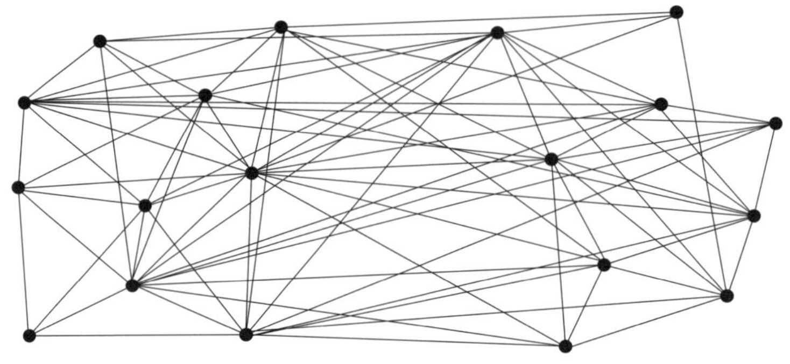

미흡하다. 둘째, 팀원들이 자신의 일은 잘 알지만 연관업무에 대한 경영 지식과 역량이 늘어나지 않고 있다. 시너지가 나지 않고 개인적인 발전성도 약하다. 셋째, 양쪽 영역의 결합에 관한 경험, 지식, 전문성이 팀장 한 사람에게 집중되고 있고, 팀 내의 다른 사람들은 잘 모른다.

경계선 없는 회사 그림을 보면 변경 후의 경우, 수평적 커뮤니케이션의 채널수가 훨씬 늘고 빈도가 잦아진다. 결과적으로, 커뮤니케이션의 정확성과 신속성이 향상되고 서로 간의 이해도가 올라가고, 구성원들의 업무지식과 역량이 신장되고, 시너지도 증가한다. 그리고 새로운 아이디어도 많이 나오게 된다.

GE의 잭 웰치가 추진한 '경계선 없는 회사$_{boundaryless\ company}$'를 살펴보자. 잭 웰치는 부서 간의 장벽, 상하 간의 장벽, 본부와 해외조직 간의 장벽, 본사와 협력업체와의 장벽이 없는 회사를 만들고자 했다.[82] 장벽을 없앤다는 뜻은 정보, 아이디어, 사람이 자유로이 흐르도록 모든 걸림돌과 관료주의 등을 없애는 것이며 공식, 비공식 활동을 통해서 더욱 빠르고 더욱 효율적이고 더욱 친근한 경영을 해나가는 것이다. 특히 부서 간의 장벽을 없애는 것은 수평적 커뮤니케이션을 활성화하기 위한 것이다.

이번에는 구글의 사례를 보자. 구글 사무실에는 칸막이가 없고 복도, 카페 등 어디에나 화이트보드가 설치돼 있다. 내부 통신망을 통해 구성원들이 서로 무슨 일을 하는지 확인할 수 있다. 이렇게 함으로써 서로 아이디어를 교환하거나 동료의 협조를 구하는 것이 훨씬 쉬워진다. 구글러라면 각자의 캘린더에 하루 혹은 일주일 단위로 업무 계획과 성과 등을 기록해두는데, 누구나 다른 구글러들의 계획을 열람할 수 있다. 예를 들어 현재 누가 구글맵 응용서비스에 관련된 일을 하고 있는지, 누가 지메일Gmail 보안에 관한 일을 하는지 알아볼 수 있는 것이다.

'구글리한 사람'이란 어떤 사람인가. 팀워크와 소통을 잘하는 사람, 긍정적이고 도덕적인 사람이다.[83] 이러한 기업문화와 경영도구로써 구글은 부서 간의 벽을 허물고 서로 기민하게 아이디어를 교환하고, 테스트하고, 실천하고 있다. 그리고 구글은 구성원 평가 방식에서도 동료 평가 방식에 의존하고 있다. 상사의 평가도 물론 존재하나 상사가 가장 중요하게 의존하는 것은 동료 평가다.

수평적 커뮤니케이션을 잘하는 것은 나 자신에게도 매우 중요하다. 수평적 커뮤니케이션을 잘하면 능동적이고 협력을 잘하는 사람으로 인식된다. 동료들은 내가 필요한 정보, 지식 등을 제공해주는 사람들이며, 협의하고 협력해야 할 중요한 상대방이다. 동료들과 수평적 커뮤니케이션을 잘하면 더 잘 협력할 수 있고, 파트너십이 발생한다. 이러한 것들은 나의 성과 달성에 주요한 영향을 미친다. 나의 이미지에 중요하고 나에 대한 평가에도 중요하다.

반대로 수평적 커뮤니케이션을 잘못하면 이기적이거나 비협력적인 사람으로 인식된다. 수평적 커뮤니케이션을 잘하는 사람이 되려면 회사와 동료에 대한 나의 생각을 올바르게 정립해야 한다. 회사 일에 관한 한 다른 구성원들과 나는 하나다. 한 몸에 속하는 지체인 것이다. 나와 동료들은 동일한 신경망으로 연결되어 있고 동일한 순환기(피돌기)로부터 에너지와 산소를 공급받는다. 동일한 목표를 향해 움직이기 때문에 역할 분담도 필요하고 견제와 균형도 필요하다.

그러나 이것은 모두 한 방향으로 움직이기 위한 수단이다. 오른발이 앞으로 움직일 때 오른팔은 뒤로 움직이지만 이것은 균형을 유지하면서 앞으로 가는 조화로운 동작이다. 따라서 회사의 구성원들은 나의 경쟁 상대가 아니라 하나의 목표를 향해 함께 헤쳐나가는 사람들이다. 내가 바로 회사라고 생각하면 상대방은 또 하나의 나인 것이다.

손자가 『손자병법』에서 다른 모든 것에 앞서서 첫 번째로 말하는 도道는 "도자 영민여상동의야, 고가여지사, 가여지생, 이민불외위야道者令民與上同意也, 故可與之死, 可與之生, 而民不畏危也로, 모든 국민이 한마음을 갖는 것을 말한다. 그리하여 가히 함께 죽기도 하고 가히 함께 살기도 하여 어떤 위험도 두려워하지 않는 것을 말한다." 고객을 놓고 싸우는 시장에서 우리 회사가 이기기 위해서는 회사의 모든 구성원이 하나가 되고 나와 동료들이 하나가 되어야 한다. 회사는 이러한 생각을 갖고 수평적 커뮤니케이션을 하는 사람을 높게 평가한다.

부서 경계선을 뛰어넘는 사람boundary spanner이 되어서 수평적 커뮤니케이션을 적극적으로 주도하자. 경영성과를 개선하고자 할 때에는 여러 부서의 상황을 잘 이해하고 사업 전체의 관점에서 개선점을 찾는 커뮤니케이션이 필요하다. 업무 프로세스, 가치창출 프로세스를 개선하고 개혁하려면 프로세스 전 과정에 걸쳐 있는 부서들을 이해하고 아우르는 커뮤니케이션이 필요하다.

여러 분야의 지식과 기술을 통합하여 경쟁력을 높이려면 여러 부서가 서로 아이디어를 내고 그것들을 결합하는 커뮤니케이션이 필요하다. 이러한 커뮤니케이션을 잘하려면 '부서 경계선을 뛰어넘어 커뮤니케이션을 잘하는 사람boundary spanner'이 되어야 한다. 다시 말해서 베타 커뮤니케이터가 되어야 한다.

07

공식적 커뮤니케이션과 비공식 커뮤니케이션

——————— 우리가 고용한 것은 종업원이 아니라 사람이다.

– 아니타 로딕

비공식 커뮤니케이션은 구성원 간의 사적인 활동(취미활동, 소주 나누기, 출퇴근 동행 등)에서 많이 일어난다. 비공식 커뮤니케이션은 예고 없이, 절차 없이, 때로는 당사자들도 의식하지 못한 채로 자연스럽게 일어난다. 비공식 커뮤니케이션은 부서간의 경계를 넘어서, 상하 간의 격식을 넘어서 많이 일어난다. 비공식 커뮤니케이션에서는 대부분의 사람들이 정보, 지식, 아이디어, 멘토링, 조언 등을 부담 없이 말하고 응대한다.

회사에서 비공식 커뮤니케이션은 매우 중요한 역할을 한다. 비공식 커뮤니케이션에서 상대방과 나의 포지션을 파악할 수 있는 단서들이 많이 나온다. 비공식 커뮤니케이션에서 경영 개선에 관한 아이디어를 많이 얻을 수 있다. 회사나 상사에 대한 불평을 들을 수 있기 때문이다. 비공식 커뮤니케이션은 수평적 커뮤니케이션에도 많이 기여한다. 비공식 커뮤니케이션을 통해서도 상대방의 포지션을 이동시킬 수 있다. 비공식 커뮤니케이션은 인간관계 형성에 영향을 끼치며 그러한 인간관계는 다시 그들 간의 커뮤니케이션에 영향을 준다.

비공식 커뮤니케이션을 할 때 유의하여야 할 사항들이 몇 가지 있다. 먼저, 모여 있는 사람들의 구성을 고려하여 이야기의 주제를 선별해야 한다. 특히 기업 비밀, 인비 사항에 대해서 각별히 조심한다. 이야기의 주제는 동료나 상사인 경우보다는 일이나 고객에 관한 것인 경우가 훨씬 더 유용하다. 회사 내의 다른 구성원에 대한 이야기를 해야만 할 필요가 있을 때는 평가나 비판보다는 나와 실제로 벌어진 일이나 사실만을 말한다. 다른 구성원에 대해서 남의 말을 전하는 것은 금물이다.

또한 비공식적 방법으로 나눈 이야기는 공식적 커뮤니케이션에서 인용하여 거론하지 않는다. 비공식적 방법으로 나눈 이야기를 상대방의 요청이나 동의 없이 그 자리에 없었던 사람에게 전달하지 않는다. 상대방이 부담 없이 이야기를 나눌 수 있는 상대가 되어야 한다. 비밀을 지켜주고, 상대방이 비공식적으로 한 말을 무기로 쓰지 마라. 그리고 비공식 커뮤니케이션을 할 수 있는 기회를 놓치지 마라. 점심을 혼자 먹지 말라는 말을 들어보았을 것이다. 커피타임, 회의를 시작하기 전의 대기 시간, 냉온수기 앞, 화장실에서의 짧은 시간에도 비공식 커뮤니케이션이 일어난다.

08 창의적 경영을 위한 커뮤니케이션

어떤 면에서 아이디어 작업은 대화이다.

- 『아이디어 헌터 the Idea Hunter』

회사가 지속적으로 성장하고 발전하려면 경영의 모든 분야에서 창의성이 발휘되고, 구현되어야 한다. 회사가 창의성이 필요한 이유는, 고객의 새로운 니즈를 충족시키고, 새로운 상품과 새로운 시장을 개척해야 하며, 기존의 상품과 서비스를 지속적으로 변화시키고 개선해야 하기 때문이다. 그리고 경영의 효율성, 신속성 등을 지속적으로 올리고, 원가를 절감하고, 경쟁력을 발휘해야 한다. 그렇게 하려면 회사의 모든 분야에서 끊임없이 아이디어를 내야 하며, 그러한 아이디어들을 효과적으로 다뤄야 한다.

창의성의 발휘와 구현은 한두 사람의 천재에 의해서 이루어지는 것이 아니다. 많은 사람의 참여와 협력, 즉 많은 커뮤니케이션이 필요하다. 세상을 움직인 거의 모든 발견과 발명은 여러 사람의 협력을 통해서 이루어졌다. 발명왕 에디슨의 사례를 보더라도, 에디슨이 보스턴에 연구소를 갖고 있을 때는 1인 연구소나 다름없었다. 그때 개발한 자동 개표 장치나 다른 발명품들은 모두 시장에서 실패했다. 그 당시까지도 에디슨의 마인드는 개방적이 아니었으며 연구소 주변에 널린 아이디어들을 활용하지 못했다.

그러나 1897년 뉴저지 멘로 파크에 연구소를 설립하고 독일의 유리 가공전문가, 스위스 시계제작자, 흑인 엔지니어, 미국의 수학자, 영국의 섬유기계 전문가 등으로 팀을 구성하고, 이들의 아이디어를 활성화하고 결합함으로써 성과를 내기 시작했다. 이후 에디슨은 괄목할 만한 성과를 이루었으며, 멘로 파크의 마법사Wizard of Menlo Park라고까지 불리게 되었다.[84]

모든 구성원이 아이디어 찾기에 참여하고, 서로 커뮤니케이션하고 협력해야 하는 이유는 아이디어나 창의성의 특성에 기인한다. 아이디어의 원천의 관점에서 볼 때 아이디어는 다음과 같은 특성이 있다.

첫째, 아이디어는 누구나 낼 수 있다. 그 분야의 지식이나 전문성이 없는 사람도 약간의 정보만 있다면 엄청난 아이디어를 낼 수 있다. 둘째, 아이디어가 아이디어를 낳는다. 한 번 터지면 꼬리를 물고 나온다. 다른 사람들의 아이디어를 듣다 보면 자신도 아이디어가 떠오른다. 셋째, 여러 사람들이 대화를 하는 가운데서 얻어지는 아이디어도 꽤 많다. 넷째,

아이디어를 서로 제시하고 공유하고 조언하는 과정에서 아이디어는 더욱 풍성해지고, 발전된다.

그런가 하면 아이디어의 결합, 발전의 관점에서 아이디어는 또 다른 특성을 가진다. 첫째, 아이디어끼리 이리저리 모아보면 또 다른 아이디어가 나온다. 둘째, 다양한 요소, 다양한 분야의 아이디어들이 결합되고, 상호작용하고, 복합적 연관성을 가지면서 아이디어가 발전된다. 셋째, 모든 위대한 발명품들은 작은 아이디어들이 끊임없이 연결되는 과정에서 탄생된 것이다.

마지막으로 아이디어의 구현의 관점에서 보면 아이디어는 또 이러한 특성이 있다. 첫째, 커다란 혁신이라고 해서 커다란 아이디어로 출발해야 하는 것은 아니다. 둘째, 창의성을 혁신으로 구현시키기 위해서는, 다시 말해서 혁신적인 것을 개발하기 위해서는 다기능적cross-functional으로 구성된 팀이 필요하다. 제조, 마케팅, 엔지니어링, 재무 등 사안에 따라 팀의 구성은 달라질 것이다.

이러한 아이디어의 특성으로 인해서 창의적인 경영을 위해서는 커뮤니케이션이 강조될 수밖에 없다. 「토이스토리」 「니모를 찾아서」 등으로 유명한 '픽사'는 스티브잡스가 일으키고 디즈니가 2006년에 인수 합병한 에니메이션 창작 회사다. 픽사의 경영 철학은 아이디어보다는 구성원이 중요하며, 구성원들이 아이디어를 공유하고 협력하여 결과물을 도출하는 커뮤니티가 중요하다고 본다.

픽사는 이러한 철학을 기반으로 일찍이 세 가지 중요한 경영 원칙을 채택했다. 첫째, 누구나 다른 사람들과 의견을 교환할 수 있는 자유가 있다. 둘째, 누구라도 자유롭게 아이디어를 제공할 수 있어야 한다. 셋째,

관련 분야에서 일어나는 혁신 내용에 해박해야 한다. 픽사의 탁월한 '집단 창의성'은 구성원들이 이러한 세 가지 원칙에 의해 활발하게 커뮤니케이션함으로서 이루어진 것이다.[85]

한편, 제록스는 최초의 컴퓨터인 알토 컴퓨터Alto computer를 만들었다. 하지만 제록스는 알토 컴퓨터를 상품화하는 데는 성공하지 못했다. 이는 팔로알토 연구소가 회사 내의 다른 엔지니어들과 아이디어를 결합시키고 구현시키는 커뮤니케이션을 잘하지 못했기 때문이다.

창의성이 발휘되고 결합되고 구현되는 커뮤니케이션 시스템은 다음과 같은 특징이 있다. 첫째, 아이디어를 내는 커뮤니케이션 채널이 전사적으로 확보되어 있다. 제안 제도가 활성화 되어 있고, 아이디어 캠페인과 브레인스토밍 등이 벌이지며, 미팅 중에 구두로, 또는 이메일이니 서면으로 자연스럽게 아이디어를 낸다. 둘째, 아이디어의 방향성이나 범위를 제한하지 않으며, 전제前提를 두지 않는다. 다른 부서의 일, 다른 사람의 일에 대해서도 자유롭게 아이디어를 내고, 서로 주고받는다.

셋째, 구성원들 간에 전문 분야를 초월하고 직급을 초월하는 끊임없는 의사소통을 장려한다. 지멘스, 글락소 스미스클라인, BP, 카오 등 유수의 기업에서 이런 의사소통을 볼 수 있다. 넷째, 고객, 협력업체 등 외부로부터의 아이디어를 적극적으로 받아들이고 사내에 전파한다. 고객의 불만을 아이디어의 원천으로 삼는다. 다섯째, 아이디어는 많을수록 환영 받는다. 새로운 아이디어에 대해 좋고 나쁨을 섣불리 판단하지 않으며, 사소하게 보이는 아이디어라도 무시하지 않는다. 스타벅스를 일으킨 하워드 슐츠의 아이디어는 보통사람들도 우아하고 훌륭한 커피를 마시면 돈을 더 낼 것이라는 단순한 아이디어에서 시작됐다.

여섯째, 즉흥적인 대화를 할 수 있도록 회의실, 구내식당, 휴게실, 사무실 벽면, 복도, 옥외 공간 등에 화이트보드를 설치한다. 인트라넷, 지식경영시스템, 전자게시판 등의 시스템이 제공되고 있다. 예를 들어 피앤지P&G사는 세계 9개국의 R&D 센터 직원 7,500여 명이 내부의 웹사이트를 공유함으로써 업무상의 문제를 해결하거나 개선 아이디어를 낸다.[86] 창의성이 발휘되는 회사들은 구성원들 간에 공식, 비공식 네트워크가 다양하게 구축되어 있다.

일곱 번째, 아이디어를 주제로 하는 대화의 방법을 구성원들이 알고 있다. 자유분방, 열린 마음, 경청, 인정, 직급 초월, 공평한 발언기회 등이 이러한 회사들의 문화를 구성한다. 여덟 번째, 아이디어 추구에 대한 실패를 두려워하지 않는다.

3M이나 구글, 고어앤드어소시에이츠는 직원들에게 업무 시간의 10~20%를 혁신적인 신규 프로젝트에 할애하도록 하고 있다. 그런데 직원들은 이 시간을 혼자 연구하면서 보내는 것이 아니다. 공식, 비공식으로 팀이 구성되고 팀 활동을 하는 것이다.

어려운 상황에서의 커뮤니케이션

회사 내에서 두 사람이 항상 동의한다면 그중 한 사람은 필요 없는 것이다.

– 에즈라 파운드[87]

회사 일을 하다 보면 커뮤니케이션을 하기에 어려운 상황에 자주 직면하게 된다. 상대방의 극심한 반대에 부딪치거나, 상대방이 부정적인 선입견을 갖고 있거나, 무조건 방어적이거나, 나를 비난하거나 공격하는 경우가 있다. 상대방이 다른 무엇엔가 분노하고 있어서 대화가 안 되거나 감정의 홍수 속에서 허우적거릴 때도 있다.

한편으로 너무 화가 나거나 당황스러울 때, 두려울 때도 커뮤니케이션은 정상적으로 되기 어렵다. 상대방과 나 사이의 시각 차이가 있거나 갈등이 생기는 구조적인 상황도 있다.

그러나 우리는 어려운 상황 아래서도 프로답게 커뮤니케이션해야 한다. 진정한 프로는 어떤 경우에도 흔들리지 않고, 어떤 유혹에도 함정에 빠지지 않는다. 또한 상대방의 감정이 나에게 전이되지 않도록 미리 대비한다.

이 책에서 언급한 커뮤니케이션 전략을 잘 활용하면 그렇게 할 수 있을 것이다. 먼저, 어떤 상황에 직면하더라도 커뮤니케이션 과제, 즉 커뮤니케이션의 목적과 주제를 놓치지 말아야 한다. 상대방이 나를 공격한다고 해서 내가 방어에 열을 올리거나, 상대방이 나를 비난한다고 해서 나도 상대방을 비난한다면 커뮤니케이션의 목적과 멀어지고, 커뮤니케이션의 주제가 바뀌게 된다.

그리고 상대방이 나를 비난하든, 공격하든, 어떤 경우든 그 이유를 알려면 상대방의 포지션을 파악해야 한다. 그 사람의 포지션 속에 그 이유가 있기 때문이다. 상대방이 어려운 상황을 만들고 있다면 그것에 직접 반응하지 말고 '그 입장에서 나라면 어떨까?'를 떠올린다. 이것을 습관화한다. 상대방을 인정하고 상대방의 포지션을 파악하려고 하는 것이다. 그리고 나 자신의 포지션도 명확히 점검하고 나를 컨트롤한다. 비행기에서 비상 상황이 닥칠 경우 나부터 산소마스크를 써야만 유아나 취약자를 도울 수 있다.

커뮤니케이션이 어려운 상황에서 어떤 커뮤니케이션 전략이 필요한지 여러 가지 경우로 예를 들어 구체적으로 살펴보자.

상대방의 반대에 부딪쳤을 경우

상대방의 포지션을 반대의 입장인 것으로 섣불리 확정 짓지 말아야 한다. 전술에서는 반대이나 전략에서는 찬성일 수도 있다. 상대방을 제대로 이해하지 못했을 수도 있다. 잘못 표현할 수도, 잘못 전달될 수도, 잘못 이해할 수도 있다. 상대방이 반대하고 있음을 확인했을 경우, 내가 상대방의 반대를 존중한다는 것을 알게 하고, 상대방의 포지션을 다시 파악하라.

먼저 반대의 요지를 정확히 파악하고, 반대하는 부분을 전체로부터 분리시켜서 정의를 내린다. 다음으로 반대를 인지했고 그것에 대해서 주의를 기울이고 있음을 상대방에게 알린다. 그런 후 반대하는 이유나 배경, 반대의 근본적인 원인에 대해서 상대방의 포지션을 바탕으로 문의하여 확인한다.

만약 상대방이 현안에 대해 이유 없이 반감을 갖고 있다는 생각이 든다면 사실은 상대방이 반감을 갖고 있는 이유를 제대로 알지 못하고 있는 것이다. 상대방의 포지션을 바탕으로 그 이유를 찾아야 한다. 직접 질문을 하거나 제3자를 통하거나 다른 방법을 통해서 답을 찾는다.

그 다음에 상대방의 반대의 근본적인 원인에 따라서 해결 방안을 찾는다. 반대의 원인이 사실관계 파악fact finding의 차이, 전제나 가정의 차이, 논리구조의 차이, 판단 기준의 차이, 목적의 차이 등 어느 것이든 커뮤니케이션을 통해 충분히 그 차이가 해소되거나 대안을 찾을 수 있다. 회사의 일이고 회사 내부의 구성원들이기 때문에 답을 낼 수 있는 것이다.

일단 서로 일치하는 부분부터 확인하고 차이가 발생한 부분에 대해서 그 차이점을 확인한다. 잘잘못을 가리는 것이 아니라 어떤 차이가 있는지를 확인하는 것이다. 차이의 원인이나 배경을 질의응답을 통해서 확인한다. 전제나 판단 기준의 차이가 좁혀지지 않는 경우에는 상위 조직의 전제나 판단 기준을 찾아서 적용하도록 협의한다. 반대의 원인이 상대방의 목적이 나와 다른 데 기인하는 경우에는 그 목적의 근원이 되는 근본 목적을 파악하고 그 근본 목적이 상위 조직의 목적에 부합되는지 확인한다. 그리고 상위 조직의 목적에 부합되도록 대안을 찾는다.

상대방이 나를 비난하거나 공격하는 경우

누군가로부터 비난을 들었거나 공격을 받았다면 우선 이런 생각을 해보자.

그 사람이 나를 비난함으로써 여러 사람의 주목을 받고자 하는 것이라면 내가 비중이 있는 사람으로 인식되고 있는 것이다. 그 사람이 나를 비난함으로써 무엇인가를 얻고자 하는 것이라면 나는 다른 사람에게 무언가를 줄 수 있는 사람이다. 그 사람이 나를 비난함으로써 심리적인 만족을 얻는 것이라면 나는 다른 사람들이 시기하고 질투할 만한 사람이 된 것이다. 상대방의 포지션과 나의 포지션을 생각해보라. 어느 경우든 꼭 기분 나쁜 일만은 아니다.

상대방이 나를 부당하게 비난한다면, 내가 모르는 사정이 있었던 것은 아닌지 들어본다. 또 그 사람의 입장에서 내가 비난받을 만하다고 생각하는 이유가 무엇인지 들어본다. 상대방이 감정의 홍수에 빠져서 합리적인 판단을 못하고 있는 경우도 있다. 비난하는 태도는 예의에 어긋나지만 그 이유를 들어보고 그 사람이 부당하다는 나의 판단이 과연 맞는 것인지 생각해본다. 만약 나의 판단이 맞고 상대방이 불필요하게 공격을 하고 있다면 그 이유는 대부분 상대방이 자신의 힘이 떨어지고 영향력이 상실되었다고 생각하거나, 또는 자신이 올바른 대접을 못 받고 있다고 생각하기 때문이다.

상대방의 공격에 대해 나도 상대방을 역공격한다면 상대방은 자신의 포지션에 더욱 매달릴 것이며, 자신을 보호하기 위해서 더욱 공격적이 될 수 있다. 상대방의 비난에 대해 나도 상대방을 비난하는 것은 파괴적이 되고, 피차 회복하기 어려운 상처를 받는다. 그렇다고 냉소적으로 대한다든지, 상대방을 비하하는 태도를 취하는 것은 훌륭한 인품으로 인식되지 않는다. 상대방을 무시하거나, 자리를 피한다면 소극적인 사람이 된다.

상대방이 나를 비난하거나 공격하는 경우에는 전략적으로 대응해야 한다. 이것은 물론 훈련이 필요하다. 전략적으로 대응하려면 우선 포지션 파악을 생각한다. 상대방이 나를 비난할 때 상대방의 말을 중간에 자르고 나의 말을 하는 것은 바람직하지 않다. 물론 상황을 설명하고 싶고 자신을 방어하고 싶을 것이다. 그러나 상대방의 말을 중간에 자르면 상대방의 포지션 파악이 중단된다. 상대방이 나를 비난하는 핵심적인 내용이나 그 이유, 배경을 일부만 듣거나 듣지 못하게 된다. 내가 상대방에게 설명해야 할 포인트를 잘못 잡을 가능성이 높다. 비난이라는 상대방의 목적이 달성되지 못한 상태에서 말이 끊기면 상대방은 내 말에 귀를 기울이기보다는 자신의 말을 계속 하고자 한다. 이렇게 되면 대화가 이루어지지 않는다.

상대방의 말을 침착하게 다 들어주면 상대방은 말하고 싶은 욕구가 다 충족되었을 뿐만 아니라 자신이 존중받았다는 만족감이 생긴다. 그렇게 되면 마음에 여유가 생기고 생산적인 내용을 다룰 준비가 되는 것이다. 따라서 상대방이 하고 싶은 말을 충분히 하도록 놓아두어야 한다. 상대방이 하고 싶은 말을 충분히 다한 것으로 생각이 들면, 이제 질문을 하라. 나의 입장을 설명하기보다는 질문을 하라.

우선 상대방에게 더 추가하고 싶은 말은 없는지 확인하는 질문을 하라. 그렇게 하면서 호흡을 가다듬어라. 그 다음에 내가 하고 싶은 말이 상대방의 입에서 나오도록 여러 가지 질문을 계속하라. 질문을 잘하면 내가 말하고자 하는 것이 저절로 드러난다. 나의 목적은 진정한 문제가 무엇인지 파악하고 실제적인 답을 찾아내는 것이지 상대방을 이기는 것이 아니라는 점을 생각하자.

내가 어려운 상황에 처해 있을 때

화가 난 상태라면 우선, 자신이 분노하고 있음을 인지하고 인정한다. 속이 끓어오르기 시작할 때 "아, 내가 화가 나는구나"라고 감지한다. 자신의 감정 상태에 변화가 일어나고 있음을 인지하고 인정하는 것이 첫 번째 중요한 단계다. 자신의 감성과 이성의 상황을 관조적으로 파악하는 것이다.

다음에는 그 분노를 마음 한쪽에 놓아둔 채, 상대방과 커뮤니케이션할 주제와 목적을 생각한다. 내가 원하는 포지션 이동을 생각한다. 분노를 없애려고 하거나 부인하거나 분노와 싸우지 않는다. 분노를 그대로 놓아두고 커뮤니케이션에 중요한 것을 생각한다. 자신의 분노를 인지하는 즉시 자신과 상대방의 포지션을 생각하는 습관을 들이면 내면의 감정이 외부로 표출되는 것을 지혜롭게 방지할 수 있다.

그리고 커뮤니케이션의 주제를 놓치지 않으면서 천천히 전략적으로 대응한다. 분노하는 이유와 그 배경에 대해서 생각하고, 화를 내야 할 필요가 있다면 전략적으로 화를 낸다. 화가 난다는 것을 인지하는 순간 목소리를 낮추어 이야기하는 것도 하나의 방법이다. 『논어』 「계씨편季氏篇」에 "군자유구사君子有九思, 군자는 아홉 가지 생각하는 것이 있다"라는 구절 아래에 그 여덟 번째로 "분사난忿思難, 화가 날 때는 환난 당할 것을 생각하라"고 말한다. 즉, 화가 난 상태에서는 아무리 옳은 말을 하더라도 실수할 염려가 있으니 나중에 감당할 것을 미리 생각하고 커뮤니케이션하라는 말이다.

나에게 갑자기 매우 나쁜 상황이 벌어져서 두렵거나 당황스러울 때는 상대방의 말을 제대로 알아듣지 못하거나, 말이 막히거나 부적절한 말이 나올 수 있다. 이런 경우에는 내가 어려운 상황에 있다는 것을 인정하고 혼잣말이든 누구에게든 '겁난다' '당황스럽다'라고 솔직히 표현한다.

미국 UCLA의 매튜 리버만 박사의 연구에 따르면 당혹감이나 두려움을 언어로 표현하면, 즉 그 감정을 입으로 말하면 고통이 크게 줄어든다고 한다. 동물적 행동을 일으키는 편도체의 활동이 바로 줄어들고 합리적 의사결정을 돕는 전전두엽피질이 작동하기 시작한다는 것이다.[88]

그러니 '나는 괜찮다' '나는 무섭지 않다'라고 자신을 속이는 것은 도움이 되지 못한다.

스피치나 발표를 앞두고 긴장되어서 쩔쩔 맬 때가 있다. 이런 경우에는 어떤 누구라도 중요한 일 앞에서는 긴장한다는 것을 생각한다. 마하트마 간디도 처음 법정에서 사건에 관해 진술할 때 너무 긴장한 나머지 기절한 적이 있다. 훌륭한 연설가인 윈스턴 처칠도 의회연설에서 스트레스로 인해 자신이 하려고 준비한 말을 전혀 기억할 수 없어서 그냥 다시 내려온 적이 있다.[89]

내가 특별히 소심하기 때문에 긴장하는 것이 아니라 내 몸을 준비시키고 활력을 불어넣기 위해 긴장하는 것이라고 생각한다. 긴장감을 부인하지 말고 연습을 통해 자신감과 용기를 만들어내라. 자신감과 용기는 두려움이나 긴장을 없애는 것이 아니라 그로 인한 영향을 없애는 것이다. 클라우제비츠의 『전쟁론』에 의하면 장수의 귀중한 심적 특성은, '침착한 용기'인데 이것은 오직 익숙함에서 얻어지는 것이라고 말한다. 즉, 실전에 버금가는 연습이 필요하다는 말이다.

시각의 차이

상대방과 나 사이에 시각 차이가 있는 경우, 그것을 늘 있는 일로서 받아들인다. 포지션이 다르면 시각 차이가 발생하는 것이 당연하다. 상대방이 어떤 큰 물체의 오른쪽 옆모습을 설명하고 있으면 그 사람의 포지션이 그 물체의 오른쪽 옆이라는 것을 알 수 있다. 그것을 알 수 있는 이유는 내가 그 물체의 모든 측면을 이미 잘 알고 있기 때문이다.

그러나 물체와는 달리 회사 일의 경우에는 대부분의 경우 내가 전체의 모습을 알고 있기는 어렵다. 그러므로 상대방이 그 일에 대해서 내가 아는 것과 다른 말을 한다고 해서 그 사람의 말이 틀렸다고 생각해서는 안 된다. 상대방이 그 사안을 나와 다른 포지션에서 보고 있다고 생각해야 한다. 조직의 발전과 향상을 위해서는 시각이 서로 다른 사람들이 조직 내에 있어야 한다. 그래야 여러 각도에서 사안의 전모全貌를 보게 되는 것이다. 다른 시각과 부딪치게 되면 반가워하라. 내가 갖고 있지 않은 시각을 접할 기회가 생긴 것이다.

나 자체도 양쪽 눈에 시각 차이가 있음으로써 물체를 입체적으로 볼 수 있다. 따라서 시각 차이를 내하게 되면, 누구의 시각이 맞는 것인지를 가릴 것이 아니라 다른 시각으로부터 얻어낼 수 있는 것을 찾는다. 상대방의 시각으로부터 배울 수 있는 점을 찾는 것이다. 이에 더하여 상대방의 시각을 인정하면서 상대방의 말을 들어보면 상대방의 포지션을 더 잘 이해하게 되고, 상대방의 포지션을 더 잘 이해하면, 상대방의 시각을 더 잘 이해하게 된다.

상대방과의 시각 차이가 커뮤니케이션에 장애가 되고 있다면, 우선 상대방과 내가 겹쳐져 있는 부분, 즉 공통으로 이해하고 있는 부분에 대해서 이야기를 나눔으로써 서로 멀리 떨어져 있는 것이 아님을 확인한다. 두 사람이 각자 의견이나 주장이 서로 다른 부분만 계속 말하고 있을 경우에 자신과 상대방의 포지션에 대해서 느끼는 모습은 다음 그림과 같다. 이렇게 서로 떨어져 있다는 느낌은 사실을 반영하지 못하고 있다.

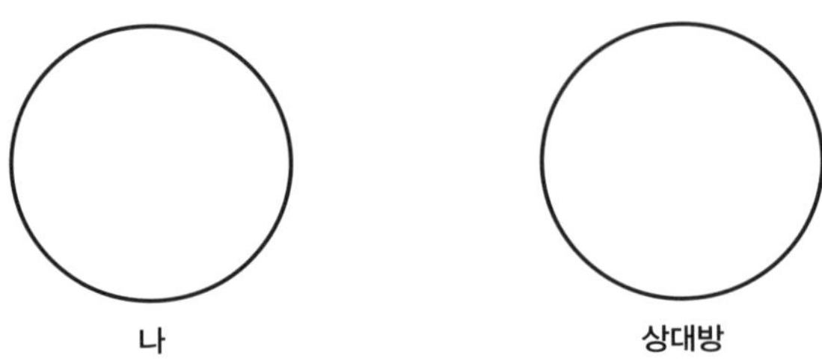

　두 사람이 공통적으로 갖고 있는 생각을 먼저 확인하고 공유한 다음에 의견이나 주장이 다른 것을 말하는 경우에 느끼는 모습은 다음 그림과 같다. 이것이 진정한 모습니다.

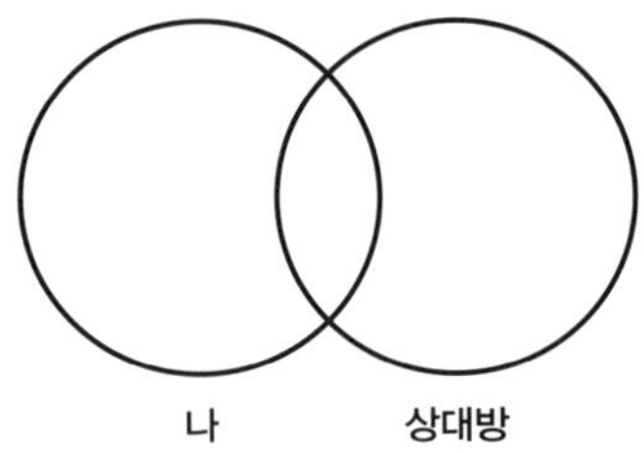

갈등 관계

　회사 일을 열심히 하다 보면 부서 간, 동료 간에 수시로 갈등 관계가 형성된다. 회사에서 이러한 갈등이 생기는 이유는 여러 가지가 있다. 각자의 목표 간의 충돌이 일어나고, 부서 간에 전략의 차이가 발생하기도 한다. 회사의 가용 자원은 제한되어 있기 때문에 거의 모든 부서들이 더 많은 배분을 받으려고 경쟁한다. 업무 분장이나 권한과 책임의 구분이 모호해서 갈등이 생기는 경우도 있으며, 이해관계가 상충하기도 한다.

부서 간의 갈등이나 구성원들 간의 갈등을 구조적으로 풀어보면, 상호간에 공동의 목표가 있고 상호간에 의존성이 있는 가운데 목표나 전략의 상충, 또는 다른 이유로, 논쟁 등 상호작용이 일어나는 것이다. 여기서 상호간에 공동의 목표가 있고 의존성이 있다는 것은 답을 찾을 수 있는 관계라는 뜻이다. 다만 답을 찾으려면 개방적인 커뮤니케이션을 필요로 한다.

시로의 임무, 목표, 전략, 또는 이해관계가 상충되어서 생기는 갈등이라면(이러한 것을 '업무적 갈등'이라고 칭하고, 감정적 갈등과 구분하자) 다음의 순서로 답을 찾아보자.

① 각자 자기 부서의 최선을 추구하는 방안을 낸다.

② 부서 간에 상충되는 모든 문제점을 드러낸다. 여기서 토론의 목적은 모든 문제점을 노정露呈시키는 것이지 승패를 가르거나 절충하는 것이 아니다.

③ 각자가 추구하는 방안의 근본적인 목적까지 다 터놓고 서로 이해한다.

④ 상위 조직의 입장에서 대안을 만들고 검토한다.

⑤ 상위 조직의 관점에서 최선의 대안을 선택하고, 선택된 대안의 단점을 보강하는 방안을 강구한다.

⑥ 나아가서 이 갈등을 통해서 우리가 배우고 얻은 것은 무엇인지 생각하고 확인한다.

한 프랜차이즈 사업에서 신상품으로 핑거 샌드위치를 개발하기 위해 관련 부서들이 협의하고 있다고 생각해보자. 연구개발팀은 핑거 샌드위치는 맛의 생생함을 유지하는 것이 생명이므로 배달 시간을 현재의 반으로 줄여야 한다고 주장하고, 물류팀은 시내의 교통량 등 물류환경을 전혀 고려하지 않은 전제이므로 신상품 개발 아이템을 변경해야 한다고 주장할 것이다. 운영팀은 새로운 메뉴는 반드시 있어야 하며 경쟁사와 차별성을 갖기 위해서는 신선함이 생명이라고 강조한다. 이런 경우에 위에 6단계로 제시한 방법에 의한 토의를 통해서 답을 내야 할 것이다. 부서 간에 적당한 선에서 서로 양보하고 절충하는 것이 답은 아니기 때문이다.

회사 내의 갈등을 해결함에 있어서 유의할 점은, 전체의 이익을 위해서 부서의 이익을 희생한다든가 다른 부서에 양보한다는 것을 이유로 소속된 부서의 최선을 검토하지 않으면 사안에 내재된 모든 문제를 다 드러낼 수 없고, 회사 차원에서는 최선의 답을 놓칠 수 있다는 것이다. 상대방도 상대방의 입장에서 최선을 검토하고 모든 문제를 드러내게 해야 한다. 상대방의 포지션을 상세히 알지 못한 상태에서 양보를 기대하거나 흥정하거나 강요하는 것은 회사를 위한 최선이 아니다.

회사 내의 업무적 갈등은 절충이나 타협의 대상이 아니라 개방적인 토의의 대상이다. 각자 자신의 부서에 진실한 의도나 근본적인 목적을 모두 내놓아야 한다. 숨겨진 의도가 있다면 토의나 결정이 왜곡된다. 업무적 갈등을 이기고 지는 게임으로 보면 시야가 좁아지고 자기존중이 아니라 자존심이 개입된다. 업무적 갈등을 감정적 갈등으로 전이시키지 말아야 한다. 이러한 부작용들을 방지하는 좋은 방법은, 갈등을 일으키고 있는 문제를 토의할 때 내용 토의에 들어가기 전에 토의하는 목적과 방법을 위에 말한 순서로 먼저 정해놓는 것이다. 갈등을 대하는 자세나 태도는 그 사람의 역량과 리더십과 기업관을 나타낸다.

논쟁과 협력

이번에는 회사 내의 논쟁과 협력에 대해 생각할 점들을 살펴보자. 일에 대한 논쟁은 필요하다. 논쟁이 없으면 발전도 없다. 논쟁이 없으면 효율성을 잃는다. 부서 간에 논쟁을 하지 않는 것은 다른 부서의 일이나 사업 전체에 대해서 관심이 없고 사업의 목적에 충실하지 않는 것으로써 기업 침체의 주요 원인이 된다.

GE의 잭 웰치는 회사 내에 건설적인 충돌이 일어나는 문화를 만들었다. 건설적인 충동이란, 논의 과정에서 충돌이 일어나는 것을 당연한 것으로 받아들이고 다른 사람의 주장에 귀를 기울이고 그것을 고려하는 것이다.[90] 토론은 서로 견해가 다를 때 가치를 발휘하는 것이다. 어떤 사안을 논의할 때 반대 의견은 그 사안에 많은 기여를 한다. 반대가 있어야 반대를 극복하기 위해서 더 많은 정보를 확보하려는 노력을 한다. 반대가 있어야 서로 다른 여러 관점을 접하게 되고 사안에 대한 이해가 깊어지는 것이다.

반대를 통해서 잠재적인 문제점을 미리 발견하고 대책을 준비한다. 반대를 많이 받은 사업이 실전에서 성공한다. 삼성의 반도체사업이 적절한 예다. 세상에 알려진 바에 의하면 창업주 이병철은 회사 내 모든 이들의 반대를 무릅쓰고 1983년 동경에서 반도체 사업(D램 사업)에 본격적으로 뛰어든다는 선언을 한다. 그 이후에 이 사업을 실제로 일으킨 사람들은 누구인가? 이병철 회장 자신인가? 후계자 이건희 회장인가? 아니다. 이 사업을 지극히 반대하던 임원과 간부들을 포함한 임직원들이다. 그들은 반도체 사업에 대해 찬반을 토의하는 과정에서 많은 공부와 훈련을 거쳤고 사업의 성공 요소와 리스크를 잘 알게 되어 성공으로 이끌 수 있었다.

이에 반해 전원이 찬성하여 실행에 옮겼으나 완벽하게 실패한 유명한 사건이 있다. 1961년 4월의 미국의 쿠바 피그만 침공사건으로 세계 최강국 미국이 어이없이 패전하여 국제적으로 큰 곤경에 처하게 되었던 사건이다. 케네디 대통령이 취임한 지 얼마 되지 않아 딘러스크 국무장관, 맥나마라 국방장관, 맥조지번디 안보보좌관, 덜레스 CIA 국장 등이 모여서 CIA가 수립한 쿠바 침공안을 별다른 토의도 없이 만장일치로 통과시켰다. 최고의 두뇌와 각 분야의 전문가였던 이들은 대부분 하버드대를 졸업하고 성장 배경도 비슷해서 서로 친구처럼 지내는 사이였다.[91] 그러나 이렇게 일사불란하게 통과된 작전은 완전히 실패로 돌아갔다. 아무도 반대를 하지 않다 보니 많은 허점을 발견하지 못한 것이었다.

논쟁을 피하는 것은 일을 잘하는 것도 아니고 커뮤니케이션을 잘하는 것도 아니다. 그런 사람들은 협력과 화합의 중요성을 잘못 해석한 것이다. 반대나 논쟁을 예의 바른 태도가 아닌 것으로 잘못 해석하는 것이다. 다른 사람들의 기분이 상하지 않도록 대립을 피한 것뿐이다. 논쟁을 벌이는 것이 상대방과 좋은 관계를 유지하는 데 도움이 안 된다고 생각하는 것이다.

회사 구성원들 간에 좋은 관계가 무엇을 뜻하는지, 또는 좋은 관계를 유지하고자 하는 근본 목적이 무엇인지 올바르게 이해해야 한다. 어떤 사람들은 보신주의나 소극적인 태도를 감추기 위해서 좋은 관계를 유지하는 것으로 포장한다. 또는 간섭 안하고 간섭 안 받기 주의에 빠져 있는 사람들도 있다. 다른 사람의 일처리에 불만이 있거나 불안함을 느껴도 문제 제기를 하지 않는다. 이런 사람들은 남의 간섭을 받는 것도 싫으므로 자신의 고민이나 생각을 털어놓지 않는다. 자신이 의도하는 바 역시 좀처럼 말하지 않는다.

비윤리적인 경우도 있다. 상사가 부하의 반대를 이기적인 이유로 싫어한다. "상사에 대든다. 분위기 망친다, 일체감을 깬다, 리더십을 손상한다"는 등의 이유로 부하의 반대를 용납하지 않는다. 부하는 상사의 보복이 두려워서 또는 관계가 나빠지는 것을 피하기 위해서 반대를 꺼린다.

이런 식으로 논쟁을 피하는 것은 경영에 전혀 도움이 되지 않는다. 구성원들 간에 의견충돌이 없는 것은 회사에 문제가 없는 것이 아니라, 의사소통이 작동되지 않아서 가치 있는 정보나 의견이 사장死藏되고 더 좋은 결정의 기회를 잃고 있으며, 문제가 여기저기에서 속으로 곪고 있는 것이다. 나아가 회사 내에 어려운 문제를 회피하려는 경향이 생기고 서로 좋은 말만 해주는 이상한 문화로 변질된다.

하버드 비즈니스 스쿨의 크리스 아기리스는 화합과 협력을 이유로 논쟁을 피하는 것을 "숙달된 무능함skilled incompetance"으로 칭한다. '숙달된 무능함'은 회사 구성원의 '품위'로 인하여 회사가 피해를 보는 경우를 말한다. 숙달된 무능함의 대표적인 사례를 보자. 2002년에 일어난

크로스에어 항공사의 사건으로, 크로스에어 제 3597편이 취리히 공항에 착륙을 시도하던 중에 사고를 일으켜 승객과 승무원 33명 중 24명이 사망했다. 이 사고는 루트 기장과 부기장의 커뮤니케이션의 문제, 즉 숙달된 무능함에 기인한 것이었다.

740m 상공에서 활주로가 안 보였음에도 기장은 착륙을 시도했고, 부기장은 아무런 문제도 제기하지 않았다. 이런 경우에는 규정상 다시 상승해야 하나 기장은 자신의 기술과 경험을 과신했고 부기장은 기장과의 마찰을 피했다. 이미 2km 전방의 시야가 좋지 않다는 앞 비행기의 보고가 있었고, 기장과 부기장이 모두 그것을 알고 있었다. 이후 크로스에어는 하강의 길로 들어서고 스위스 항공에 인수되었다.[92]

논쟁하면서 협력하는 문화란 어떤 것인가? 회사에서 논쟁을 대하는 올바른 자세는 첫째, 토론의 활성화, 둘째, 개방적 토론, 셋째, 상위 조직의 목표에 집중하는 것의 세 가지다.

부서 내 또는 부서 간의 토론을 활성화시키고, 자신의 업무가 아닌 업무에 대해서도 의견을 내고 토의한다. 토의 과정에서 더 많은 정보를 확보하고, 더 많은 대안을 개발하고, 활발히 토론한다. 토론할 때는 개방적으로 토론한다. 상대방이 스스럼없이 반대할 수 있게 하고, 자신과 다른 관점을 개방적으로 대한다. 사람보다는 과제에 집중하고, 비난보다는 해결책에 집중한다. 상대방을 비판하거나 나를 방어하는 것이 아니라, 대안과 장애 요인과 해결 방안을 토의하는 것이다.

논의 과정에는 공정성과 공평성을 확립한다. 공정성을 믿으면 자신이 동의하지 않았더라도 결정 사항을 받아들이게 된다. 승자와 패자로 갈리지 않고, 서로 다른 사람들의 의견을 통해 배운다. 회사에서는 논쟁의 목적을 이기는 데 두지 않는다. 이기고 지는 것에 대한 정의를 내리지 않는다. 논쟁을 잘하고 못하는 것에 대한 정의를 내린다.

토론의 초점은 상위 조직의 목표를 달성하는 것에 집중한다. 토론 과정에서는 각자 자기 부서의 최선을 추구하는 관점에서 모든 문제를 드러내고, 모든 문제를 공유한다. 그러나 문제를 다 드러낸 다음에는 이기적인 경쟁보다는, 상위 조직의 목표와 전략을 추구하는 데 주안점을 두고 답을 찾는다.

위와 같이 하는 것은 회사에도 좋지만 나의 발전에도 크게 도움이 된다. 다른 부서에 대한 지식이 쌓이고 서로 다른 관점을 이해하게 된다. 사고방식이 다양해지며 상위 조직의 관점에서 사안을 보는 훈련을 쌓게 된다. 나의 내공이 쌓인다. 이느덧 내가 회사에서 중요한 사람이 되는 것이다.

6

베타 커뮤니케이션의 성공 요소

01

커뮤니케이션의 90%는 상대방이다

이따금 사람을 찬미하는 것보다 늘 사람을 존중하는 것이 훨씬 더 가치 있는 일이다.[93]

— 장 자크 루소

하버드 비즈니스 리뷰에 의하면 직업인들이 성장하고 승진하는 가장 첫 번째 기준은 효과적으로 커뮤니케이션하는 능력이다.[94] 미국에서 100만 명 이상이 공부한 자기계발서인 『Looking Out Looking In 나를 알고 남에게 다가가라』[95]도 동일한 것을 강조하고 있다. 직장을 구하는 데는 커뮤니케이션이 가장 중요한 요소이며, 직장에서 성장하는 것도 커뮤니케이션에 달려 있다는 것이다.

이렇게 중요한 커뮤니케이션을 잘하려면 이제까지 설명한 커뮤니케이션 전략의 모든 단계를 하나하나 잘해나가면 된다. 단위업무의 포지션, 나의 포지션, 상대방의 포지션을 파악하고, 커뮤니케이션 과제를 파악하고, 커뮤니케이션 도구를 구성하고, 자신과 커뮤니케이션을 한 다음에 나와 상대방의 포지션을 이동시켜나가는 것이다. 이러한 커뮤니케이션 전략 단계 하나하나의 핵심요소를 잘 익히고 실천하는 것이다. 성공에 필요한 중요한 요소들을 잘 다뤄야 한다.

이제까지 종縱으로 정리한 커뮤니케이션 전략 각각의 단계를 횡橫으로 들여다보면 아래와 같이 모든 단계에 공통적으로 존재하는 다섯 가지의 커뮤니케이션 성공 요소를 추려낼 수 있다. 회사에서 커뮤니케이션을 잘 하려면 이 다섯 가지 성공 요소들을 잘 익히고 다뤄야 한다.

①커뮤니케이션 상대방이 중요하다.
②상대방이 커뮤니케이션을 잘하도록 해야 한다.
③상대방의 말을 경청해야 한다.
④커뮤니케이션 상대방과 파트너십을 구축하라
⑤이 모든 것에 대하여 긍정적인 생각을 하고 긍정적인 언어를 써야 한다.

이 다섯 가지 성공 요소를 이제 하나씩 살펴보자. 종縱으로 본 것을 횡橫으로 다시 보는 것이므로 앞의 설명에서 읽었던 것이 기억나는 부분들이 있을 것이다. 그러나 이 다섯 가지를 횡으로 보는 것은 커뮤니케이션 전략의 모든 단계를 관통해서 보는 것이며 커뮤니케이션에 성공하기 위해서 가장 중요한 것들이 무엇인지 추출하고 정련해서 보는 것이므로 각별한 의미가 있다. 이 다섯 가지가 왜 중요한지, 그리고 이 다섯 가지를 잘 익히려면 어떻게 해야 하는지를 잘 파악하고 자신의 것으로 만들기 바란다.

커뮤니케이션 상대방이 중요한 이유

커뮤니케이션에서는 상대방이 중요하다. 커뮤니케이션의 모든 측면에서, 커뮤니케이션 전략 수립과 실행의 모든 단계에서 상대방(상사, 동료, 부하 등)이 중요하다. 그 이유를 생각해보자.

나의 역할과 책임을 다하고 성과를 내기 위해서는 커뮤니케이션 상대방이 중요하다. 상대방이 부하라면 그들이 '업무 지시를 잘 따르는 수준'에서 '의지와 열정을 갖는 수준'으로 올라가야 한다. 그래야만 나의 팀이 의욕적인 목표를 달성할 수 있다. 상대방이 상사라면 그가 자신의 임무, 목표, 전략의 전체 줄거리를 나에게 잘 알려주어야 내가 업무의 방향을 잘 잡고 일을 할 수 있다. 상사가 나에게 좋은 조언을 해주고 나를 챙겨주고 도와주고 리드해주어야 탁월한 성과를 낼 수 있는 것이다.

상대방이 동료라면 목표, 전략을 서로 공유하고, 정보, 지식, 생각, 아이디어를 주고받으며, 지원과 협력이 잘되는 파트너가 되어야 내가 회사 일을 잘할 수 있다. 이러한 동료가 많을수록 성과는 좋아질 것이다. 천재 물리학자로 알려진 알버트 아인슈타인은 자신의 경험과 연구실적을 토대로 이렇게 말했다. "다른 사람의 생각이나 경험에 자극 받지 않고 혼자서 만들어낸 것은 최선의 것이라 할지라도 보잘 것 없거나 단조로운 수준에 그친다."[96]

내가 발전하려면 커뮤니케이션 상대방이 중요하다. 상대방은 나의 멘토이고, 코치이며, 선생이다. 공자의 말 중에 '삼인행필유아사三人行必有我師'라는 것이 있다. '세 사람이 함께 가면 그중에 반드시 나의 스승이 있다'는 뜻으로 『논어』의 「술이편述而篇」에 나오는 말이다. 내가 발전하려면 상대방이 누구든 배울 것이 있다는 것을 알아야 한다. 미국이 자랑하는 사상가 랄프 왈도 에머슨은 "내가 만나는 사람은 누구나 어떤 면에서 나보다 더 낫다. 그런 점에서 나는 그에게서 배운다"고 말했다.[97]

그런가 하면 잭 웰치는 "GE가 모토로라에서 식스시그마를, HP에서 제품개발 프로세스를, 도요타에서 재고자산 관리시스템을 찾아낸 것은 매우 영웅적인 일이다"라고 말했다.[98] 세계 제일의 회사가 다른 회사로부터 배운 것을 영웅적이라고 정의한 것이다. 상대방이 어떤 사람이든, 언젠가는 함께 학습하고 함께 토론하는 상대가 될 수 있다. '어느 구름에 비가 내릴지 모른다'는 속담이 있다. 누가 어떤 점에서 나의 스승이 될지 모르는 것이다. 정신분석학의 대가인 지그문트 프로이트는 자신의 정신분석 이론의 아이디어를 광범위한 동료 네트워크로부터 얻었다. 알버트 아인슈타인도 국내는 물론 해외의 많은 실험실이나 연구팀들과 협력관계를 맺으며 정보를 교환했다. 정신분석학이나 양자역학이나 천재한 사람이 혼자 성취한 것이 아니라 많은 사람들 간에 토론하고 협력을 얻음으로써 이루어진 것이다.

다양성의 시대를 맞아서 다양한 분야의 통섭이 더욱 중요해지고 있다. 글로벌 컨설팅사 엑센추어의 장기적인 조사 결과에 따르면 다양한 사람으로 구성된 이사회를 갖고 있는 회사가 그렇지 않은 회사보다 더 성공하는 경향이 있다고 한다.[99] 여러 분야의 지식, 다양한 사고, 사안에 대한 다각적인 관점과 이해가 힘을 발휘하고 있는 것이다. 나 자신도 통찰력을 키우려면 여러 분야에 대한 통섭이 필요하다. 내가 익숙해져 있는 것, 쉽다고 생각하는 것, 내가 선호하는 것에 머무르지 않고 도약하기 위해서는 여러 분야에 걸친 통섭이 필요하다.

그렇다고 여러 다양한 분야를 혼자 섭렵하려고 하면 시간에 뒤처진다. 여러 사람과 커뮤니케이션을 통해서 그 사람들의 지식은 물론 다양한 사고와 관점을 공유하는 것이 중요하다. 사상가 존 스튜어트 밀은 이미 오래 전에 이것을 갈파했다. "사고나 행동양식이 서로 다른 사람들이 접촉하는 것은 너무나도 가치 있는 일이다. 그러한 사람들 간의 커뮤니케이션은 항상 발전의 원천이 되었다."[100] 통섭을 추구하려면 커뮤니케이션 상대방이 중요해지는 것이다.

커뮤니케이션 상대방을 어떻게 대할 것인가?

첫째, 커뮤니케이션할 때 상대방이 나에게 관심을 갖도록 하기보다는 내가 상대방에게 관심을 갖는다. 사람들은 누구나 남이 자신에게 관심을 가져주기를 바란다. 이러한 갈증을 풀어주면 그 사람은 나에게 고마움을 느낀다. 그리고 상대방도 나에게 끌리게 되고 점점 더 관심을 갖게 된다. 상대방이 무엇을 느끼고, 무슨 생각을 하고, 무엇을 하고 싶은지 말하게 하라. 그러한 것을 질문함으로써 상대방에 대한 관심을 나타내라.

사람은 누구나 흥미로운 측면을 갖고 있다. 커뮤니케이션 상대방의 경우에 그것이 무엇인지 찾아보아라. 분명히 놀랍거나 즐거운 내용이 있을 것이고, 배우는 것이 있을 것이다. 내가 상대방에게 진정으로 관심을 갖는 것은 나의 자신감의 척도다. 상대방이 나에게 관심을 갖도록 애쓰는 것은 내 마음대로 되지 않고 비웃음을 사기 쉽다. 나의 재능, 지식, 매력을 보여주려고 할수록 상대방은 나를 지루하게 느끼고, 자기중심적인 사람으로 생각한다. 다른 사람들에게 돋보이고 싶은 자존심은 나의 인품에 도움이 되지 않는다. 자기존중이 중요하다. 자기를 존중하는 사람은 다른 사람을 존중한다.

둘째, 커뮤니케이션에서 백금률을 지켜라. 내가 다른 사람으로부터 대접받고 싶은 대로 다른 사람을 대접한다는 것이 황금률이라면, 백금률은 "상대방이 바라는 그대로 해준다"는 것으로서 토니 알레산드라 박사가 그의 저서 『백금률The Platinum Rule』에서 주창한 말이다. 커뮤니케이션에서는 상대방이 원하는 것을 존중하는 백금률이 중요하다.

내가 하고 싶은 커뮤니케이션과 상대방이 하고 싶은 커뮤니케이션은 대부분의 경우에 차이가 있다. 커뮤니케이션에서는 상대방이 원하는 것을 충족시켜야 내가 원하는 커뮤니케이션의 성공 확률도 올라간다. 이렇게 백금률을 행하려면 상대방의 말에 경청하고 상대방이 필요한 것이 무엇인지 상대방보다 먼저 고민하고, 찾아보고, 알아내는 것이 중요하다.

공통의 관심사를 논의할 때 '나에게 무슨 득이 있을까?'에 초점을 맞추기보다는 '상대방에게 무슨 득이 있을까?'에 초점을 맞춘다. '나에게 무슨 득이 있을까?'에 초점을 맞추면 상대방은 '이 사람을 어떻게 떼어낼까?' 하는 입장이 된다. '상대방에게 무슨 득이 있을까?'에 초점을 맞추면 상대방도 '이 사람에게 도움이 되는 것은 무엇일까?'의 입장이 된다.

셋째, 커뮤니케이션을 통해서 상대방에게 나누어주어야 한다. 정보, 지식, 관심, 사랑, 명예, 무엇이든지 상대방에게 준다. 재산이 아니라면 나눔으로써 축나는 것은 없다. 부하에게, 동료에게 나누어주는 것이 나의 경쟁력의 바탕이 된다. 정보나 지식 자체는 더 이상 무기가 아니다. 정보와 지식의 결합과 파트너십이 무기다.

이 책의 5장에서 논한 바와 같이 『논어』「학이편」 1편을 늘 상기하고, 가까운 동료들과 정보와 지식을 나누며, 멀리 있는 사람들과도 교류를 갖는 기회를 만든다. 단편적인 지식으로 높은 사람의 인정을 받으려 하지 말고 다른 구성원들과 지식을 공유하고 통섭함으로써 지식뿐만 아니라 전략적 사고와 통찰력을 높이는 것을 목적으로 하라. 잭 드라우드의 저서 『포지셔닝POSITIONING』에는 콜럼버스와 아메리고스의 사례가 나온다.

콜럼버스는 아메리카를 처음 발견한 사람이다. 하지만 그는 황금을 독차지하려는 욕심에 눈이 멀어 입을 굳게 다물고 만다. 그러나 아메리고 베스푸치는 달랐다. 아메리고는 콜럼버스가 아메리카를 발견한 뒤 5년 후에야 아메리카를 방문했지만, 두 가지 일을 제대로 해냈다. 하나는 신세계를 아시아와는 확연히 다른 별개의 대륙으로 포지셔닝한 것이다. 이는 그 당시 지리학에 혁명을 가져왔다. 또 다른 하나는, 자기가 발견한 것과 자기 이론에 대한 글을 널리 알린 것이다.

눈여겨볼 것은 세 번에 걸친 탐험을 세세히 기록한 다섯 통의 편지다. 그중 하나인 '문더스노버스'는 이후 25년 동안 40여 개 국어로 번역되어 읽혔다. 아메리고는 스페인 카스티야의 시민권을 받았으며, 요직에

등용되기도 했다. 유럽 사람들은 아메리고 베스푸치를 아메리카의 발견자로 믿게 되었고, 신대륙에 그의 이름을 붙이게 된다. 한편 크리스토퍼 콜럼버스는 감옥에서 비참하게 생을 마감했다.

넷째, 평소의 커뮤니케이션 과정에서 상대방이 자신의 가치를 느끼게 해주어야 한다. 사람들은 누구나 자신의 가치를 느끼고 싶어 한다. 살기 위해서 음식, 물, 공기가 필요하듯이 삶 속에서 자신의 가치를 느껴야 한다. 주변의 사람들의 눈과 말, 행동에서 자신의 가치가 투영되고 있음을 보고 싶어 한다. 상대방이 자신의 가치를 느끼게 해주는 것은 상대방에게 큰 선물을 주는 것이다. 그렇게 되면 그 사람도 나의 가치를 높게 생각할 것이다.

상대방이 스마트하다고 느끼게 해주면 그 사람은 나도 스마트하다고 생각하게 된다. 상대방이 긍정적이고 적극적이라고 느끼게 해주면 그 사람은 나도 긍정적이고 적극적인 사람이라고 생각한다. 사람들은 자신을 인정해주는 사람을 인정할 준비가 되어 있다. 반대로 자신을 인정하지 않는 사람을 인정하기는 매우 어렵다. 사람들은 자신을 존중해주는 사람을 존중한다. 마케팅에서 배우는 푸시push 와 풀pull 의 원리를 생각하라.

회사에서 회의는 상대방의 가치를 인정해줄 수 있는 좋은 기회이다. 발언자의 말을 잘 듣고, 좋은 내용에 대해서 칭찬한다. 문제점, 단점, 안 되는 이유를 말하기보다는, 보완점을 제시하거나 상대방 말이 이루어질 수 있는 가정이나 조건을 말해주는 것이 좋다. 그리고 나의 질문에 대한 상대방의 답변이나 코멘트를 존중한다. 논지에 벗어난 답변이더라도 "고려할 만한 가치가 있다" 또는 "그런 측면으로는 생각하지 못했다"는 말로 상대방의 가치를 인정한다. "현명한 생각이다" "나에게 도움이 되었다" 등의 말을 기회가 닿을 때 반드시 한다.

상대방이 나에게 말을 하고 있는데 휴대전화 메시지를 체크하거나 모바일 이메일을 열어보는 것은 상대방을 무시하는 태도다. 꼭 그럴 일이 있다면 상대방에게 사정을 설명하고 양해를 구하라. 그럴만한 건이 아니라면 상대방과의 대화에 집중하라.

미국의 전 대통령 빌 클린턴과 대화를 나눈 사람들의 경험에 의하면 빌 클린턴은 상대방이 말할 때 그 사람의 말에 완전히 빠져있는 태도를 취한다고 한다. 눈과 귀와 모든 것을 상대방의 말에 집중하고, 내가 중요한 사람이 아니라 상대방이 중요한 사람이라는 것을 몸으로 표현하는 것이다. 그 자리에 여러 사람이 함께 있는 경우에도 마치 자신에게 말하는 사람과 단둘이 있는 것 같이 집중한다고 한다. 토크쇼로 유명한 오프라 윈프리와 이야기를 나눈 사람들도(방송 중이든 아니든) 거의 비슷한 경험을 이야기한다.[101]

다섯째, 상대방과 원원하는 커뮤니케이션을 해야 한다. 회사에서는 회의에서 또는 일대일 미팅 중에 상대방과 의견을 달리하고 주장을 달리하여 치열한 논쟁을 벌이는 경우가 많다. 이때 상대방과 이기고 지는 win, lose 게임을 벌이느냐, 또는 원원win-win의 결과를 만들어내느냐에 따라 나와 회사에 많은 차이를 가져온다. 여러 사람 앞에서 상대방과 이기고 지는 논쟁을 벌여서 내가 그 사람의 틀린 점을 지적하고 공개적으로 지게끔 만들었다면, 그 당시에는 내 논리가 옳다는 것이 확인되고, 그 사람에게 이겼다고 만족할지 몰라도 조금만 길게 보면 나는 그 사람을 잃은 것이다.

그것을 보고 있는 다른 모든 사람들도 나를 경계하는 눈으로 볼 것이다. 그리고 그 사람은 나의 부당함과 나쁜 점을 여러 사람에게 퍼트리고 다닐 것이다. 자신을 보호하려면 내가 나쁜 사람이 되어야 하기 때문이다. 따라서 그것은 진정으로 이긴 것이 아니다. 내가 얻은 것보다는 잃은 것이 훨씬 크다. 영어에서 이긴다는 'WIN'과 얻는다는 'WIN'이 같은 단어라는 것을 생각하라. 대인관계에 관한 한 세계 최고의 달인 중에 한 사람으로 꼽히는 윈스턴 처칠은 "다른 사람을 덕 있는 이로 만드는 최선의 방법은, 성공적인 결과를 그 사람의 공으로 돌리는 것이라는 사실을 깨달았다"라고 말했다.[102]

커뮤니케이션에서 상대방의 위상을 높여주고 나와 윈윈이 되게 한다면, 상대방도 나를 인정할 것이고, 나와 의미 있는 커뮤니케이션을 지속할 것이며 나의 발전에 계속 기여할 것이다. 그 사람의 전파傳播로 인하여 주위의 다른 사람들로부터도 인정받을 수 있다. 이것은 상사, 동료, 부하 모두에 대해서 마찬가지다. 상대방의 주장이 비합리적이고 회사에 해가 되는 경우에 윈윈을 만들려면, 상대방이 공개적으로 체면을 구기는 상황을 만들지 않아야 한다.

좋은 질문을 통해서 상대방이 다시 생각해보게끔 만들거나 둘만의 기회를 만들어 설명하고 설득해야 한다. 결과적으로 상대방이 내가 원하는 바를 자신의 의견으로 내게 된다면 가장 성공적인 윈윈인 것이다. 역사학, 사회학, 심리학을 통섭한 제임스 로빈슨 교수는 자신의 명저 『The Mind in the Making(정신의 형성)』에서 "우리는 아무런 저항감이나 별다른 감정 없이 생각을 바꾸는 경우가 자주 있다. 그러나 만일 누군가 우리 생각이 잘못되었다고 지적하기라도 하면 우리는 분개하고 고집을 부린다. 우리에게 소중한 것은 생각 그 자체가 아니라 다른 사람들로부터 도전 받는 우리의 자존심인 것이다"라고 말하고 있다. 상대방의 자존심을 존중해주어야 상대방이 바뀔 가능성이 생긴다는 것이다.

여섯째, 마음의 여유를 갖고 상대방을 보라. 상대방이 혹시 불만스럽거나 나의 스타일에 맞지 않거나 나의 기준에 많이 부족하다는 생각이 들더라도 그러한 생각이 그 사람과 커뮤니케이션하는 데 방해가 되지 않도록 해야 한다. 그 사람의 실체에 대해서 마음의 여유를 가져라. 내가 그 사람으로 인해서 무너질 리야 없지 않는가? 사람을 큰 틀에서 보라. 그 사람의 가치와 관점과 권리를 존중하라. 그 사람도 나만큼의 권리가 있지 않은가? 그 사람의 사고와 마음으로 들어가 보라. 그 사람의 느낌, 맥락으로 들어가 보라.

누구든지 자라온 환경이 있고 서로 다른 것을 경험하며 살아왔다. 나의 상상력을 동원하여 그 사람이 되어본다. 그리고 그 사람을 대하는 나의 마음에 무슨 변화가 있는지 살펴보아라. 사람은 각각 자신의 입장에서 최선을 다하고 있다. 이 분야의 학자들은 게으른 것도 최선을 다하고 있는 형태 중 하나라고 한다. 상대방이 생각하는 최선의 기준이 무엇인지 알면 상대방을 더 잘 이해할 수 있다.

때로는 내가 상대방을 올바르게 보지 못하는 경우도 있다. 잘못된 첫인상, 선입견, 편견 등에 의한 경우가 많다. 어떤 사안에 대해서 자신과 다른 생각을 가진 사람에 대해서 부정적인 평가를 하는 경우도 있다. 상대방을 대할 때 '가공의 상대방'이 아닌 '진정한 상대방'과 커뮤니케이션을 하려면, 그 사람에 대해 기존에 갖고 있는 인식에서 한걸음 떨어져서 실제적인 사실을 바탕으로 그 사람에 대한 인식을 새로이 형성해야 한다.

『잃어버린 시간을 찾아서A la recherche du temps perdu』의 저자인 프랑스의 작가 마르셀 프루스트는 "새로운 풍경을 찾는 대신 보는 눈을 새롭게 하라"[103]고 권했다. 상대방을 새롭게 보려면 그 사람과 커뮤니케이션할 때 상대방의 인물 자체보다는 상대방의 언어와 행동에 집중해보자. 상대방의 말을 경청하면서 상대방의 생각, 가치, 신념 등이 무엇인지 다시 한번 파악해보자. 상대방의 포지션을 파악하는 데 집중하는 것이다. 그리고 다양한 기준, 다양한 가치체계를 받아들이는 것이다.

'일기일회一期一回'의 마음이 있다. 법정스님의 책 제목으로도 나온 말이다. 일생에 한 번 만나는 인연이라면 얼마나 소중한 상대방이고, 얼마나 소중한 시간인가. 하물며 같은 회사에서 함께 일하는 사람들은 나에게는 너무나도 소중한 사람들이고 그 사람들과 보내는 시간은 너무나도 소중한 시간이다.

02

상대방이 커뮤니케이션을 잘하게 만들어라

———————— 커뮤니케이션은 누구에게나 무슨 일에나 만병통치약이다.

– 톰 피터스

커뮤니케이션을 잘하기 위해서 놓치지 말아야 할 것이 있다. 나의 커뮤니케이션 상대방이 커뮤니케이션을 잘해야만 진정으로 커뮤니케이션을 잘하는 것이다. 그 이유는 커뮤니케이션은 상호 행위적이기 때문이다. 커뮤니케이션은 양방향성이기 때문에 양쪽이 다 잘해야 커뮤니케이션의 질이 올라간다. 테니스 시합에서 모든 관중들이 환호하는 감동적인 플레이를 하려면 상대방 선수가 잘하는 가운데 내가 잘해야 하는 것이다. 바둑에서 명국이란 무엇을 칭하는가? 양쪽 모두 최선의 수를 찾아서 둔 것이다.

커뮤니케이션 상대방이 나와 커뮤니케이션을 할 때 잘한다는 것은 무엇인가? 설명에 앞서 예를 들어보자.

'나와 커뮤니케이션해야 할 과제를 놓치지 않고 제때 잘한다' '나에게 말할 때는 나의 포지션을 고려하여 내가 잘 이해할 수 있도록 말해준다' '내 말을 들을 때는 나의 맥락에 맞추어 나의 의도대로 잘 이해한다. 그리고 내가 말한 것을 잘 이해하였는지, 내 말에 동의하였는지, 그 사안을 적극 추진할 것인지 등을 나에게 확실히 알려준다' '나를 신뢰하고, 나에게 자기 부서의 일에 관한 문제, 자신의 일에 관한 문제, 자신의 개인적인 문제를 제때 진실하게 꺼리지 않고 말한다. 그리고 자신이 필요한 데이터, 정보, 지식, 아이디어, 의견 등을 나에게 스스럼없이 요청한다' '자신의 주장이나 요구를 관철시켜야 할 필요가 있을 때는 그 근본 목적이나 이유를 명확히 함으로써 해결 방안을 나와 함께 찾을 수 있게 한다' '나와 파트너십이 있다고 믿으며, 내가 필요한 데이터, 정보, 지식, 아이디어, 의견 등을 자발적으로 나에게 말해주고 보내준다. 내가 맡은 일에 대한 문제점, 유의할 점 등을 조언해주고, 제안하고 싶은 것을 적극적으로 말한다. 나의 개인적인 단점 등을 진솔하게 말해주고 조언도 해준다'

상대방이 커뮤니케이션을 잘하는 모습은 내가 커뮤니케이션을 잘하는 모습을 이 책의 내용에 비춰서 상대방에게 대입시켜 보면 된다.

상대방이 커뮤니케이션을 잘 못하게 만드는 사람들이 의외로 많다. 양방향 커뮤니케이션을 단절시키는 말과 활성화시키는 말을 비교해보자.

비교	단절시키는 말	활성화시키는 말
단정적인 평가 vs 사실의 서술	왜 매일 지각하나?	금주에만 두 번 지각했구먼. 무슨 일이 있나 보지?
강압적인 통제 vs 해결과제의 제기	오늘은 무조건 야근이야!	내일 아침까지 일이 완성되어야 하는데, 어떡하지?
일방적인 제시 vs 양방향 토의	우리 팀의 전략은 이거야, 다들 알았지!	우리 팀의 전략에 대해서 의견을 주기 바란다. 무슨 의견이든지 좋다.
자기 위주 vs 상대방에 공감	집안의 고민으로 회사 일에 영향을 받지 않게 하게!	집안의 고민으로 마음이 복잡하겠네, 내가 뭐 도와줄 것 없나?
우월적 지위 vs 상하 간의 일체감	무조건 시키는 대로 하게!	좋은 의견이 있으면 말하게!
과신, 독단 vs 합리적 전제	그건 그런 게 아니야.	이런 경우라면 이렇게 된다고 보네.
답변을 강요 vs 열린 질문	내 말이 맞지?	어떻게 하는 것이 좋겠나?

항우의 질문은 항상 "내 말이 어떠하냐?"였고 유방의 질문은 항상 "어떻게 하면 좋겠냐?"였다고 한다. 항우는 항우장사란 말이 있듯이 당대에 그를 이길 장사가 없었지만 정작 전쟁에서 승리한 것은 유방이었다.

커뮤니케이션 기회를 박탈하는 경우도 있다. 상대방이 말하고자 하는 주제가 무엇인지 확인도 하지 않고 바쁘니까 나중에 이야기하자고 하는 것은 상대방에게 좌절감을 준다. '네가 하려는 말에 뭐 대단한 내용이 있겠냐'고 대놓고 말하는 것과 같다. 바쁠 때는 일단 주제가 무엇인지, 일정 시간 후에 이야기를 나누어도 되는 일인지 확인하고, 상대방과 시간 약속을 잡는다.

대충 서두만 듣고, 그런 이야기는 나에게 하지 말고 담당자에게 직접 말하라고 하는 것도 마찬가지다. 메시지의 주제와 개요를 상대방에게 확인하고 그러한 주제라면 담당자와 먼저 의논해달라고 말한다. 그리고 그렇게 하는 것이 좋은 이유를 간단하게라도 설명해준다.

커뮤니케이션 상대방이 나와 커뮤니케이션을 잘하게 하려면 나부터 마음을 열고 대화하며 상대방의 관점과 시각을 존중한다. 상대방의 아이디어나 발언을 존중하고 경청하며, 가치를 인정하며, 칭찬하고 격려한다.

데일 카네기는 사람들의 재능을 발굴해 최고의 가능성을 이끌어내는 데는 칭찬과 격려만한 것이 없으며, 진심에서 우러나는 찬사야말로 가장 위대한 힘이라고 말했다.[104] 상대방이 커뮤니케이션을 잘하게 하려면 상대방에게 질문을 많이 하는 게 좋다. 특히 열린 질문을 한다. '예'나 '아니오'의 답으로 끝나는 질문보다는 상대방이 자신의 생각, 느낌, 행동, 계획 등에 대해 말하도록 하는 질문을 한다. 내가 말하기보다는 질문을 통해 상대방이 말하는 것이 더 효과적이다. 질문은 상대방으로 하여금 귀를 기울이게 한다. 열린 질문은 상대방의 생각을 자극한다. 상대방은 나의 질문에 답하면서 스스로 바람직한 생각이 나거나 좋은 쪽으로 생각이 바뀌게 된다. 그리고 상대방이 편안한 마음으로 대답할 수 있게 이끌어주고 응대해주도록 하자.

상대방이 나와 커뮤니케이션을 잘하게 하려면 평소에 상대방에게 잘해야 할 것들이 있다. 먼저 평소에 상대방을 인정하고 존중해야 한다. 상대방이 자신이 중요하다는 것을 느끼게 한다. 그리고 상대방이 나의 포지션을 잘 이해하도록 해준다. 커뮤니케이션을 통해 상대방에게 도움을 주고 지원하여 파트너십의 기반을 만든다. 평소에 커뮤니케이션을 위한 분위기를 만들고 커뮤니케이션을 잘할 수 있는 여건을 조성한다. 특히 문제점이나 나쁜 소식 등을 가감 없이 말할 수 있게 한다. 평소에 싫은 소리를 들으면 화를 내는 사람이 어느 날 갑자기 주변사람들에게 허심탄회하게 비판해달라고 말하면 사람들이 어떻게 받아들일까? 그런 것은 말 한 마디로 갑자기 되는 것이 아니다.

커뮤니케이션 상대방이 나와 커뮤니케이션을 잘함으로써 얻는 득은 여러 가지가 있다. 상대방이 나에게 커뮤니케이션을 잘해주면 나는 상대방의 포지션을 더 잘 파악할 수 있게 된다. 그리고 상대방 마음속의 나의 포지션을 잘 파악할 수 있게 해준다. 상대방이 나에게 좋은 커뮤니케이션을 해줌으로써 나의 성과 달성에 기여한다. 정보, 지식 등을 나에게 직극직으로 제공해주고, 보고, 의견, 아이디어, 제안 등을 자유롭게 낸다. 문제점, 우려, 등을 나에게 편하게 말해준다.

부하들이 자신들의 실수나 그 실수로 인한 문제들을 감추지 않고 신속히 말한다. 나아가 부하들이 상사인 나의 개인의 문제점도 스스럼없이 말해준다. GE의 잭 웰치는, "CEO가 나쁜 소식을 가장 늦게 알게 되는 것은 CEO의 가장 큰 실패다"라고 말했다. 그는 회사의 이슈들에 대해서 정직하게 직선적으로 말해줄 것으로 믿는 구성원들을 '사업상의 영혼의 동반자'라고 불렀다.[105]

상대방이 커뮤니케이션을 잘하면 상대방의 커뮤니케이션 성과도 좋아지고 만족하게 된다. 그런 경험이 몇 번 지속되면 상대방은 항상 나와 커뮤니케이션하는 것을 좋아하게 되고, 적극적으로 임하게 된다. 베를린 필의 지휘자 사이먼 래틀 경은 영국 리버풀 출신으로 2002년에 베를린 필의 최연소 수석지휘자가 되었고 2010년에 단원 신임투표를 통해

재계약하여 임기가 2018년까지다. 그는 단원들을 신뢰하며, 그들에게 카리스마 있는 명령을 하는 대신 한 소절 연습이 끝나면 지휘자와 단원 모두 나서서 연주에 대해 토론하는 것을 즐긴다. 쌍방향 커뮤니케이션을 통해 보다 나은 연주를 창조하는 것이다.[106]

"세계 최고의 솔로이스트로 구성된 베를린 필을 이끄는 리더십은 무엇인가"라는 질문에 그는 "128명의 단원들이 스스로 가능성을 창조하고 서로 듣고 반응할 수 있게 해줬을 뿐이다"라고 답한다.[107] "21세기의 지휘자는 대화와 참여를 통해서 합의를 이끌어내는 것"[108]이 사이먼 래틀 경의 리더십의 정의다.

상대방의 커뮤니케이션에 관해 생각할 점:

상대방이 나와 커뮤니케이션을 얼마나 잘할 것인가는 90% 나에게 달려 있다.
스티븐 코비의 90:10의 룰을 생각하라.

03

경청은 아무리 강조해도 지나치지 않다

일어서서 발언을 하는 것에 용기가 필요하듯이, 가만히 앉아서
경청을 하는 데에도 용기가 필요하다.[109]

— 윈스턴 처칠

회사 내의 커뮤니케이션 중 가장 중요한 것은 '듣기'다. 듣기에 관해서
여러 전문가들이 조사한 것들을 보자. 미국의 경우에 큰 기업의 구성원
들은 평균적으로 근무시간의 60%를 듣는 데 사용한다고 한다.[110] 팀장
의 경우 커뮤니케이션의 70%가 듣기로 채워진다. 직위가 올라갈수록
이 비율은 더 높아진다.[111] 이렇게 많은 시간을 투입하는 듣기의 효과는
어떨까? 조직 구성원들의 듣기 효과를 조사한 통계에 의하면 들은 후

에 기억하는 것은 평균적으로 25%에 불과하고, 들은 것의 75%를 놓친다.[112] 대부분의 사람의 경우에 듣기의 수준이나 듣기에 대한 습관은 훈련을 통해 생긴 것이 아니라 훈련을 받지 못해서 나타난 결과들이다.

잘 들을 수 있다면, 그래서 듣기의 효과를 올릴 수 있다면, 커뮤니케이션이 활성화되고 커뮤니케이션 전략의 모든 단계를 효율적으로 진행시킬 수 있다. 나는 상대방의 말을 효과적으로 듣고 있을까? 듣기의 가장 큰 어려움은 자신이 잘 듣지 못한다는 것을 모르는 것이다. 듣기의 수준이나 효과는 다음의 다섯 단계로 나누어볼 수 있다.

- 1단계: 듣지 않기
- 2단계: 소리와 단어는 들으나 내용이나 의도는 듣지 않음. 겉으로는 듣는 것 같은 모습임. 또는 의도적으로 듣는 척하기
- 3단계: 말하는 내용은 들으나 말하는 사람의 의도를 이해하지 못하거나, 일부만 이해함. 예를 들면 마음을 열지 않고 방어적으로 듣기
- 4단계: 주의하여 듣기, 말하는 내용을 주의하여 들음. 이해하려고 노력함
- 5단계: 공감하여 듣기, 말하는 내용을 이해하는 것은 물론 그 사람의 의도와 생각, 감정까지 들으며 공감하고 그 공감을 상대방이 알게 함

이 5단계의 '공감하여 듣기'가 진정한 듣기이며 이것을 '경청'이라고 부른다. 하와이 시스템 대학교의 조사에 따르면 경청을 잘하는 사람은 다른 사람들보다 승진이 빠르고 높은 직책을 갖고 있다. 『이건희』라는 책을 보면 이건희 회장이 고故 이병철 회장으로부터 받았다는 두 가지 물건을 주목해볼 필요가 있다. 그중 하나는 목계木鷄이고 다른 하나가

'경청傾聽'이라는 휘호인데 아들 이건희에게 마음의 지표로 삼으라고 준 것이다. 이건희 회장은 자신의 말을 아끼고, 상대방의 말을 잘 경청하는 것으로 알려져 있는데, 이것은 아버지인 이병철 회장으로부터 받은 이 휘호를 벽에 걸어놓고 늘 보면서, 스스로에게 잘 듣고 있는가를 묻고, 잘 들으려고 노력한 결과일 것이다. 이 사례는 경청이 그만큼 중요하면서도 동시에 매우 어려운 과제라는 것을 나타낸다.

경청이 어려운 이유

경청이 어려운 이유에는 여러 가지가 있다. 첫째, 대부분의 경우에 경청에 대해서 교육이나 훈련을 받은 적이 없다. '듣기'는 태어나서 가장 먼저 익히는 것이고 일상생활에서 말하기, 읽기, 쓰기보다 훨씬 더 많이 쓰는 것이지만 '집중해서 듣기'에 대해서 가정이나 학교에서 또는 사회에서 체계적으로 교육을 받는 경우는 드물다.

둘째, 생리적인 이유도 있다. 사람이 말하는 것은 1분에 120~180단어인 반면에 듣는 사람이 이해할 수 있는 속도는 1분에 380~500단어라고 한다.[113] 따라서 사람들은 말을 듣는 동안에 다른 생각을 할 여지가 생긴다. 직장에서도 상사의 말 사이사이마다 부하는 무의식적으로 자기만의 생각에 잠기게 된다. 사람들은 오랜 시간 집중하는 것 자체가 어렵다. 인간의 주의집중 시간에 영향을 주는 단기 기억능력은 한 번에 45초 이상을 지속하지 못하고, 집중해서 청취하는 시간은 아무리 길어도 15분을 넘지 않는다.[114]

셋째, 잘못된 사고방식이나 습관이 자신도 모르게 듣기를 방해하는 경우들이 있다. 사람들은 '기대에 맞추어 듣기', 또는 '선별 듣기'를 하는 경우가 적지 않다. 이 경우, 듣기를 기대한 것은 잘 듣고, 기대하지 않았던 것은 무시하거나 오해한다. 듣고 싶은 말은 귀를 활짝 열고 듣고, 듣고 싶지 않은 말에 대해서는 귀를 닫는다. 그리고 전체적인 내용을 자신의 희망이나 기대에 맞추어 해석하기도 한다.

선입견, 편견, 잘못된 기준을 갖고 듣는 경우도 있다. 상대방의 외모, 지적 수준, 경륜 등에 의해 그 사람의 말을 미리 평가하거나, 일반화에 의한 기준(육체노동자, 노인, 소속 단체 등)으로 그 사람의 말을 평가하기도 한다. 상대방의 말을 온전히 들은 후 이해하고 평가하는 것이 아니라, 상대방을 평가하고 그 평가를 바탕으로 상대방의 말을 판단하거나 평가하는 것이다.

넷째, 잘못된 의도를 갖고 들으면 듣기가 제대로 되지 않는다. 나에게 필요한 정보만 찾거나 반대할 이유만 찾으면 듣기가 잘 될 수 없다. 상대방을 공격하려고 하거나 상대방의 약점을 잡아서 활용하려고 하는 경우에도 마찬가지다. 상대방에 대한 예의상 또는 상대방의 환심을 얻기 위해서 듣는 시늉을 하거나 동조하는 경우도 듣기를 잘할 수 없다.

다섯째, 사람들은 누구나 듣기보다는 말하고 싶은 욕구가 강하다. 그렇기 때문에 상대방의 말을 듣던 중에 자기에게 해당되는 것이 있으면 상대방의 말이 끝나기도 전에 자신의 이야기를 꺼내게 된다. 또는 상대방이 말하는 도중에 주제를 바꾸거나 농담을 하여 말이 끊어지게 한다. 상대방을 이기고 싶은 욕구, 상대방의 말을 반박하고 논쟁을 벌여서 뽐내고 싶은 욕구가 있으면 잘 듣지 못한다.

여섯째, 타이밍이 적절치 않거나 시간 부족으로 쫓기는 경우에도 상대방의 말이 잘 들리지 않는다. 이야기를 빨리 끝내고 싶은 생각이 가득하고, 다음 단계의 행동으로 신속히 옮기기 위해서 상대방의 말을 속단하기 쉽다. 소음, 전화, 다른 방문자, 텔레비전이나 컴퓨터 등의 방해 받는 환경에서는 잘 들을 수 없다.

듣기가 제대로 되지 않아서 생기는 문제는 의외로 크다. 커뮤니케이션의 질이 떨어지고, 커뮤니케이션을 다시 해야 하는 일이 생기며, 구성원들 간에 오해가 생기기도 한다. 업무의 연결이나 결합이 제대로 이루어지지 않아 시행착오를 범하고 불필요한 문제가 야기된다. 정보, 인텔리전스, 지식 등을 놓침으로써 좋은 기회를 상실한다. 회사에 시간의 손실과 기회비용이 발생하는 것이다. 그리고 이러한 문제들이 듣기를 잘하지 못해서 생긴 일임을 인식하지 못하는 경우가 많다.

듣기는 수동적인 것이 아니다. 능동적인 것이다. 말하는 것은 상대방이므로 듣고 있는 나에게는 통제력이 없다고 잘못 생각하기 쉽다. 사실은 듣는 사람의 관심도나 피드백에 따라서 상대방은 부연 설명하거나, 더 깊게 들어가거나, 말하는 방향을 바꾸거나, 심지어 계속할 것인가 중단할 것인가를 지속적으로 정해나간다.

따라서 듣는 사람의 태도나 피드백은 본의든 본의가 아니든 말하는 사람을 움직이는 무기가 되는 것이다. 듣기만 하고 있으면 소극적으로 보이며, 무언가 말을 해야 빛이 난다고 생각하는 것은 한 면만 본 것이다. 경청을 하고 추임새를 넣고 좋은 질문을 하면 말하는 사람과 다른 듣는 사람들의 감탄을 불러일으킨다. 경청하지 않으면 좋은 질문을 할 수 없다.

경청의 효과

　회사에서 경청을 잘하면 여러 가지 측면에서 큰 효과와 이득이 있다. 커뮤니케이션을 잘한다는 것을 세 가지로 정의 내린 바 있다. 경청은 그 첫 번째인 '내가 관련된 일에 대해서 회사의 커뮤니케이션 필요성을 충족시키는 것'을 잘하게 해준다. 경청을 잘하면 커뮤니케이션 전략의 모든 단계에 큰 원동력이 된다. 상대방의 말로부터 상대방의 포지션에 관한 많은 정보를 얻게 되며 상대방을 깊이 있게 이해할 수 있다.

　상대방의 말을 주의 깊게 들으면 상대방이 나를 어떤 사람으로 생각하는지 알 수 있다. 즉 상대방 마음속 나의 포지션을 파악할 수 있다. 경청은 커뮤니케이션 과제를 파악하는 데에도 기여한다. 상대방의 말을 잘 들으면 그 속에서 새로운 포지션을 인지하게 되고 새로운 커뮤니케이션 과제를 포착하게 된다. 그리고 나의 포지션을 이동시킬 수 있다. 정보와 지식이 쌓이고 마인드가 형성된다.

　상대방의 포지션 이동도 잘 시킬 수 있다. 상대방의 말을 잘 들음으로써 설명이나 설득의 포인트를 잘 찾을 수 있다. 상대방의 포지션과 나의 포지션 간에 교차되는 부분과 차이 나는 부분을 인지함으로써 상대방에 대한 좋은 접근 방식을 찾을 수 있다. 나의 메시지를 상대방의 포지션에 맞도록 구성하는 방법 역시 찾을 수 있다.

　경청은 커뮤니케이션을 잘한다는 정의의 두 번째인 '상대방의 인정을 받는 것'과 세 번째인 '나의 발전에 기여하는 것'도 잘하게 해준다. 상대방의 말에 경청하고 공감하면 상대방은 나와 커뮤니케이션하는 것에 만족하고, 나를 좋은 커뮤니케이션 파트너로 인정하게 된다. 그리고 커뮤니케이션을 하고자 하는 의욕이 올라가고 나를 성의껏 대하며 나에게 마음을 열게 된다. 상대방의 입장에서는 내가 그렇고 그런 사람들 중에 하나에서 각별한 사람이 되는 것이다.

월마트의 창업자이며 최고경영자인 샘 월튼은 새로 사람을 만나면 자신의 말은 거의 하지 않고 계속 질문을 하고 듣는다. 그는 다른 사람들의 생각에 대해서 강한 관심을 갖고 있다. 그리고 알칸사스에서 맨해튼까지 오가면서 직원들이나 협력업체 사람들이 가격, 물류, 재고 등 여러 가지에 대해서 말하는 것을 직접 듣는다. 듣는 것과 듣기 위해서 전국을 이동하는 것이 그의 회사 경영에 대부분을 차지하고 있다.[115]

경청을 잘하면 커뮤니케이션 시간이 절약된다. 보다 경제적인 의사소통을 하게 된다. 경청을 하면 예단을 하지 않음으로써 실수, 오해 등이 감소하고 불필요한 논의에 시간을 소모하지 않는다. 이해가 빨라지고, 되묻거나 여러 차례 반복하지 않아도 된다. 상대방의 말을 자르면 서로간의 오해, 토의 주제의 혼동, 반복적인 설명 등으로 시간이 더 소요된다. 실속 없이 성급한 마음만 노출될 뿐이다.

경청을 잘하면 상대방을 도울 수 있다. 경청한 다음에 분명치 않은 것을 상대방에게 질문하거나 확인을 함으로써 상대방의 머릿속에 엉켜있는 생각을 정리하게 해준다. 앞서 설명한 "소크라테스 메소드"가 그러한 것이다. 줄탁동시啐啄同時라는 말이 있다. 어미닭이 정성껏 품은 알이 20일쯤 지나면 알 속에서 자란 병아리가 밖으로 나오려는 신호를 한다. 병아리는 알 속에서 공략 부위를 정해 쪼기 시작하나 부리가 너무 여리고 힘이 부친다. 이때 귀를 세우고 그 소리를 기다려온 어미닭은 그 부위를 밖에서 쪼아준다. 이렇게 해서 병아리는 세상 밖으로 나오는 것이다.

이렇게 상하 간에 또는 동료 간에 안팎에서 동시에 힘을 합치는 것을 줄탁동시라고 칭하는데, 이것은 상대방에게 경청해야만 가능한 일이다. 어미닭이 밖에서 쪼아줄 타이밍과 부위를 잘 찾으려면 자신이 품은 알에게 주의 깊게 귀를 기울여야 하는 것이다. 상대방에게 도움이 되는 다른 경우로, 상대방이 감성적으로 어려움이 있을 때는 상대방의 말을 들어주는 것만으로도 상대방에게 위로가 될 수 있다. 경청을 잘하면 결과적으로 커뮤니케이션 상대방과 인간관계가 좋아진다. 많은 사람들과의 좋은 인간관계는 나의 미래의 발전에 크게 기여한다.

경청은 마음으로부터 상대방이 나에게 중요하다고 생각하고 집중하는 것이다. 톨스토이의 작품 중에 『세 가지 질문The three questions』이라는 제목의 단편소설이 있다. 평생의 삶에서 가장 중요한 때는 언제인가? 가장 중요한 사람은 누구인가? 가장 중요한 일은 무엇인가? 이 세 가지 의문에 대해서 톨스토이가 76년의 인생을 통해 체득한 철학을 독자들에게 전하기 위해 쓴 소설이다. 이 소설의 마지막 부분을 읽어보자. "그런즉 가장 중요한 때는 오직 하나, 바로 '지금'이오. 지금에 있어서만 우리들은 그것을 마음대로 다룰 수 있기 때문이오. 또 가장 중요한 사람은 지금 만나고 있는 바로 그 사람이오. 그것은 앞으로 또 다른 어떤 사람과 어떤 일을 겪게 될지 아무도 알 수 없기 때문이오. 그리고 가장 중요한 일은 그 사람에게 선을 행하는 것이오. 인간은 오직 그것을 위해서만 이 세상에 보내졌기 때문이오. 이것을 마음에 새겨 두시오."[116]

톨스토이는 지금 이 시간, 지금 만나고 있는 사람, 그 사람에게 선행을 하는 것, 이 세 가지가 인생에서 가장 중요하다는 교훈을 말하고 있다. 이것을 커뮤니케이션에 적용하면, 커뮤니케이션을 하고 있는 '지금'

이 순간이 가장 중요한 시간이고, 지금 만나고 있는 '상대방'이 가장 중요한 사람이고, '상대방에게 경청하는 것'이 가장 중요한 일이라고 할 수 있다. 인투잇의 창립자이며 CEO인 스코트쿡은 어떤 사람의 이야기라도 그가 들어본 이야기 중에 가장 놀라운 것이라는 기대를 갖고 듣는다고 한다.[117]

경청의 방법

잘 듣기 위해서는 교육과 훈련을 통해 경청하는 방법을 체득해야 한다. 듣기는 교육과 훈련을 통해서 얼마든지 향상될 수 있다. 경청하기 위해서 듣기에 적용해야 할 방법들을 살펴보자.

첫째, 상대방에 대해서 그리고 상대방이 말하는 주제에 대해서 진정한 관심을 갖고 들어야 한다. 발언자가 누구든 직위나 학식에 관계없이 그 사람의 견해나 느낌을 존중하고, 그 사람을 이해하고자 하는 마음으로 듣는다. 그 사람이 말하는 주제가 당장은 나와 관련이 없는 주제더라도 내가 그 사람과 함께 있게 된 이상 그의 말을 경청한다. 지금 듣는 말이 언젠가는 나에게 필요하게 될 것이라고 생각하고 듣는다. 열린 마음으로 듣는다. 듣고 이해하고자 하는 마음으로 듣는다. 상대방의 관점에서 듣고, 상대방에 대한 판단과 평가를 일단 보류하고 듣는다. 상대방의 감성적인 발언이나 어휘에 영향을 받지 않고 마음을 열고 듣는다.

둘째, 언어와 준 언어, 비언어를 함께 듣는다. 상대방의 표정, 말투, 목소리 크기, 말의 속도, 자세, 눈의 움직임, 머리나 몸의 움직임 등을 함께 듣는다. 귀로 들을 뿐만 아니라 눈으로 듣고 온몸으로 듣는다.

셋째, 상대방에게 집중하고 다른 생각과 다른 일들을 배제한다. 나의 머릿속의 내부 잡음을 없애고, 다른 서류를 훑어보거나 휴대전화를 보지 않는다.

넷째, 인지하고, 파악하고, 이해하는 방법에 관하여 익혀야 할 것들이 있다. 사실 전달, 다른 사람의 말 전달, 소문, 그 사람의 견해, 아이디어, 주장, 가치 판단, 평가, 추측, 희망 등을 구분하여 듣는다. 추상적인 것과 구체적인 것, 개념적인 것과 실천적인 것을 구분하여 듣는다. 상대방의 말의 내용을 이치와 논리를 적용하여 머릿속으로 해석하고 합리성과 타당성을 점검한다. 상대방이 제시하는 증거의 신빙성을 생각해본다.

상대방의 여러 메시지를 관통하는 의미가 무엇인지 파악한다. 특정 사안에 대한 발언자의 견해를 파악한다. 말 속의 말, 숨은 의미, 숨은 의도, 메시지의 진의, 말하지 않는 것, 말을 피하는 것까지 파악한다. 상대방이 처한 상황이나 마음의 상태를 이해하려고 노력한다. 상대방의 말 속에 담긴 감정을 헤아린다. 핵심 또는 결론에 해당되는 부분을 잘 구분하여 인지한다.

다섯째, 이해하지 못한 것, 더 상세히 알고 싶은 것, 추가적인 설명을 듣고 싶은 것을 질문한다.

여섯째, 내가 상대방의 말을 듣고 있고 상대방과 동일한 맥락에서 이해하고 있다는 것을 추임새, 언어, 또는 비언어로 피드백 한다. 칭찬하거나 감동을 표시하고, 필요하다면 자극, 충동 등을 통해서 상대방이 더 많은 것을 말하게끔 동기를 부여한다. 상대방의 메시지와 감정에 공감하고 그것을 표현하여 상대방이 알게 한다. 피드백은 즉시 그 자리에서, 정직하게, 상대방을 존중하는 방식으로 한다. 질문의 형식으로 피드백을 할 수도 있다.

마지막으로, 듣기에 남는 시간에 주요 포인트들을 요약하고, 기억하고, 메모하는 데 활용한다. 상대방의 말의 전체적인 방향과 흐름을 찾고, 말한 내용을 구조화하고, 말의 핵심을 찾는다.

잘 듣기 위해서는 커뮤니케이션을 하기 전에 몇 가지 준비를 해야 한다. 자신이 어느 정도 아는 분야의 이야기는 잘 들을 수 있다. 그러나 잘 모르거나 복잡한 이야기를 갑자기 듣게 되면 귀에 들어오지 않고 내용을 파악하지 못한다. '지식의 필터'에 걸리는 것이다. 그리고 자신의 가치체계와 일치하는 말은 편안한 마음으로 잘 듣게 된다. 그러나 반대의

〈인지 시스템〉

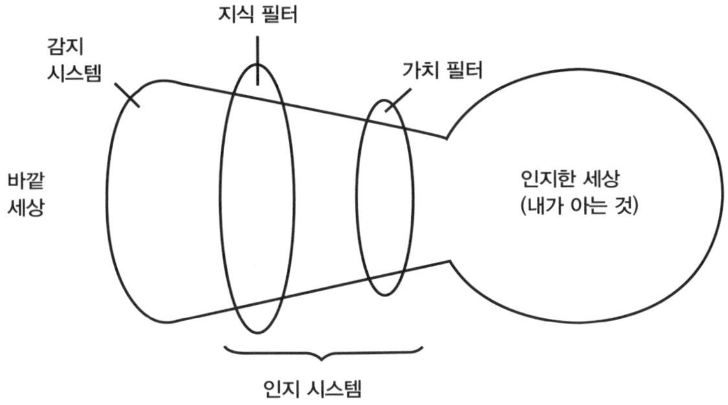

경우에는 '가치의 필터'에 걸려서 머리에 들어오지 않는다.

우리가 새로운 지식, 새로운 사고, 새로운 가치를 배우려면 이러한 필

터들을 극복해야 한다. 다시 말해서 커뮤니케이션 주제에 대해서 미리 적절한 정도의 지식을 사전에 확보해야 하며, 자신의 사고방식과 가치 체계에서 잠시 벗어나서 새로운 가치체계를 맞을 마음의 준비를 해야 한다.

경청을 할 때는 대화의 공백을 두려워하지 않는다. 필요하다면 상대방의 말을 음미할 시간을 갖는다. 상대방이 다음에 할 말을 생각하는 동안 조용히 기다린다. 상대방이 나의 말을 듣고 싶다면 나에게 요청할 것이다. 대화의 공백이 어색하여 나의 생각을 섣불리 말하지 않는다.

상대방으로부터 "어떻게 생각해?" "어떻게 하면 좋을까?" "좋은 방안이 없을까?" 하는 말이 나올 때까지 참고 기다린다. 반대로 상대방의 말이 계속 장황하게 이어지는 경우에는 적절한 시점에 개입한다. 상대방의 말을 잠시 끊고 상대방이 이제까지 한 말을 올바로 이해했는지 확인하면서 앞으로 말할 취지의 요점을 말해달라고 부탁한다. 미팅을 마치기로 한 시점을 상기시켜주는 것도 좋은 방법이다.

사람들은 경청을 하더라도 머지않아 들은 것들을 잊게 된다. 미네소타 대학의 수천 명의 학생과 기업인, 전문직 종사자 수백 명을 대상으로 경청 능력을 테스트해 본 결과에 의하면, 평균적으로 말을 들은 직후에 전체 내용의 반 정도만을 기억하며, 2개월이 지난 후에는 대체로 들은 내용의 25%만을 기억한다.[118] 이러한 망각에 대한 대책은 메모하기다. 메모는 중요한 것만 한다. 메모를 너무 많이 하다 보면 상대방의 말을 놓칠 염려가 있다.

경청은 커뮤니케이션의 성공 요소일 뿐만 아니라 사회생활에서 성공의 기반이다. 선택적으로 경청하는 게 아니라 항상 경청하는 습관이 몸에 배도록 훈련하여야 한다. 리더십 전문 컨설팅 회사 링키지 컨설팅 Linkage Inc.의 CEO인 필 하킨스는 "뛰어난 리더는 다른 사람이 먼저 말하게 하고 자신은 듣는 '70:20:10의 규칙'을 따른다"고 말한다. 즉, 대화의 시간 중 70%는 상대방의 이야기를 듣고, 20%는 적절한 질문을 던지고, 나머지 10%는 지금까지의 대화 내용을 정리하고 향후의 방향을 제시하는데 사용한다는 것이다.[119]

'다른 사람과의 관계는 그 사람과의 커뮤니케이션이고 그 사람과의 커뮤니케이션은 듣기다'라는 말이 있다.[120] 늘 경청할 수 있도록 노력을 기울이자.

듣기에 관해 생각할 점:

나는 상대방의 이야기를 들을 권리가 있다.
상대방의 이야기를 듣는 것을 의무로서 이행하지 말고 권리로서 행사하라.

04

상대방과 윈윈 파트너십을 구축한다

천하를 다투는 사람은 반드시 먼저 사람 얻기를 다툰다. 큰 흐름에
밝은 이는 사람을 얻고, 작은 계책을 살피는 이는 사람을 잃는다.

−『관자』

이제까지 커뮤니케이션의 성공 요소로써, 상대방이 중요하다는 것과 상
대방이 커뮤니케이션을 잘하게 만들어야 한다는 것, 그리고 상대방에게
경청한다는 것에 대해서 말했다. 커뮤니케이션 상대방을 지속적으로 이
렇게 대할 수 있다면, 그리고 그렇게 함으로써 상대방도 나와 호흡을 맞
추어나간다면 그 사람과 나 사이에는 파트너십이 생기게 된다. 파트너
십은 바로 나의 경쟁력이다.

세계적인 마케팅의 대가 잭 트라우트에 의하면, 사회에 나와서 혼자서 열심히 하는 경우의 성공 확률은 1/100, 머리가 비상하다면 이 확률이 1/75로 올라가고, 창의력이 좋다면 1/25로 올라간다. 그러나 파트너십을 갖는다면 성공 확률은 2/5로 크게 올라간다고 한다.[121] 아마도 커뮤니케이션에 있어서는 파트너십에 따른 성공 확률이 90% 이상이 될 것이다.

이 책의 서두에서 소개한 스티븐 코비가 말하는 90:10의 룰이 파트너십으로써 실현되는 것이다. 따라서 커뮤니케이션 상대방이 회사 내의 누구든 나와 파트너십을 만들어야 한다. 회사 내에서 언제라도 서로 정보와 지식을 주고받고, 아이디어를 주고받고, 마음을 열고 토론할 수 있는 파드니가 몇 명인가? 이깃이 나의 경쟁력이다. 민약 회사 내에 나를 적대시하는 사람이 있다면 그 사람을 나의 커뮤니케이션 파트너로 만든다.

"적을 와해시키는 가장 좋은 방법은 친구로 만드는 것이다"라는 에이브러햄 링컨의 말을 기억한다. 우리말에 미운 정이라는 말이 있다. 서로 관련이 많을수록 충돌도 생기게 마련인데 업무로 인해 아무리 부딪쳐도 상대방을 존중하고 성의를 다하고 진솔하게 대한다면 속마음이 통하게 마련이다. 나의 부하들도 나의 파트너로 만든다. 열정이나 의지뿐만 아니라 역량이나 마인드에서 나의 파트너가 되어야 한다.

파트너십을 만들려면 평소에 상대방을 진정으로 아끼고 위해 주어야 한다. 잭 웰치의 '사람을 아끼는 마음'[122]이 자신을 훌륭한 커뮤니케이터로 만들었고 자신과 회사를 성공시켰을 뿐만 아니라 함께 일하는 구성원들을 성장시켰다.

05

생각, 언어, 비언어에 긍정을 담는다

말은 씨앗이다. 좋은 종자를 심어라. 적극적인 언어를 사용하라.
부정적인 언어는 복 나가는 언어이다.

— 이건희

커뮤니케이션에서 성공하려면 긍정적인 언어를 쓰는 것이 중요하다. 낙담보다는 희망, 실망보다는 기대, 포기보다는 끈기, 부정적인 것보다는 긍정적인 것이 커뮤니케이션을 성공시키는 역할을 한다. 긍정적인 언어는 나와 상대방을 긍정적으로 만드는 힘이 있기 때문이다. 긍정적인 언어는 마음을 열고, 부정적인 언어는 마음을 닫는다. 나의 마음에 따라서 상대방의 마음도 움직인다. 긍정적인 언어는 나의 생각을 펼쳐주고, 부정적인 언어는 나의 생각을 접는다. 나의 생각에 따라서 상대방의 생각도 달라진다. 긍정적인 언어로써 나의 사고는 개방적이 되고, 부정적인 언어로써 나의 사고는 폐쇄적이 된다. 내가 개방적이 되어야 상대방도 개방적이 된다. 긍정적인 언어는 내 의지를 강하게 하고, 부정적인 언어는 내 의지를 약화시킨다. 나의 의지에 따라서 상대방의 동참하는 자세 follower-ship가 결정된다. 커뮤니케이션에서 나의 긍정적인 자세는 상대방 마음속의 나의 포지션을 좋은 곳에 위치시킨다. 상대방에게 나는 의논하고 싶은 사람, 함께 해결 방안을 찾고 싶은 사람이 되는 것이다. 긍정은 긍정을 끌어당기고, 부정은 부정을 끌어당긴다.

사람들의 기본적인 사고 도구는 언어다. 영어가 모국어인 사람들은 영어로 사고하고, 중국어가 모국어인 사람은 중국어로 사고한다. 영어나 중국어를 배우면 영어권 사람들이나 중국 사람의 사고방식을 접하고 배우는 것이다. 긍정적인 언어를 계속 말하면 나는 자연히 그 언어를 갖고 긍정적인 사고를 하게 된다. 상대방이 나의 긍정적인 언어를 계속 듣고 있으면 그 사람도 그러한 긍정적인 언어를 사용하여 사고하게 되고, 결국 긍정적인 사고를 하게 된다.

상대방이 나를 항상 긍정적인 사람으로 알고 있으면 상대방은 나를 만날 때 의식적이든 무의식적이든 긍정적인 것을 기대하거나 예상한다. 사람들은 기대나 예상을 실현시키려는 욕구가 있으므로 자신도 긍정적인 노력을 하게 된다. 따라서 나의 긍정적인 언어는 상대방도 긍정적으로 커뮤니케이션하게 만들어주며, 두 사람 간의 커뮤니케이션은 좋은 성과를 만들어낸다. 사람들은 긍정적인 관계를 경험하면 건강을 증진시키는 옥시토신이 분비되고, 이것이 다시 사회성을 높이는 역할을 한다고 한다.[123] 커뮤니케이션에서 긍정적인 선순환 사이클이 형성되는 것이다.

우리 속담에 "말이 씨가 된다"는 말이 있다. 말은 에너지다. 말은 생각을 불러일으키고 행동을 불러일으키며 상상 이상의 창조력과 추진력을 만들어낸다. 둔재 아인슈타인을 천재로 만든 것은 어머니의 말이다. 아인슈타인은 4세 때까지 말도 제대로 못하는 아이였고, 초등학교 생활기록부에 "성공할 가능성이 희박하다"라고 적혀 있을 만큼 모자라는 아이였다.

결국 이런 이유로 퇴학을 당한 아인슈타인에게 그의 어머니는 "사랑하는 아들아, 너에게는 다른 사람이 가지지 못한 특별한 재능이 있다. 너는 반드시 훌륭한 일을 하게 될 것이다"라고 지속적으로 말해주었다.[124] 드와이트 아이젠하워가 성공한 데는 부인의 말이 큰 역할을 했다. "여보, 전 당신을 믿어요. 진급은 생각하지 말고 교육의 일인자만 되세요. 반드시 당신에게 기회가 올 거예요."[125] 아이젠하워는 군의 본류가 아닌 교육 장교였다. 그러나 그는 군사교육을 연구하는 데 모든 힘을 기울였고, 군에서 인정받는 교육의 일인자가 되었다. 그리고 그는 마침내 미합중국 대통령의 자리에까지 올랐다. 마음의 비옥한 땅에 긍정적인 말의 씨를 뿌리고 의지의 영양분을 주면 긍정적인 사고와 긍정적인 행동을 하게 되고 긍정적인 결과를 만들어낸다.

비언어도 긍정적인 것이 상대방과의 커뮤니케이션에 좋은 결과를 낳는다. 상대방의 얼굴 표정에 따라서 커뮤니케이션이 활짝 열리기도 하고, 굳게 닫히기도 하는 것을 누구나 다 경험했을 것이다. 얼굴은 느낌과 감정을 표현하는 제일의 비언어 커뮤니케이터다.[126] 손이나 몸 전체도 커뮤니케이션에 영향을 준다. 친밀한 느낌의 악수와 차갑고 거리감을 느끼는 악수는 커뮤니케이션에 미치는 효과가 다르다. 편안한 몸가짐과 초조하고 불안한 몸가짐, 안정된 자세와 부산한 몸놀림, 이러한 차이는 커뮤니케이션에 적지 않은 영향을 준다.

생각을 긍정적으로 하면 언어와 비언어도 긍정적이 되고 자세도 긍정적이 된다. 커뮤니케이션은 나의 내부에서 시작되는 것이며 동시에 나의 외부를 결정하는 것이다.[127] 생각이 긍정적이면 자연히 긍정적인 말이 나오고, 생각이 부정적이면 자신도 모르게 부정적인 말이 나온다. 이와 동시에 언어에 따라 생각이 깃든다. 앞서 말했듯이 사람은 언어를 도구로 사고하므로 긍정적인 언어를 계속 말하거나 들으면 긍정적인 생각이 깃들고 부정적인 언어를 계속 말하거나 들으면 부정적인 생각이 깃든다. 결국 생각과 언어는 불가분의 관계이며, 서로 지대한 영향을 미친다. 서로 상호작용하는 것이다.

긍정적인 생각이 긍정적인 결과를 만든다는 것에 대해서는 여러 분야의 학자들이 많은 연구 결과를 내놓았다. 심리학에는 '플라시보 효과' 또는 '위약 효과僞藥效果'라고 불리는 것이 있다. 약이 효험이 있다고 믿으면 약의 성분에 관계없이 효과가 생긴다는 실험 결과다. 이처럼 긍정적인 믿음을 가지면 긍정적인 효과를 얻는다. '피그말리온 효과'란 '자기 충족적 예언'으로도 불리는 것으로 긍정적인 예측과 믿음이 긍정적인 결과를 만들어낸다는 것이다. 교육학에서는 '로젠탈 효과'라고도 불리는데 이것은 로젠탈 교수가 피그말리온 효과를 교육에 적용하여 실험한 결과로, 한 학급의 학생들 중에서 선생님이 긍정적인 기대와 믿음을 갖고 대한 일부 학생들은 그 기대와 믿음에 부응하여 우수한 학생들이 된 것을 실증적으로 확인했다.

신경언어프로그래밍NLP에 따르면, 무슨 일이든 성공할 수 있다고 생각하면 성공에 필요한 요소와 방법들이 더 잘 보이고, 성공할 수 없다고 생각하면 그 일을 해서는 안 되는 이유들이 더 잘 보인다. 이것을 NLP의 이론으로 살펴보자. 사람의 눈앞에서는 매초 최소한 12,300bit/sec의 정보가 계속 생성되고 움직이고 있다. 그러나 생체적인 제약에 따라 우리 눈에 들어오는 것은 오직 134bit/sec에 불과하다. 즉, 12,300bit/sec의 정보 중에서 많은 것들이 삭제되고, 왜곡되고, 일반화 되어서 134bit/sec만 인식하는 것이다.

허기진 사람에게 먹을거리가 눈에 잘 띠는 것은, 이 12,300bit/sec의 정보 중에 134bit/sec를 선택함에 있어서 먹을 것에 우선순위를 두는 것으로 설명될 수 있다. '자라 보고 놀란 가슴 솥뚜껑 보고 놀란다'는 속담이 있다. 이것은 실제로 일어나는 현상인데, 자라를 보고 놀란 경험이 있는 사람은 눈앞의 12,300 bit/sec의 정보 중에서 시꺼멓고 둥그런 물

〈NLP의 이론〉

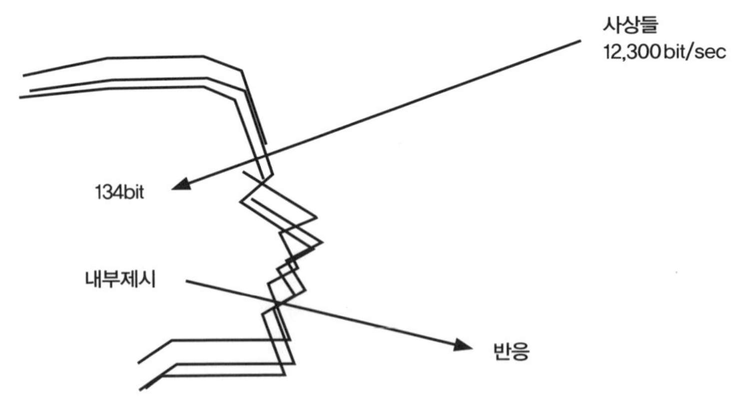

274

체가 있다면 그것이 134 bit/sec 의 일부로 선택되어 눈에 들어온다. 그런 다음에 그것을 자신의 마인드에 '자라'로 제시 internal representation 하는 것이며, 그것이 다시 자신을 긴장하는 상태로 만드는 것이다. 일종의 생존전략인 것이다.

우리 눈앞에 있는 12,300 bit/sec 의 정보 중에서 무엇을 삭제하고 일반화하며, 무엇을 134 bit/sec 로 선택하고, 그것을 우리 마음에 무엇으로 어떻게 제시할 것인가는 우리의 생각에 달려 있다. 생존에 매달릴 것인가, 발전할 것인가는 우리의 생각에 달려있는 것이다. "나는 꿈이 있습니다!"를 외치면서 미국 남부에서 흑인의 인권 신장의 중대한 계기를 만든 마틴 루터 킹, 그는 그 시대에 다른 흑인들이 생존을 위해 받아들였던 환경 여건을 자신은 극복할 수 있다고 생각했다. 그리고 그러한 생각을 끊임없이 긍정적인 언어로 표현했고, 많은 추종자를 만들어냈으며, 결국은 그 일을 이루어내었다.

신경과학자들은 사람들이 생각만으로 자신을 변화시키는 능력을 갖고 있음을 증명했다. 이것은 사람만이 갖고 있는 능력으로 신경가소성의 힘이라고 불린다. 예를 들어 실험 참가자들이 특정 손가락으로 근력 운동을 하는 상상을 마음속으로 반복하자 실제로 그 손가락이 강해졌다. 새로운 신경망을 반복적으로 활성화하고 연결하면 더 강하고 오래 지속되는 시냅스 연결을 통해 신경망[128]을 형성한다. 우리 몸의 세포 하나하나가 새로운 신경신호를 받고 스스로를 수정하는 것이다. 다시 말해서 반복적인 생각이 인간의 신경학적 구조를 결정짓는다.

결론적으로 긍정적인 커뮤니케이터가 되려면 첫째, 긍정적인 생각을 하게끔 자신의 생각을 선택해야 한다. 생각에 관하여 메타인지

metacognition를 하는 것이다. 즉 자신이 무엇을 생각하고 있는지를 모니터하고, 부정적인 생각을 할 것인가 긍정적인 생각을 할 것인가를 생각하며, 의도적으로 바람직한 방향을 선택하고 전진해나가는 것이다. 자신의 언어와 행동이 외부로 나타나기 전에 자신의 내부에서 긍정적인 생각을 선택하고, 형성하고, 확고히 하는 것이다. "나는 생각한다. 고로 나는 존재한다"라는 유명한 말을 남긴 프랑스 철학자 데카르트는 "우리가 전적으로 지배할 수 있는 것은 우리의 생각뿐이다"라고 말했다. 내가 나의 생각을 지배하지 못한다면 어떻게 다른 사람들에게 영향을 미칠 수 있겠는가?

둘째, 커뮤니케이션의 모든 단계에서, 커뮤니케이션에 관한 모든 면에 대해서 긍정적으로 생각하고 긍정적인 언어를 사용해야 한다. 자신의 임무를 파악하고 자신과 상대방의 포지션을 파악하고 커뮤니케이션 과제를 파악하는 데 있어서 긍정적인 생각과 긍정적인 언어의 힘과 에너지를 활용하는 것이다.

앞서 말했듯이 디즈니랜드에서는 직원들을 '배우'라고 부른다. 그곳에서는 청소부가 가장 잘 훈련된 '배우'다. 그들은 자신들의 업무를 관객을 위한 '연기'로 인식한다. 미국의 샌드위치 체인점 서브웨이는 일선 직원들에게 '샌드위치 예술가'라는 명칭을 부여했다.[129] 리츠칼튼 호텔의 직원들의 모토는 '신사 숙녀에게 봉사하는 신사 숙녀'이다.[130] '배우' '예술가' '신사 숙녀'라는 자신을 칭하는 언어가 그 회사의 구성원들의 생각과 행동을 특별하게 만드는 것이다.

이렇게 자신에 대해서, 상대방에 대해서, 회사에 대해서, 일에 대해서 커뮤니케이션할 때 긍정적인 언어를 사용해야 한다. 흔히 좋은 면에 대해서 말을 하기보다는 좋지 않은 면에 대해서는 말을 더 하게 되는데, 좋은 면에 대해서 열심히 말하자. 긍정적인 언어는 자유롭게 말하고, 부정적인 언어는 가능한 한 긍정적인 표현으로 바꾸어서 말하자. 상대방에 대한 부정적인 피드백은 발전적인 피드백으로 바꾸어서 말하자. 일에 대한 부정적인 의견은 조건부 긍정으로 바꾸어서 말하자. 즉, "이래서 안 됩니다"를 "이러이러한 것이 되면 가능합니다"로 바꾸자. 부정적인 생각과 부정적인 언어는 부정을 부정하는 방식을 쓰더라도 부정적인 이미지만 머리에 새겨지고 남는다.[131]

우리 인간의 뇌는 말해진 내용을 그대로 받아들일 뿐, 반대되는 모습을 그려내지 못한다. "잡념을 버리자"라고 말하면, '잡념'이라는 단어가 머리에 박히는 것이다. "집중하자"라고 말하는 섯이 효과적이다. "지각하지 말자"라는 말은 "제 시간에 출근하자"라고 말하고, "꾀부리지 말자"라는 말은 "성실하게 일하자"라고 말하는 것이다.

리처드 닉슨은 부정적 언어를 사용함으로써 내리막길을 걷기 시작했다. 닉슨은 개인 뇌물 수수의혹을 받는 가운데 텔레비전 생방송 연설을 하게 되었는데 "전 사기꾼이 아닙니다"라는 부정적인 표현을 사용하고 말았다. 사기꾼이라는 오명을 벗기 위한 이 시도는 오히려 사기꾼이라는 이미지를 굳히는 역할을 한 것이다.[132]

『내 영혼의 비타민』이라는 책을 보면 "마음에 드는 말을 만나면 재빨리 수첩에 옮겨 적읍시다. 그것이 나의 '말의 보물수첩'이 됩니다"라는 말이 있다. 회사에서 자주 사용하는 긍정적인 언어들을 나열한 것을 들고 다니면서 전철이나 버스에서 틈틈이 보고 자투리 시간에 입으로 말해본다.

가능, 긍지, 기쁨, 격려, 건강, 기회, 기대, 공감, 끈기, 겸손, 공헌, 관용, 감사, 관심, 가치, 각오, 결심, 극복, 경청, 감격, 과감, 개방적, 능력, 나눔, 노력, 네트워크, 대화, 도전, 독서, 돌파, 따듯함, 도움, 미소, 믿음, 명확, 미션, 목표, 목적, 명료, 비전, 배려, 발전, 발견, 배움, 보완, 보정, 분담, 사랑, 소중함, 사고思考, 성장, 수용, 소통, 신념, 새로움, 신장伸張, 섬김, 신뢰, 성실, 사기士氣, 성과, 성찰, 수정修正, 신중, 숙련, 성취, 의지, 용기, 용서, 열정, 인사, 열린 마음, 웃음, 유머, 에너지, 완수, 열망, 이성, 아량, 역동, 인맥, 위로, 윈윈, 일체감, 연습, 자신감, 지원, 적극, 진취적, 정직, 즐거움, 지식, 재충전, 존중, 잠재력, 절감, 절약, 지지, 정정訂正, 지혜, 자랑스럽다, 자제, 자긍심, 자부심, 자발적임, 집중, 패기, 피드백, 포부, 창의, 칭찬, 침착, 책임, 창조, 충실, 최선, 친근, 철저함, 희망, 확신, 협력, 활발, 호감, 화합, 힘, 활력, 향상, 회복, 해결, 해소, 호응, 훈련

이러한 단어들이 우리 모두의 힘이 된다.

셋째, 어투, 얼굴 표정, 손짓이나 몸짓 등 비언어도 긍정적이 되어야 한다. 자신이 어떤 얼굴 표정을 짓고 어떤 비언어들을 잘 쓰는지 자신이 보기는 어려우므로 다른 사람들에게 물어보아야 한다. 필자에게 코칭을 받던 임원 중에 자신이 말할 때 늘 얼굴을 찌푸린다는 것을 모르고 있던 사람이 있었다. 긍정적인 언어를 몸에 붙이려면 주위사람들에게 물어보고, 거울을 보고 연습도 해야 하며, 얼마나 개선되고 있는지 피드백을 받아야 한다.

누구나 자신에 대해서 모르는 것 중에 하나는, 자신이 얼마나 부정적인 생각을 하고 부정적인 말을 하는지 모른다는 것이다. 상대방에게 아무 생각 없이 부정적인 말을 해서 상처를 주고 자신은 그것을 의식하지

못하고 기억하지 못하는 사람들이 많다. 자기 자신에게도 부정적인 생각과 부정적인 혼잣말을 무의식적으로 하는 경우가 많다.

혹시 부정적인 생각이나 말을 하는 습관이 있다면 어떤 방법을 쓰든지 고쳐야 한다. 나의 언어와 비언어의 긍정적인 정도를 표시하는 지표들을 개발하고 회사의 동료나 상사 중에서 내가 신뢰하는 사람에게 모니터링을 부탁한다. 나 자신도 부단히 나를 제3자의 위치에서 점검한다. 인간 커뮤니케이션 협회Human Communication Institute의 설립자인 파멜라 퍼킨스의 고객 중에 한 사람은 자신이 부정적인 생각과 말을 자주 한다는 지적을 받고 이것을 고치기 위해서 스톱워치를 갖고 다니면서 부정적인 생각이 날 때마다 스톱워치를 한 번씩 눌렀다고 한다. 처음에는 하루에 300번을 기록하여 자신도 놀랐었으나, 꾸준한 노력으로 얼마 후에는 하루에 20여 개 정도를 기록하게 되었다고 말했다.[133] 아마도 그 사람은 이제는 매우 긍정적인 사람으로 변했을 것이다.

걱정과 우려, 실패의 압박 아래서 긍정적인 태도를 가지려면 분명 철학도 필요하고, 신념도 필요하고, 좋은 방법도 필요하다. 과거의 실패로 부정적인 생각이 드는가? 신경언어프로그래밍에서는 '실패란 없다. 오직 피드백이 있을 뿐이다'라고 말한다. 앞의 실패는 뒤에 더 큰 실패를 방지하기 위한 예방이다. 실패했다고 생각한다면 그것으로 면역을 키워라. 개선점을 찾아서 내 것으로 만들어라.

남들에 비해서 어려운 환경에 처해 있는가? 그러한 일이 자주 생기는가? 우리가 처하는 환경이나 여건을 우리가 항상 선택하는 것은 아니나 거기에 대응하는 자세는 항상 선택할 수 있다. 일본의 마쓰시타 전기를 일으킨 경영의 신 마쓰시타 고노스케, 자신은 가난해서 어려서부터 직업전선에서 뛰었기 때문에 산전수전의 경험을 얻을 수 있었으며, 어려서부터 몸이 약해서 늘 건강에 유념했기 때문에 평생 건강하게 살았으며, 초등학교도 졸업하지 못했기 때문에 항상 다른 사람들로부터 배우기를 힘썼다고 말하는 사람, 그의 긍정적인 생각과 말이 그의 성공의 밑거름이 되었다.

심리학자 윌리엄 글라쏘의 '선택이론'에 의하면 자신이 처한 상황에 대응하는 자세의 선택은 '생각'과 '행동'의 선택이며 이것이 자동차의 두 개의 앞바퀴라고 한다. 이 앞바퀴의 방향에 따라서 두 개의 뒷바퀴인 '몸'과 '마음'의 상태가 따라간다. 우려, 걱정이 앞서는가? 우려, 걱정의 원인을 파헤쳐라. 불확실하기 때문인가? 시나리오를 만들어 대비하라. 실수할까봐 불안한가? 연습으로 자신감을 키워라. 막연한 걱정인가? 그 원인을 골똘히 생각하라. 모든 면을 하나씩 짚어보아라. 걱정과 우려의 반대말은 안심이 아니다. 준비와 연습과 점검이다.

〈긍정 사이클과 부정 사이클〉[134]

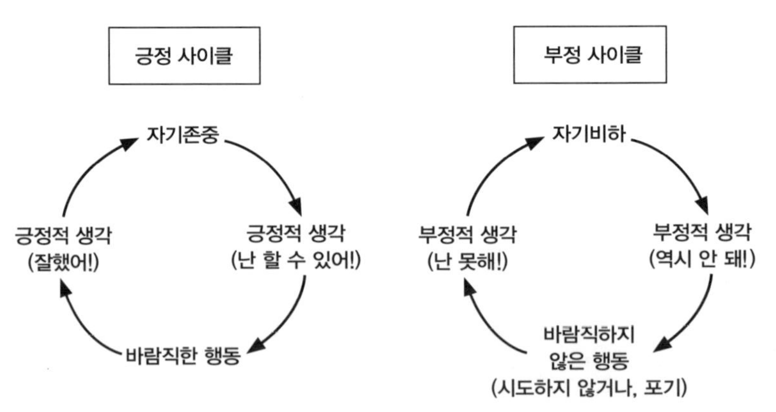

생각은 자신의 마음에게 주는 매일의 양식이다. 매일 아침 일어나서 좋은 생각, 긍정적인 생각, 희망적인 생각, 적극적인 생각을 자신에게 주자. 그리고 점심시간에 저녁시간에 또 긍정의 양식을 주자. 힘들거나 어려운 일이 생겼을 때도 긍정이라는 활력소를 몸과 마음에 넣어주자. 그렇게 하면 나는 긍정적인 사이클을 타게 된다.

빌 게이츠가 아침마다 하는 두 가지 생각이 있다. '오늘은 왠지 큰 행운이 있을 것이다!' '나는 뭐든지 할 수 있어!'

커뮤니케이션 전략을 자신의 일에 반복적으로 적용하면서 훈련을 쌓는다면 커뮤니케이션 역량은 계속 신장되어 나갈 것이다. 그러나 골프선수가 연습과 실전만으로는 훌륭한 골프선수가 될 수 없듯이 커뮤니케이션도 연습이나 실전 훈련만으로는 진정한 프로페셔널이 될 수 없다. 골프나 다른 프로스포츠 선수들이 자신의 스포츠에 적합한 마인드를 형성하고 몸만들기를 하듯이 커뮤니케이션에서도 커뮤니케이션을 잘하는 마인드와 체질을 만들어야 한다.

우리는 이제까지 이 책의 여러 장을 통해서 커뮤니케이션을 잘하기 위해서 필요한 여러 요소들에 대해 논의해왔다. 이중에 자신에게 특별히 중요한 것들을 '개인지도personality map'에 맞추어 정리해보기 바란다. 나를 커뮤니케이션을 매우 잘하는 사람이라고 생각하고 나의 변화된 훌륭한 모습을 개인지도의 각 계층에 적어본다. "나의 자아는? 나는 커뮤니케이션을 누구보다도 잘하는 회사의 구성원이다. 나의 가치는? …나

의 신념은? … ” 이런 방식으로 하나씩 적어서 커뮤니케이션을 잘하는 나의 자아 이미지를 ‘개인지도’로 만든다.

이렇게 만든 나의 ‘개인지도’를 매일 한두 번씩 보면서 커뮤니케이션을 누구보다도 잘하는 나를 만들어간다.

내가 훌륭한 커뮤니케이터가 되려면 나 자신부터 훌륭한 사람으로 받아들여야 한다. 훌륭한 자아 이미지는 훌륭한 커뮤니케이션 행위가 자라나는 뿌리 체계다. 로마의 황제, 시인, 『명상록』의 저자인 마르쿠스 아우렐리우스는 우리들에게 매우 중요한 말을 남겼다. “자신에게 인정받지 못하면서 남에게 인정받기는 힘들며 자신을 사랑하는 사람만이 진정 남을 사랑할 수 있다. 자신을 인정하고 격려하고 칭찬하라! 후後에 엄청난 마법의 효과로 나타난다!”

커뮤니케이션을 잘하는 나의 ‘개인지도’를 항상 머릿속에 그리면서 그 방향으로 나아가라. 이 자리까지 올라온 방법을 바꾸어야 저만큼 높은 곳으로 올라갈 수는 있다는 생각으로 자신을 한두 가지씩 변화시켜라. 익숙해진 것을 넘어서라. 남다른 사람이 되라. 회사에서 최고경영자가 된 사람들은 남들처럼 해온 사람들이 아니다.

커뮤니케이션 전략을 생각하라. 커뮤니케이션의 전략과 도구 중에 새로운 것들을 채택하고 활용하라. 커뮤니케이션을 향상시키는 데 의지와 열정을 실어라. 시간이 없다는 함정에 빠지지 마라.

머뭇거리지 말고 선순환의 사이클에 올라타라. 나의 성공이 여기에 달려 있다. 내 안에 커뮤니케이션 능력은 나에게 주어진 선물이다. 나의 가장 강력한 자원이다. 빛을 발하게 하라. 성공하는 사람과 성공하지 못하는 사람의 차이는 실행의 속도다.

| 주 |

1. 앤서니 로빈스, 미국의 가장 유명한 코칭 전문가 중에 한 사람으로서, 지난 30년을 성공한 사람들의 삶을 정리하는 데 바침.

2. CNBC, 2009, 11.

3. "Association for Communication Administration" 29, 2000.

4. Harvard Business School Press, *Harvard Business Review on Effective Communication*, Harvard Business Press, 1999, 8.

5. Elizabeth N. Treher, PhD, Jan Noah, MT(ASCP), "Interpersonal Communication: Challenges and Solutions."

6. 스티븐 코비 지음, 김경섭 옮김, 『성공하는 사람들의 7가지 습관』, 김영사, 2003.

7. 키스 소여 지음, 이호준 옮김, 『그룹 지니어스』, 북섬, 2008.

8. 키스 소여 지음, 이호준 옮김, 『그룹 지니어스』, 북섬, 2008.

9. 「중앙일보」, 2012, 9, 4.

10. 스티븐 코비 지음, 김경섭 옮김, 『성공하는 사람들의 7가지 습관』, 김영사, 2003.

11. 커트 모텐슨 지음, 김정혜 옮김, 『설득의 힘』, 황금부엉이, 2006.

12. 커트 모텐슨 지음, 김정혜 옮김, 『설득의 힘』, 황금부엉이, 2006.

13. brainyquote.com.

14. 「중앙일보」, 2012, 9, 1.

15. 피터 드러커 지음, 남상진 옮김, 『피터 드러커 매니지먼트』, 청림출판, 2007.

16. 「리더피아」, 2009, 4.

17. Stuart Crainer, *Business the Jack Welch Way*, AMACOM, 1999.

18. Ronald B. Adler, Russell F. Proctor II, *looking out looking in*, Cengage Learning, 2013.

19. 뉴오를레앙스 대학교의 경영학 교수이었으며 기업 컨설턴트. 그의 경영 서적 8권이 10여 개 국가의 언어로 출간됨.

20. 보스턴컨설팅 전략연구소 지음, 보스턴컨설팅 서울사무소 옮김,『전쟁과 경영』, 21세기북스, 2002.

21. 미국의 교육자이며 문필가.

22. Helio Fred Garcia, *The power of communication*, FT Press, 2012.

23. *Communicating for Managerial Effectiveness*을 모태로 하여 저자가 도구 구성을 수면 아래로 내림.

24. 전前 IBM의 CEO 겸 이사회 의장

25. 데일 카네기 지음, 강성복, 권오열 옮김,『성공대화론』, 리베르, 2007.

26. 칩 히스, 댄 히스 지음, 안진환, 박슬라 옮김,『스틱』, 엘도라도, 2009.

27. Phillip G. Clampitt, *Communicating for Managerial Effectiveness*, Sage Publications, 2009.

28. 위키피디아.

29. 크리스 아지리스 지음, 심영우 옮김,『효과적 커뮤니케이션』, 21세기북스, 2009.

30. Drucker, Peter F., *Managing Oneself*, Harvard Business School, 2008, 1.

31. Phillip G. Clampitt, *Communicating for Managerial Effectiveness*, Sage Publications, 2009.

32. Romilla Ready, *Neuro-Linguistic Programming Workbook For Dummies*, For Dummies, 2008.

33. 대니얼 골먼, 한창호 옮김,『EQ 감성지능』, 웅진지식하우스, 2008.

34. 데일 카네기 지음, 강성복, 권오열 옮김,『성공대화론』, 리베르, 2007.

35. 대니얼 골먼, 한창호 옮김,『EQ 감성지능』, 웅진지식하우스, 2008.

36. 오세주 역,『맹자』,「공손추상」.

37. 로버트 루트번스타인, 미셸 루트번스타인 지음, 박종성 옮김,『생각의 탄생』, 에코의서재, 2007.

38. Harvard Business School Press, *Harvard Business Review on Effective Communication*, Harvard Business Press, 1999.

39. 피터 드러커 지음, 남상진 옮김,『피터 드러커 매니지먼트』, 청림출판, 2007.

40. 마크 고울스톤 지음, 황혜숙 옮김,『뱀의 뇌에게 말을 걸지 마라』, 타임비즈, 2010.

41. 로버트 치알디니 지음, 『설득의 심리학』 1~2, 21세기북스.

42. 미국 태생의 소설가로 캐나다와 영국에서 주로 활동함. 그는 문학으로 1902년에 영국에서 작위 칭호를 받음.

43. 「리더피아」, 2009, 4.

44. 존 발도니 지음, 성동규 옮김, 『세상을 움직인 위대한 리더들의 성공화법』, 좋은책만들기, 2006.

45. 존 발도니, 성동규 옮김, 『세상을 움직인 위대한 리더들의 성공화법』, 좋은책만들기, 2006.

46. Phillip G. Clampitt, *Communicating for Managerial Effectiveness*, Sage Publications, 2009.

47. 위키피디아.

48. 독일의 현대 전위 작곡가로서 전자음악의 발전에 크게 기여한 인물. 1960년 전자 음악의 최고 걸작이라 일컬어지는 '컨덕트'를 발표하여 전자 음악의 새로운 길을 개척.

49. Phillip G. Clampitt, *Communicating for Managerial Effectiveness*, Sage Publications, 2009.

50. Michael Michalko, *thinker toys*, Ten Speed Press, 2006.

51. 1982년 노벨 문학상을 수상한 콜롬비아 태생의 작가. 임파선 암으로 모든 활동을 접으면서 친구들에게 다음과 같은 내용의 편지를 썼다. "나에게 조그만 삶이라도 다시 주어진다면 나는 이렇게 살 거야……"

52. 데일 카네기 지음, 강성복, 권오열 옮김, 『성공대화론』, 리베르, 2007.

53. "Trust and PR Practice", 2007, 10.

54. quotedb.com.

55. brainyquote.com.

56. 최윤희, 『비언어 커뮤니케이션』, 커뮤니케이션북스, 2004.

57. Keith Ferrazzi, *Who's got your back*, Crown Business, 2009.

58. 박해용, 『역사에서 발견하는 CEO의 힘』, 삼성경제연구소, 2006.

59. Edward De Bono, *lateral thinking*, Harper Colophon, 1900.

60. 위키피디아.

61. Mary Civiello, Arlene Matthews, *Communication Counts*, Wiley, 2008.

62. Phillip G. Clampitt, *Communicating for Managerial Effectiveness*, Sage Publications, 2009.

63. LG 경제연구소.

64. 존 발도니, 성동규 옮김, 『세상을 움직인 위대한 리더들의 성공화법』, 좋은책만들기,

2006.

65. 2000년 GE의 연차보고서 중 잭 웰치의 '주주에게 드리는 말씀.'

66. Helio Fred Garcia, *The power of communication*, FT Press, 2012, 4.

67. 피터 드러커 지음, 남상진 옮김, 『피터 드러커 매니지먼트』, 청림출판, 2007.

68. 강신주, 『장자의 철학』, 태학사, 2004.

69. 이석호 역, 『장자』.

70. 이석호 역, 『장자』, 읽기 쉽게 수정.

71. 로버트 루트번스타인, 미셸 루트번스타인 지음, 박종성 옮김, 『생각의 탄생』, 에코의서재, 2007.

72. 마크 고울스톤 지음, 황혜숙 옮김, 『뱀의 뇌에게 말을 걸지 마라』, 타임비즈, 2010.

73. Romilla Ready, *Neuro-Linguistic Programming Workbook For Dummies*, For Dummies, 2008.

74. 샘 혼 지음, 이상원 옮김, 『적을 만들지 않는 대화법』, 갈매나무, 2008.

75. 마크 고울스톤 지음, 황혜숙 옮김, 『뱀의 뇌에게 말을 걸지 마라』, 타임비즈, 2010.

76. Ethan F. Becker, *Mastering Communication at Work*, McGraw-Hill, 2009.

77. 「중앙일보」, 2012, 5, 19.

78. Great Communication Secrets of Great Leaders

79. 매들린 L. 반 헤케 지음, 임옥희 옮김, 『블라인드 스팟』, 다산초당, 2007.

80. Phillip G. Clampitt, *Communicating for Managerial Effectiveness*, Sage Publications, 2009.

81. Phillip G. Clampitt, *Communicating for Managerial Effectiveness*, Sage Publications, 2009.

82. 토머스 J. 네프 외 지음, 신완선 옮김, 『CEO가 되는 길』, 물푸레, 2000.

83. 「중앙일보」, 2012, 5, 19.

84. Andy Boynton, Bill Fisher, William Bole, 성수아 옮김, 『아이디어 헌터』, 체온365, 2011.

85. LG 경제연구소, 「소통에 능한 기업」.

86. LG 경제연구소, 「소통에 능한 기업」.

87. 미국의 시인이자 문예비평가. T. S. 엘리엇와 함께 20세기 초반의 모더니즘 시 활동의 중심인물.

88. 마크 고울스톤 지음, 황혜숙 옮김, 『뱀의 뇌에게 말을 걸지 마라』, 타임비즈, 2010.

89. Mary Civiello, Arlene Matthews, *Communication Counts*, Wiley, 2008.

90. 스튜어트 크레이너 지음, 홍길표 옮김, 『잭 웰치 성공에 감춰진 10가지 비밀』, 영언문화사, 2000.

91. 「한국일보」, 2013, 4.

92. 내셔널지오그래픽TV, 2011, 7, 10.

93. goodreads.com

94. 존 맥스웰 지음, 성기영 옮김,『인간관계 맺는 기술』, 청림출판, 2012.

95. Ronald B. Adler, Russell F. Proctor의 저서.

96. Andy Boynton, Bill Fisher, William Bole, 성수아 옮김,『아이디어 헌터』, 체온365, 2011.

97. goodreads.com

98. Andy Boynton, Bill Fisher, William Bole, 성수아 옮김,『아이디어 헌터』, 체온365, 2011.

99. 엑센추어의 2010년도 여름 보고서, Andy Boynton, Bill Fisher, William Bole, 성수아 옮김,『아이디어 헌터』, 체온365, 2011.

100. Andy Boynton, Bill Fisher, William Bole, 성수아 옮김,『아이디어 헌터』, 체온365, 2011.

101. Marshall Goldsmith, *What got you here will not get you there*, Hyperion, 2007.

102. 커트 모텐슨 지음, 김정혜 옮김,『설득의 힘』, 황금부엉이, 2006.

103. 샘 혼 지음, 이상원 옮김,『적을 만들지 않는 대화법』, 갈매나무, 2008

104. 데일 카네기 지음, 박안석 옮김,『카네기 경전』, 베이직북스, 2008.

105. 존 발도니 지음, 성동규 옮김,『세상을 움직인 위대한 리더들의 성공화법』, 좋은책만들기, 2006.

106. 정진홍, '감성리더십'「SERI CEO」.

107. 전승훈, '베를린 필의 사이먼 래틀 경,「동아일보」, 2008, 10, 3.

108. 김성현, '베를린 필 지휘자 사이먼 래틀',「조선일보」, 2011, 9, 15.

109. brainyquote.com

110. Ronald B. Adler, Russell F. Proctor II, *looking out looking in*, Cengage Learning, 2013, 1.

111. Josh Gibson, Fynn Walker, "The Art of Active Listening", Amazon Digital Services, Inc.

112. Ethan F. Becker, *Mastering Communication at Work*, McGraw-Hill, 2009, 7.

113. 하와이 시스템 대학교

114. 데일 카네기 지음, 최염순 옮김,『카네기 스피치&커뮤니케이션』, 씨앗을뿌리는사람, 2004.

115. Andy Boynton, Bill Fisher, William Bole, 성수아 옮김,『아이디어 헌터』, 체온365, 2011.

116. 박형규의 변역에 필자가 읽기 편하도록 토씨만 첨삭함.

117. 크리스 아지리스 지음, 심영우 옮김,『효과적 커뮤니케이션』, 21세기북스, 2009.

118. 크리스 아지리스 지음, 심영우 옮김, 『효과적 커뮤니케이션』, 21세기북스, 2009.

119. 필 하킨스 지음, 최상모 옮김, 『파워풀 컨버세이션』, 거름, 2002.

120. Josh Gibson, Fynn Walker, "The Art of Active Listening", Amazon Digital Services, Inc.

121. 잭 트라우트 지음, 윤영삼 옮김, 『MY POSITIONING』, 다산북스, 2004.

122. the HBR Interview, "Jack on Jack", 2002.

123. 킴 캐머런 지음, 김명언 옮김, 『긍정 에너지 경영』, 지식노마드, 2009.

124. 박필, 『당신의 말이 행복을 만든다』, 국민일보, 2003.

125. 박필, 『당신의 말이 행복을 만든다』, 국민일보, 2003.

126. 최윤희, 『비언어 커뮤니케이션』, 커뮤니케이션북스, 2004.

127. P. S. Perkins, Les Brown, *The art and science of communication*, Wiley, 2008.

128. 조 디스펜자 지음, 김재일 옮김, 『꿈을 이룬 사람들의 뇌』, 한언, 2009.

129. 칩 히스, 댄 히스 지음, 안진환, 박슬라 옮김, 『스틱』, 엘도라도, 2009.

130. 조셉 미첼리 지음, 이미숙 옮김, 『리츠칼튼 꿈의 서비스』, 비전과리더십, 2009.

131. Romilla Ready, *Neuro-Linguistic Programming Workbook For Dummies*, For Dummies, 2008.

132. 샘 혼 지음, 이상원 옮김, 『적을 만들지 않는 대화법』, 갈매나무, 2008.

133. P. S. Perkins, Les Brown, *The art and science of communication*, Wiley, 2008.

134. Ronald B. Adler, Russell F. Proctor II, *looking out looking in*, Cengage Learning, 2013.

| 참고문헌 |

앤디 보인트 빌, 빌 피셔, 윌리엄 볼 지음, 성수아 옮김, 『아이디어 헌터』, 체온365, 2011.

공문선, 『히든 커뮤니케이션』, 쌤앤파커스, 2009.

김상준, 『스피치 커뮤니케이션』, 역락, 2007

김언수, 『전략 1』, 시그마인사이트컵, 2002.

김언수, 『전략 2』, 시그마인사이트컵, 2003.

데일 카네기 지음, 강성복 옮김, 『데일 카네기 자기관리론』, 리베르, 2009.

데일 카네기 지음, 강성복, 권오열 옮김, 『성공대화론』, 리베르, 2007.

도모노 노리오 지음, 이명희 옮김, 『행동 경제학』, 지형, 2007.

로버트 루트번스타인, 미셸 루트번스타인 지음, 박종성 옮김, 『생각의 탄생』, 에코의서재, 2007.

로버트 치알디니 지음, 황혜숙 옮김 『설득의 심리학(개정판)』, 21세기북스, 2013.

로버트 치알디니, 노아 골드스타, 스티브 마틴 지음, 윤미나 옮김, 『설득의 심리학 2』, 21세기북스, 2010.

리처드 브랜슨 지음, 박슬라 옮김, 『비즈니스 발가벗기기』, 리더스북, 2010.

린 스미스 지음, 신호창 옮김, 『효과적인 사내 커뮤니케이션』, 커뮤니케이션북스, 2007.

마크 고울스톤 지음, 황혜숙 옮김, 『뱀의 뇌에게 말을 걸지 마라』, 타임비즈, 2010.

매들린 L. 반 헤케 지음, 임옥희 옮김, 『블라인드 스팟』, 다산초당, 2007.

박필, 『당신의 말이 행복을 만든다』, 국민일보, 2003.

박해용, 『역사에서 발견하는 CEO의 힘』, 삼성경제연구소, 2006.

배기홍, 『스타트업 바이블』, 파이카, 2010.

빌 와이더스, 제리 위진스키 지음, 조진경 옮김, 『갈등관리』, 크레듀, 2008.

샘 혼 지음, 이상원 옮김, 『적을 만들지 않는 대화법』, 갈매나무, 2008.

서민교, 『프랜차이즈 경영론』, 벼리커뮤니케이션, 2012.

스티븐 코비 지음, 김경섭 옮김, 『성공하는 사람들의 7가지 습관』, 김영사, 2003.

안덕자, 『대화기법과 갈등해결』, 한국회복목회연구원.

안덕자, 『선택과 회복』, 한국회복목회연구원.

알렌 N. 와이너 지음, 이선희 옮김, 『소통의 기술』, 시아, 2010.

에드워드 드 보노 지음, 이은정 옮김, 한언, 『톡톡 튀는 아이디어가 샘솟는 드 보노의 수평적 사고』, 2005.

에드워드 루트와 지음, 이동욱 옮김, 『전략』, 경남대학교 출판부, 2010.

이경식, 『이건희 스토리』, 휴먼앤북스, 2010.

이기동 역해, 『논어강설』, 성균관대학교출판부, 2011.

잭 트라우트 지음, 윤영삼 옮김, 『MY POSITIONING』, 다산북스, 2004.

잭 트라우트, 앨 리스 지음, 안진환 옮김, 『포지셔닝』, 을유문화사, 2002.

정진홍, '감성리더십', 「SERI CEO」.

정택환, 『혁신의 함정을 넘어서』, 이십일세기북스, 1995.

정후수 역, 『주희가 집주한 논어』, 장락, 2006.

제임스 쿠즈 지음, 강의향 옮김, 『크레더빌러티』, 다은, 1994.

조 디스펜자 지음, 김재일 옮김, 『꿈을 이룬 사람들의 뇌』, 한언, 2009.

존 맥스웰 지음, 성기영 옮김, 『인간관계 맺는 기술』, 청림출판, 2012.

존 발도니 지음, 성동규 옮김, 『세상을 움직인 위대한 리더들의 성공화법』, 좋은책만들기, 2006.

지니 다니엘 덕 지음, 보스턴컨설팅그룹 옮김, 『체인지 몬스터』, 더난출판사, 2001.

체스터 바너드 지음, 이정혜 옮김, 『경영자의 역할』, 21세기북스, 2009.

최윤희, 『비언어 커뮤니케이션』, 커뮤니케이션북스, 2004.

칩 히스, 댄 히스 지음, 안진환, 박슬라 옮김, 『스틱』, 엘도라도, 2009.

카를 폰 클라우제비츠 지음, 김만수 옮김, 『전쟁론』, 책세상, 1998.

캐서린 밀러 지음, 안주아, 신명희, 이희복 옮김, 『조직 커뮤니케이션』, 커뮤니케이션북스, 2006.

커트 모텐슨 지음, 김정혜 옮김,『설득의 힘』, 황금부엉이, 2006.

크리스 아지리스 지음, 심영우 옮김,『효과적 커뮤니케이션』, 21세기북스, 2009.

키스 소여 지음, 이호준 옮김,『그룹 지니어스』, 북섬, 2008.

킴 캐머런 지음, 김명언 옮김,『긍정 에너지 경영』, 지식노마드, 2009.

토니 알레산드라 외 지음, 최경희 외 옮김,『행복한 일터의 커뮤니케이션』, 한언, 2003.

토머스 J. 네프 외 지음, 신완선 옮김,『CEO가 되는 길』, 물푸레, 2000.

파울 크리거 지음, 백미숙 옮김,『스피치 핸드북』, 일빛, 2001.

페란 라몬 코르테스 지음, 김현철 옮김,『등대』, 위즈덤하우스, 2006.

피터 드러커 지음, 남상진 옮김,『피터 드러커 매니지먼트』, 청림출판, 2007.

필 하킨스 지음, 최상모 옮김,『파워풀 컨버세이션』, 거름, 2002.

Allan Pease, *Body Language*, Sheldon Press, 1997.

DAVE F. BROWN, "The Significance of Congruent Communication in Effective Classroom Management", *The Clearing House*, Heldref Publication, 2005.

Elizabeth N. Treher, PhD, Jan Noah, MT(ASCP), "Interpersonal Communication: Challenges and Solutions."

Ethan F. Becker, Jon Wortmann, McGraw-Hill, *Mastering Communication at Work*, McGraw-Hill, 2009.

Fynn Walker, Josh Gibson, *The Art of Active Listening*, Amazon Digital Services, Inc, 2011.

Harvard Business School Press, *Business Communication*, Harvard Business School Press, 2003.

Harvard Business School Press, *Harvard Business Review on Effective Communication*, Harvard Business Press, 1999.

HELIO Fred, *The Power of Communication*, FT Press, 2012.

James Harvey Robinson, *The Mind in the Making*, CreateSpace Independent Publishing Platform, 2011.

Joe Lo Cicero, *Streetwise Business Communication*, Adams Media, 2007.

Katharine Graham, *Personal History*, Vintage, 1998.

Marshall Goldsmith, *What got you here will not get you there*, Hyperion, 2007.

Martha Davis, Kim Paleg, Patrick Fanning, Kim Paleg PhD, *The Message Workbook*, New

Harbinger Publications, 2004.

Mary Civiello, Arlene Matthews, *Communication Counts*, Wiley, 2008.

Michael Bergdahl, Rob Walton, *The 10 Rules of Sam Walton*, Wiley, 2007.

Michael J. Maher, *The Seven Levels of Communication*, AuthorHouse, 2010.

P. S. Perkins, *The Art and Science of Communication*, Wiley, 2008.

Phillip G. Clampitt, *Communication for Managerial Effectiveness*, Sage Publications, Inc, 2009.

Rob Cross, Andrew Parker, Rob Cross, *Hidden Power of Social Networks*, Harvard Business Review Press, 2004.

Robert B. Miller, Stephen E. Heiman & 2 more, *The New Strategic Selling*, Business Plus, 2005.

Robert L. Cross, Andrew Parker, Rob Cross, *The Hidden Power or Social Network*, Harvard Business Review Press, 2004.

Romilla Ready, *Neuro-Linguistic Programming Workbook For Dummies*, For Dummies, 2008.

Ronald B. Adler, Russell F. Proctor II, *looking out looking in*, Cengage Learning, 2013.

성공하는 기업을 만드는 핵심인재의 소통법

베타 커뮤니케이션

초판 1쇄 발행 2013년 10월 10일　**초판 2쇄 발행** 2013년 12월 3일

지은이 유승렬
펴낸이 연준혁

출판 2분사 분사장 이부연
책임편집 우지현
디자인 윤정아
제작 이재승

펴낸곳 (주)위즈덤하우스　**출판등록** 2000년 5월 23일 제13-1071호
주소 (410-380) 경기도 고양시 일산동구 장항동 846번지 센트럴프라자 6층
전화 031)936-4000　**팩스** 031)903-3893　**홈페이지** www.wisdomhouse.co.kr
종이 월드페이퍼　**인쇄·제본** (주)현문　**후가공** 이지앤비

값 14,000원　ISBN 978-89-6086-624-9　13320

* 잘못된 책은 바꿔드립니다.
* 이 책의 전부 또는 일부 내용을 재사용하려면 반드시
  사전에 저작권자와 (주)위즈덤하우스의 동의를 받아야 합니다.

국립중앙도서관 출판시도서목록(CIP)

베타 커뮤니케이션 = Beta communication : 성공하는 기업을 만드는 핵심인재의 소통법 / 지은이: 유승렬. -- 고양 : 위즈덤하우스, 2013 　p. ;　cm
ISBN 978-89-6086-624-9 13320 : ₩14000
커뮤니케이션[communication]
325.26-KDC5 658.45-DDC21　　　　　　　　　　　CIP2013018864